김원상의 당구강좌
ZERO TO 300

발행일	2019년 12월 10일 초판 1쇄
지은이	김원상
주소	마포구 마포대로 180-13 BTC 당구클럽
대표전화	02-704-9272 / 010-9790-8318
이메일	highrun13@naver.com
홈페이지	http://seoulbf.or.kr
ISBN	979-11-87206-82-8 03690
정가	28,000원

© 김원상, 2019

- 이 책의 내용, 사진, 그림 등의 전부나 일부의 무단 복제 및 무단 전사를 일절 금합니다.
- 잘못 만들어진 책은 구입하신 곳에서 교환해 드립니다.

유튜브 구독자 6만 명이 검증한

김원상의 당구강좌
Zero to 300

서울시 당구연맹 선수 **김원상** 지음

프롤로그

 동호인들은 실력향상을 위해 선수들의 경기를 보기도 하고 레슨을 받기도 한다. 하지만 정작 실력이 늘기 위해서는 본인의 노력이 절실히 필요하고 연습을 해야 한다는 것을 누구나 느낄 것이다.

당구를 연습하려고 당구대 앞에 서지만 무엇을 연습해야 할지 몰라서 어영부영 시간만 보내다가 누구라도 와서 게임을 하자면 반가워하는 것이 많은 동호인들의 실상일 것이다.

가르치는 사람들도 수업을 위한 문제집이 없다는 현실을 느끼고 오랜 작업 끝에 1,264개의 도면을 실어 동호인들의 실력향상에 도움을 주고자 한다.

당구가 건전한 스포츠가 되기를 바라며…

3쿠션 선수 **김 원 상** 지음

▶ 당구강좌 BILLIARDS

서울당구연맹 소속 김원상선수가 직접 지도하는 당구강좌

당구강좌에서는 3쿠션(3C), 4구(Free Ball), 포켓볼(Poket Ball) 당구에 관한 모든 것을 체계적으로 제작하며 실전 당구 풀이도 제작하여 매일 업로드 합니다.

차례

프롤로그 • 5

실력이 늘고 싶다면… • 11

3쿠션 연습 문제집 이용법 • 13

알아두어야 할 계산법

1 RC System ——————————————————————— 16
   ❶ KL Kort-Lang: Short-Long ————————————————— 21
   ❷ LL Lang-Lang: Long-Long ————————————————— 21
   ❸ Plus System —————————————————————— 24

2 2/3 System ——————————————————————— 31

3 Five & Half System ————————————————————— 34

4 Plus 2 System —————————————————————— 36

연습장

뒤 돌리기 ❶ ———————————— 41   뒤 돌리기 ❺ ———————————— 45
뒤 돌리기 ❷ ———————————— 42   뒤 돌리기 ❻ ———————————— 46
뒤 돌리기 ❸ ———————————— 43   뒤 돌리기 ❼ ———————————— 47
뒤 돌리기 ❹ ———————————— 44   뒤 돌리기 ❽ ———————————— 48

뒤 돌리기 ❾	49	옆 돌리기(제각 돌리기) ㉖	89
뒤 돌리기 ❿	50	앞 돌리기(안 돌리기) ❶	90
뒤 돌리기 ⓫	51	앞 돌리기(안 돌리기) ❷	91
뒤 돌리기 ⓬	52	앞 돌리기(안 돌리기) ❸	92
뒤 돌리기 ⓭	53	앞 돌리기(안 돌리기) ❹	93
뒤 돌리기 ⓮	54	앞 돌리기(안 돌리기) ❺	94
뒤 돌리기 ⓯	55	앞 돌리기(안 돌리기) ❻	95
뒤 돌리기 ⓰	56	앞 돌리기(안 돌리기) ❼	96
뒤 돌리기 ⓱	57	앞 돌리기(안 돌리기) ❽	97
뒤 돌리기 ⓲	58	비껴 뒤 돌리기 ❶	98
뒤 돌리기의 배치에 따른 처리 방법 ❶	59	비껴 뒤 돌리기 ❷	99
뒤 돌리기의 배치에 따른 처리 방법 ❷	60	비껴 뒤 돌리기 ❸	100
뒤 돌리기의 배치에 따른 처리 방법 ❸	61	비껴 뒤 돌리기 ❹	101
뒤 돌리기의 배치에 따른 처리 방법 ❹	62	비껴 뒤 돌리기 ❺	102
뒤 돌리기 정리	63	비껴 뒤 돌리기 ❻	103
옆 돌리기(제각 돌리기) ❶	64	비껴 뒤 돌리기 ❼	104
옆 돌리기(제각 돌리기) ❷	65	비껴 앞 돌리기 ❶	105
옆 돌리기(제각 돌리기) ❸	66	비껴 앞 돌리기 ❷	106
옆 돌리기(제각 돌리기) ❹	67	비껴 앞 돌리기 ❸	107
옆 돌리기(제각 돌리기) ❺	68	비껴 앞 돌리기 ❹	108
옆 돌리기(제각 돌리기) ❻	69	비껴 앞 돌리기 ❺	109
옆 돌리기(제각 돌리기) ❼	70	비껴 앞 돌리기 ❻	110
옆 돌리기(제각 돌리기) ❽	71	비껴 앞 돌리기 ❼	111
옆 돌리기(제각 돌리기) ❾	72	비껴 앞 돌리기 ❽	112
옆 돌리기(제각 돌리기) ❿	73	비껴 앞 돌리기 ❾	113
옆 돌리기(제각 돌리기) ⓫	74	비껴 앞 돌리기 ❿	114
옆 돌리기(제각 돌리기) ⓬	75	비껴 앞 돌리기 ⓫	115
옆 돌리기(제각 돌리기) ⓭	76	비껴 앞 돌리기 ⓬	116
옆 돌리기(제각 돌리기) ⓮	77	비껴 앞 돌리기 ⓭	117
옆 돌리기(제각 돌리기) ⓯	78	비껴 앞 돌리기 ⓮	118
옆 돌리기(제각 돌리기) ⓰	79	비껴 앞 돌리기 ⓯	119
옆 돌리기(제각 돌리기) ⓱	80	비껴 앞 돌리기 ⓰	120
옆 돌리기(제각 돌리기) ⓲	81	비껴 앞 돌리기 ⓱	121
옆 돌리기(제각 돌리기) ⓳	82	비껴 앞 돌리기 ⓲	122
옆 돌리기(제각 돌리기) ⓴	83	비껴 앞 돌리기 ⓳	123
옆 돌리기(제각 돌리기) ㉑	84	비껴 앞 돌리기 ⓴	124
옆 돌리기(제각 돌리기) ㉒	85	비껴 앞 돌리기 ㉑	125
옆 돌리기(제각 돌리기) ㉓	86	비껴 앞 돌리기 ㉒	126
옆 돌리기(제각 돌리기) ㉔	87	비껴 앞 돌리기 ㉓	127
옆 돌리기(제각 돌리기) ㉕	88	비껴 앞 돌리기 ㉔	128

비껴 앞 돌리기 ㉕	129	더블 쿠션 ⓘ	164
비껴 앞 돌리기 ㉖	130	더블 쿠션 ⓘ	165
비껴 앞 돌리기 ㉗	131	더블 쿠션 ㉑	166
비껴 앞 돌리기 ㉘	132	더블 쿠션 ㉒	167
비껴 앞 돌리기 ㉙	133	더블 쿠션 ㉓	168
비껴 앞 돌리기 ㉚	134	더블 쿠션 ㉔	169
비껴 앞 돌리기 ㉛	135	더블 쿠션 ㉕	170
비껴 앞 돌리기 ㉜	136	더블 쿠션 ㉖	171
비껴 앞 돌리기 ㉝	137	더블 쿠션 ㉗	172
비껴 앞 돌리기 ㉞	138	더블 쿠션 ㉘	173
비껴 앞 돌리기 ㉟	139	더블 쿠션 ㉙	174
비껴 앞 돌리기 ㊱	140	더블 쿠션 ㉚	175
비껴 앞 돌리기 ㊲	141	더블 쿠션 ㉛	176
비껴 앞 돌리기 ㊳	142	더블 쿠션(횡단) ❶	177
비껴 앞 돌리기 ㊴	143	더블 쿠션(횡단) ❷	178
비껴 앞 돌리기 ㊵	144	더블 쿠션(횡단) ❸	179
더블 쿠션 암기	145	더블 레일 ❶	180
더블 쿠션 ❶	146	더블 레일 ❷	181
더블 쿠션 ❷	147	더블 레일 ❸	182
더블 쿠션 ❸	148	더블 레일 ❹	183
더블 쿠션 ❹	149	더블 레일 ❺	184
더블 쿠션 ❺	150	1 cushion Bank 암기 ❶	185
더블 쿠션 ❻	151	1 cushion Bank 암기 ❷	186
더블 쿠션 ❼	152	1 cushion Bank 암기 ❸	187
더블 쿠션 ❽	153	1 cushion Bank 암기 ❹	188
더블 쿠션 ❾	154	1 cushion Bank ❶	189
더블 쿠션 ❿	155	1 cushion Bank ❷	190
더블 쿠션 ⓫	156	1 cushion Bank ❸	191
더블 쿠션 ⓬	157	1 cushion Bank ❹	192
더블 쿠션 ⓭	158	1 cushion Bank ❺	193
더블 쿠션 ⓮	159	1 cushion Bank ❻	194
더블 쿠션 ⓯	160	1 cushion Bank ❼	195
더블 쿠션 ⓰	161	2 cushion Bank ❶	196
더블 쿠션 ⓱	162	2 cushion Bank ❷	197
더블 쿠션 ⓲	163	2 cushion Bank ❸	198

연습장 • 199

에필로그 • 203

실력이 늘고 싶다면…

당구 실력이 늘지 않는 이유를 물어보면 처음부터 제대로 배우지 못했다는 공통적인 답을 한다. 처음에 제대로 배우지 못하였다는 것은 무엇일까? 당구의 원리? 회전의 효과? 타법의 차이? 자세의 불안정? 불안정한 스트로크? 모두 틀린 말이다.

골프나 태권도, 야구, 축구 등… 모든 운동은 그 운동을 잘하기 위해 필요한 부위의 근육이 필요하다. 당구도 마찬가지이다. 당구를 잘하기 위해서는 필요한 근육을 발달시키는 근력운동부터 시작해야만 하는 것이다.

❶ 다른 사람들을 함부로 가르치려 하지 말라

당구를 처음 배우려는 사람들에게 거의 모든 사람들이 "처음이니까 30만 놔!"라고 얘기한다. 골프로 얘기하면 장비도 없이 골프채를 잡을 줄도 모르는 사람을 필드(field)로 데리고 나가는 꼴이다.

더욱 중요한 것은 아무것도 모르는 초보자에게 자세를 가르칠 때 아무나 벌떼처럼 덤벼서 가르치려고 한다는 것이다. 또 여자에게 남자들은 자신의 자세를 강요한다. 남자와 여자의 자세는 다르다.

전문지식이 없다면 함부로 가르치는 행위는 삼가야 한다. 내가 가르친 자세로 평생 당구 친다고 생각해보면 가르치는 것은 쉽게 생각할 일이 아니다.

❷ 장비를 준비하라

수영을 배우려면 수영복, 수영모자, 물안경이 필요하고 골프를 배우려면 골프채가 필요하다. 당구를 배우려면 큐(cue)가 필요한 것은 당연한 것 임에도 불구하고 "당구장에 큐가 있는데 뭐하러 사냐?" 또는 "아직 실력이 안 돼서…"라고 말한다. 자칭 당구 마니아(mania)라는 사람들이 자신의 큐도 한 자루 사지 않는 것이 현재 한국의 당구 문화이다. 한마디 조언을 한다면 큐마다 무게나 성능이 다르기 때문에 이것저것을 사용하면서 혼란을 겪기보다는 나만의 큐로 연습하고 경기를 해야 실력도 빨리 향상될 수 있다.

❸ 음주 후 당구장 출입을 금하라

언제까지 당구를 술을 마시기 위한 놀이로 전락(轉落)시킬 것인가? 말로는 스포츠라고 하면서 당구장 안에서 술을 마시고, 고함을 지르면서 놀이로 타락을 시키는 사람들을 많이 본다. 심지어는 업주가 술을 팔기도 한다. 당구장은 야구장이 아니다. 각 당구대마다 진지하게 연습하고 경기를 하는 장소여야 한다. 당구장에서 조용히 하라는 것은 작게 떠들라는 말이 아니다. 말없이 당구에만 집중할 수 있게 해 달라는 말이다.

듣고 보는 것은 지식만 넓어질 뿐이다. "샷(shot)이 안 된다", "자세가 불안정하다", "큐 걸이가 흔들린다"는 말은 필요한 근육이 없다는 말이고, 근육을 키우려면 필요한 운동을 해야 한다는 것이다. 당구는 암기만 잘한다고 잘 칠 수 있는 것이 아니라 엄청나게 땀을 흘려야 성과를 얻을 수 있는 힘든 운동이다.

이 글을 읽는 독자들은 더 이상 당구를 놀이로만 여기는 이런 오류를 범하지 않기를 바란다.

3쿠션 연습 문제집 이용법

연습에 들어가기에 앞서서 한 가지 중요한 사항을 말하고자 한다.

각 도면마다 도면 아래에 두께, 당점, 타법, 속도를 적을 수 있는 공간을 만들었다.

 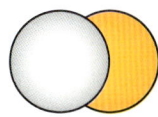   속도 :
타법 :

당구가 어려운 이유는 여러 가지가 있으나 많은 사람들이 생각하지 않는 부분이 속도이다. 고수는 같은 배치를 시도해도 더 안정적인 수구의 진행을 보여준다. 그 말은 성공률이 높은 속도를 구사했다는 말이다. 타법 또한 마찬가지이다. 길게 뻗는 것이 짧게 치는 것보다 더 좋을 때도 있고 그 반대일 때도 있다.

자신만의 기호와 표기법을 만들어 나만의 당구 백과사전을 만들기 바란다.

독자들은 빈 공간을 빠짐없이 기록하면서 연습을 해야만 하고 반드시 연필로 기입하기 바란다. 당구는 정답이 없으므로 실력이 향상될수록 더 좋은 조합을 알게 되기 때문이다.

연습을 하다 보면 '이런 배치를 굳이 이렇게 쳐야 하나?'라고 생각되는 배치도 있을 것이다. 실전에서는 다른 선택을 하더라도 연습은 이것저것 다 경험을 해보아야 한다.

10번 이상 시도를 해도 답을 못 찾겠거든 고수나 선수에게 물어보자. 좋은 답을 알려줄 것이다.

각자에게 무한한 발전이 있기를 바란다.

알아두어야 할 계산법

RC System

2/3 System

Five & Half System

Plus 2 System

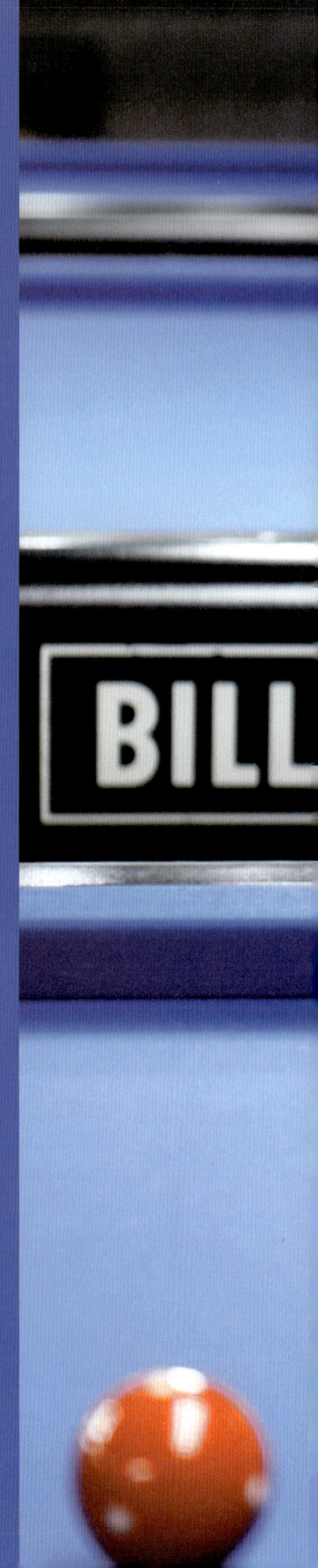

계산법은 '필요악'이라는 말이 있다. 당구는 연습에 의한 느낌으로 구사하는 것이 원칙이지만 계산법을 알아둔다면 조금 더 정확성을 높일 수 있는 경우가 있으므로 알아두면 도움이 될만한 계산법을 몇 가지 소개한다.

단, 계산법이 감각보다 우선이 될 정도로 맹신한다면 당구에 대한 모든 사고가 계산법 틀에서 벗어날 수 없으므로 계산법은 검산용으로만 사용해야 한다는 것을 명심하자.

1 RC System

3쿠션 경기를 하면서 가장 많이 적용하게 되는 계산법이 3-Bank를 시도할 때에 사용하는 계산법일 것이다. 가장 많이 사용하는 다이아몬드 계산법의 오차를 수정하여 레이몽드 쿠르망(Raymond Ceulemans)이 만든 계산법으로 저서 《MISTER 100》에 수록하여 발표하였다. RC는 레이몽드 쿠르망의 약자이다. 현재 선수를 비롯한 많은 사람이 국제식 대회에서 사용하고 있는 계산법이 바로 RC System이다.

RC System에는 여러 가지의 계산법이 있는데 많은 사람이 알고 있는 3-Bank 계산법, Plus 계산법, RC Plus 계산법, 1 Bank 계산법, 2 Bank 계산법, 역회전 계산법, 더블 레일 계산법 등…. 많은 계산법을 소개하고 있다. RC System 중에서 3-Bank 계산법인 KL, LL 계산법을 알아두기 바란다.

우선 계산법을 배우기에 앞서 당구대의 수치를 암기해야만 한다. 수구의 포인트와 출발 포인트, 도착 포인트를 암기해야 하고 세 번째 쿠션에서 네 번째 쿠션으로 진행하는 경로를 알고 있어야만 계산을 할 수 있다.

도면의 수치들을 보고 암기하자.

KL, LL의 3-Bank Shot을 할 때의 포인트 수치

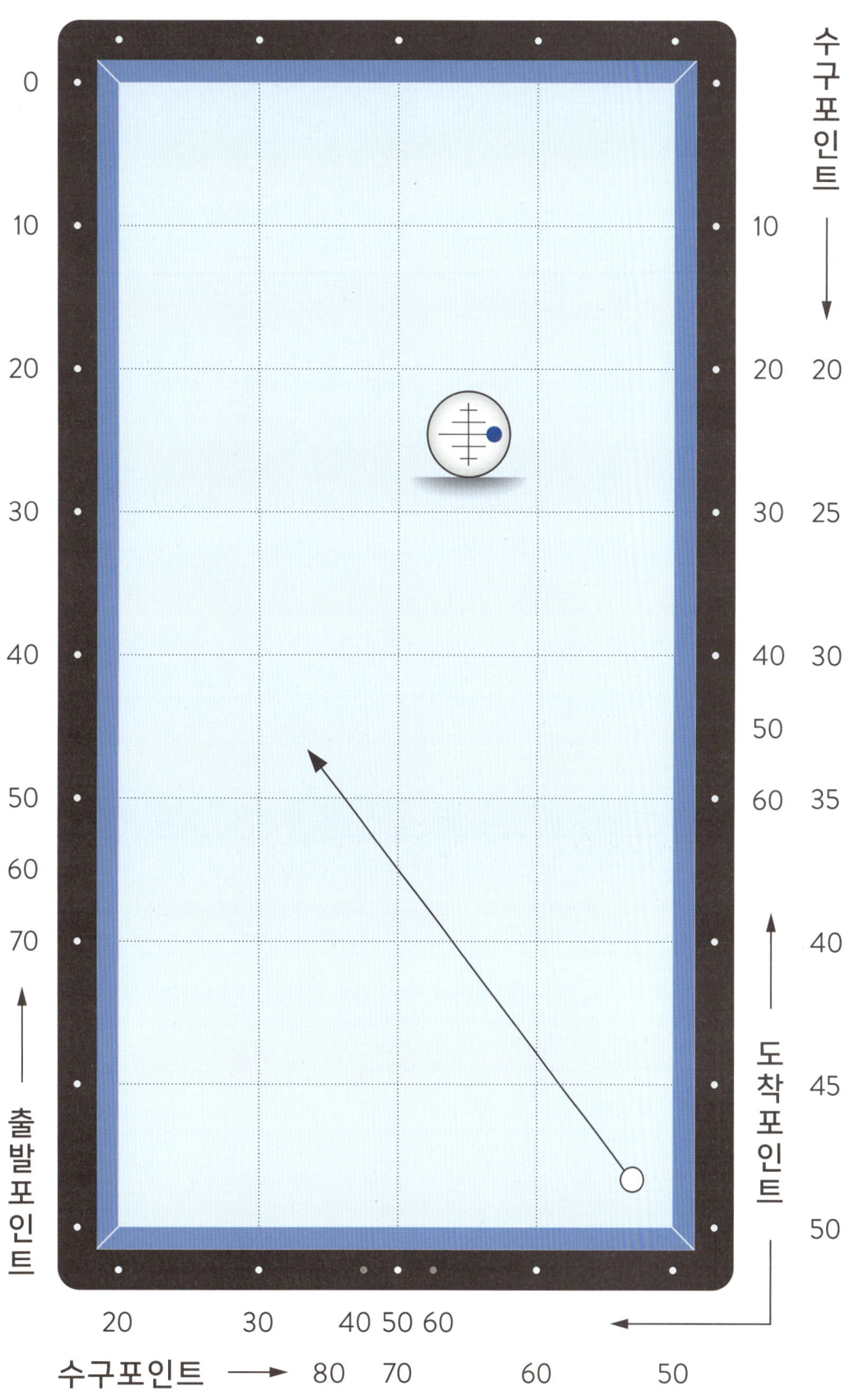

세 번째 쿠션에서 네 번째 쿠션으로의 진행경로

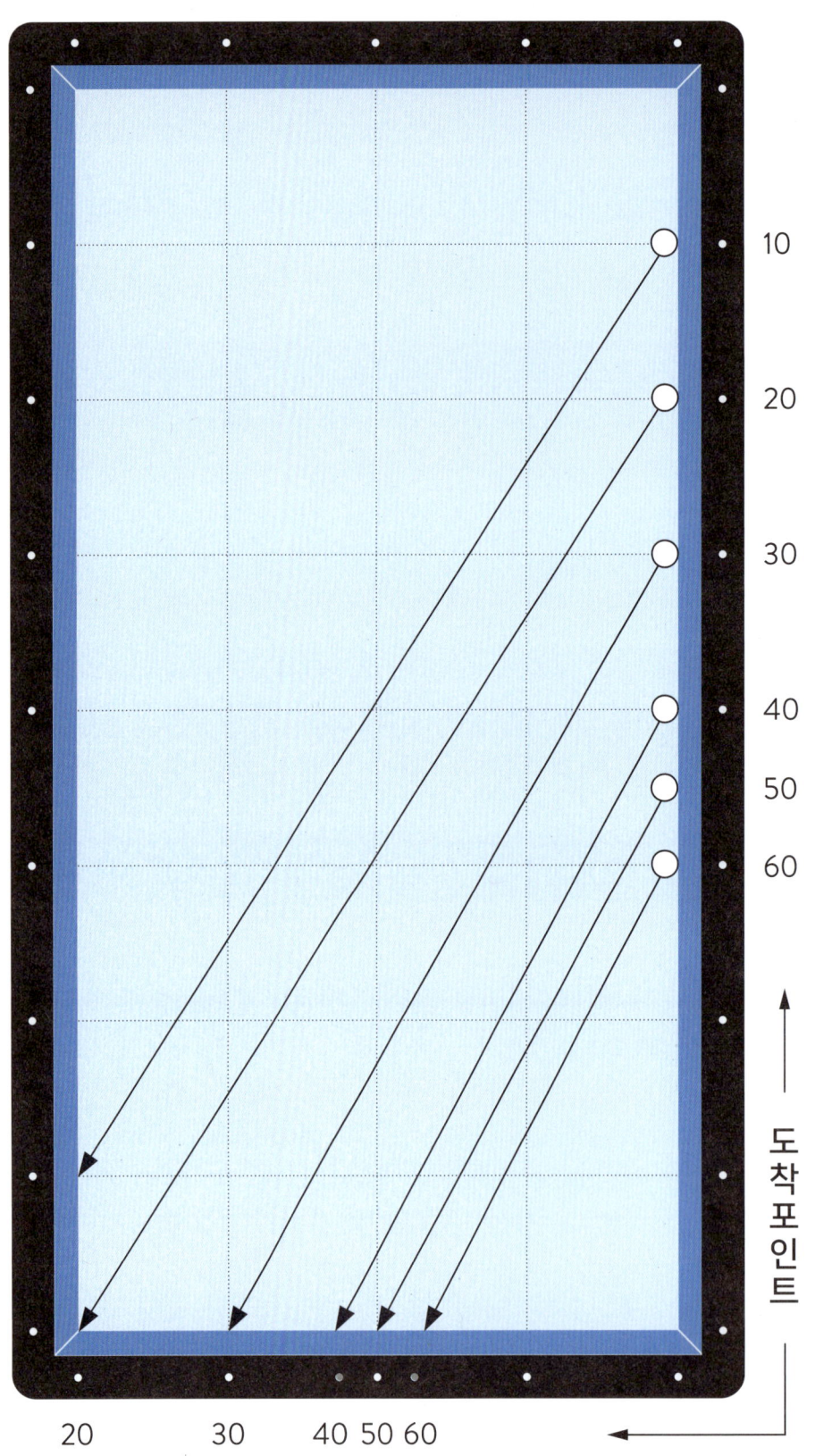

네 번째 쿠션에서 다섯 번째 쿠션으로의 진행경로

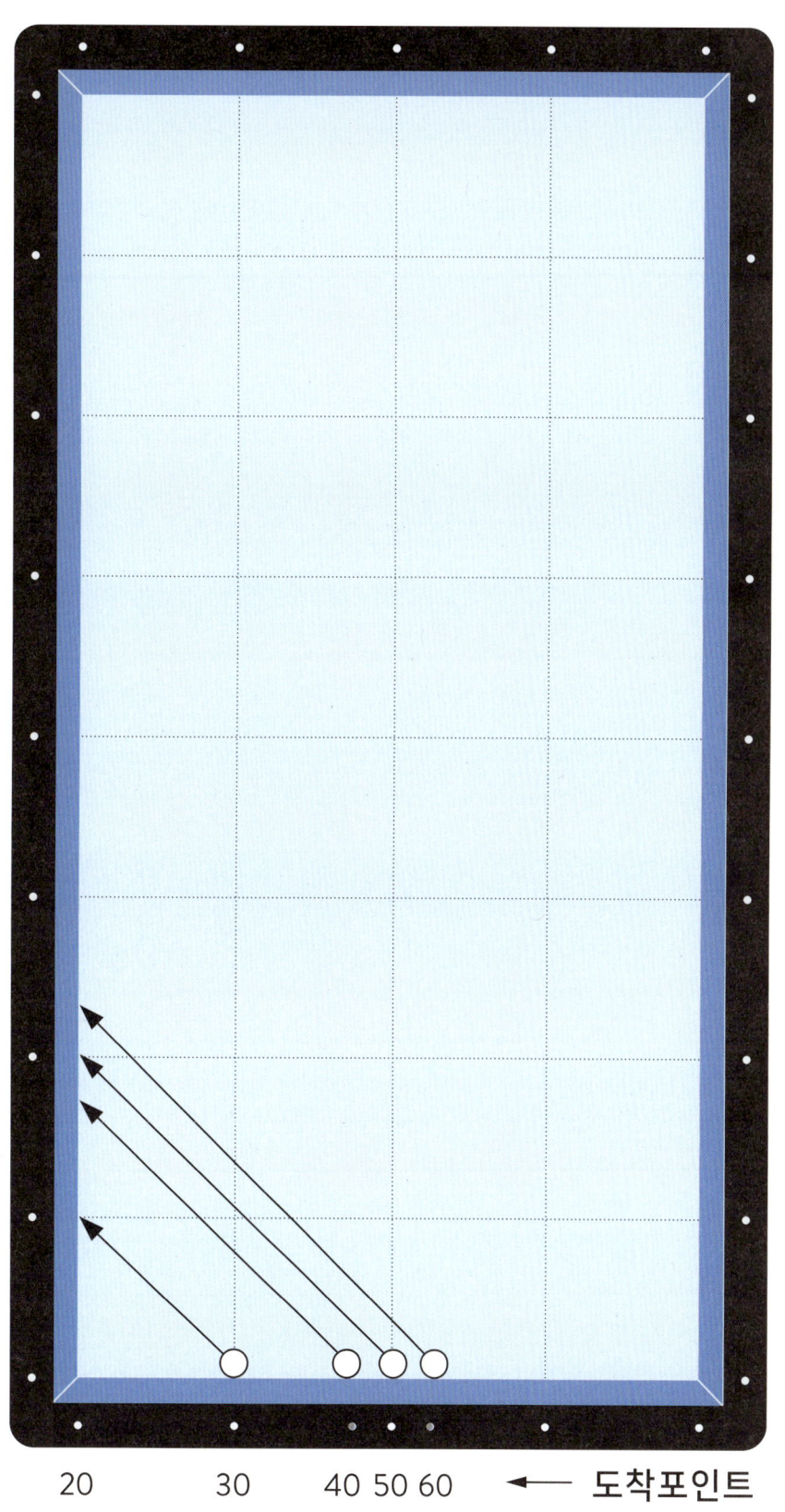

계산하는 법

수구포인트 50일 때 출발포인트를 다양하게 구사하여 보자.

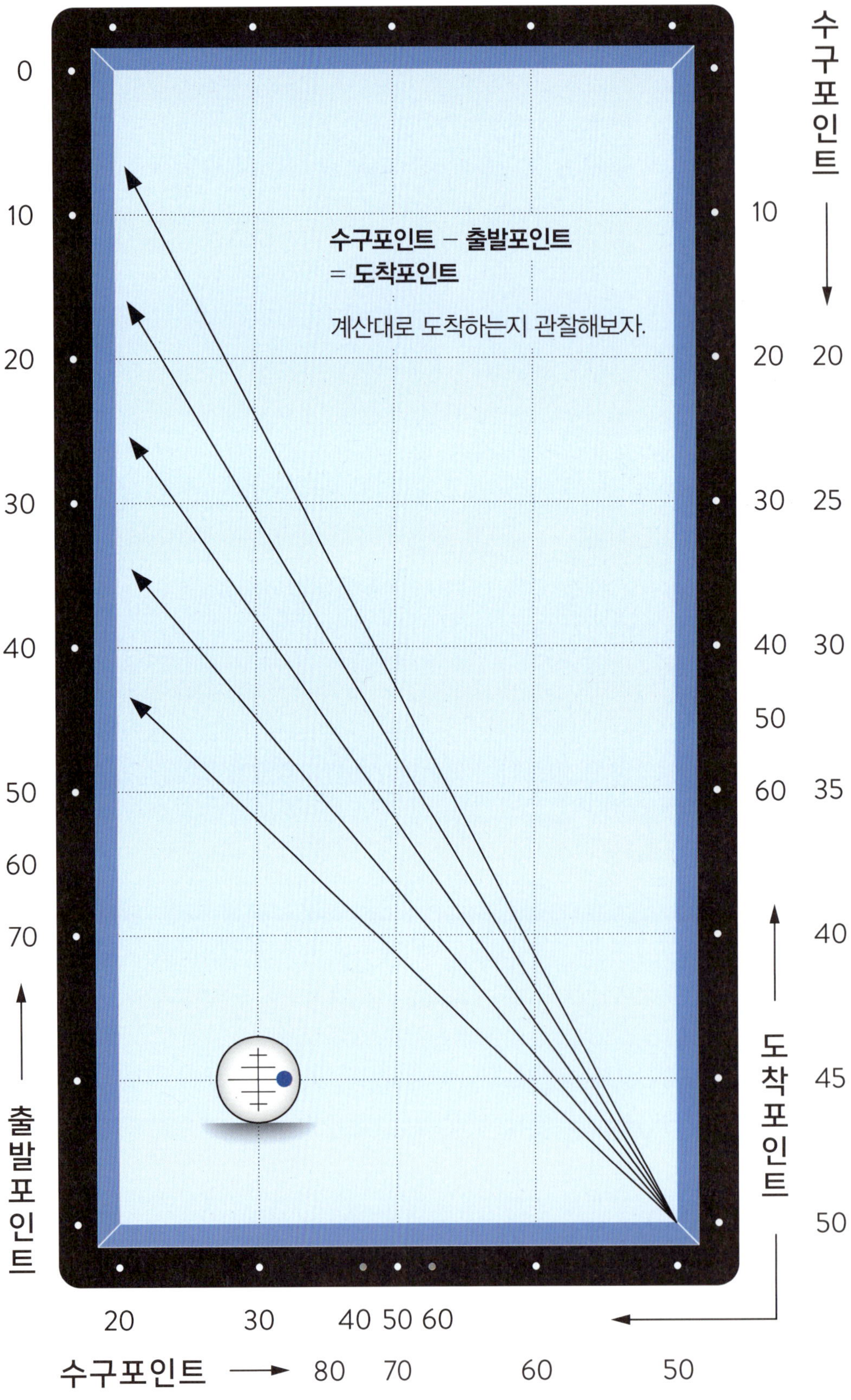

수구포인트 − 출발포인트 = 도착포인트

계산대로 도착하는지 관찰해보자.

❶ KL Kort-Lang: Short-Long

코너 또는, 단 쿠션에서 출발하여 장 쿠션으로 진행시켰을 때의 수구의 진행경로를 말한다. 수구 포인트가 50~60 정도에서 출발되었을 때에는 거의 계산과 동일하게 진행을 할 것이다. 하지만 수구 포인트가 60 이상이이 되면 계산보다 조금씩 길게 진행하게 되므로 보정을 하여야 한다.

보정법은 수구 포인트의 수치가 높아짐에 따라서 좌, 우의 회전량을 조절하는 방법과 출발 포인트의 위치를 바꿔주는 방법, 그리고 속도 조절법이 있으나 아무리 계산을 잘 하여도 당구대의 상태에 따라 자신의 느낌이 제일 중요하므로 보정법은 소개하지 않겠다.

❷ LL Lang-Lang: Long-Long

장 쿠션에서 출발하여 장 쿠션으로 진행시켰을 때의 수구의 진행경로를 말한다. 수구 포인트가 45~50 정도에서 출발되었을 때에는 거의 계산과 동일 하게 진행을 할 것이다. 수구 포인트가 45 미만이 되면 계산보다 조금씩 짧게 진행하게 되므로 보정을 하여야 한다. 마찬가지로 보정법은 생략한다.

위의 두 계산법을 시도할 때의 당점은 3시나 9시 방향이고 충격을 최소화하는 부드럽고 길게 밀어서 수구를 진행시키는 타법이 필요하다.

> **KL, LL**로 진행하는 경로의 계산법은 3 BankShot뿐만이 아니라 목적구를 맞추고 3쿠션을 시도할 때의 뒤 돌리기나 옆 돌리기에도 적용을 하여 득점을 할 수 있으므로 계산을 정확하고 자세하게 그리고 빨리할 수 있도록 많은 연습을 하여야 한다.
>
> 선수들은 계산하는 속도가 매우 빠르다. 어떠한 경로를 선택할까? 키스가 있는가 없는가? 포지션 플레이를 할 수 있는가 없는가?를 판단하고 결정해서 40초 안에 샷을 해야 하므로 계산법을 사용한다면 4~5초 내에 계산을 할 수 있어야 하기 때문이다. 계산을 4~5초 내에 한다는 것은 계산을 하는 것이 아니라, 가이드라인을 외우고 있다는 뜻이다. 외울 정도로 무수히 많이 연습해야 한다.

예제 1

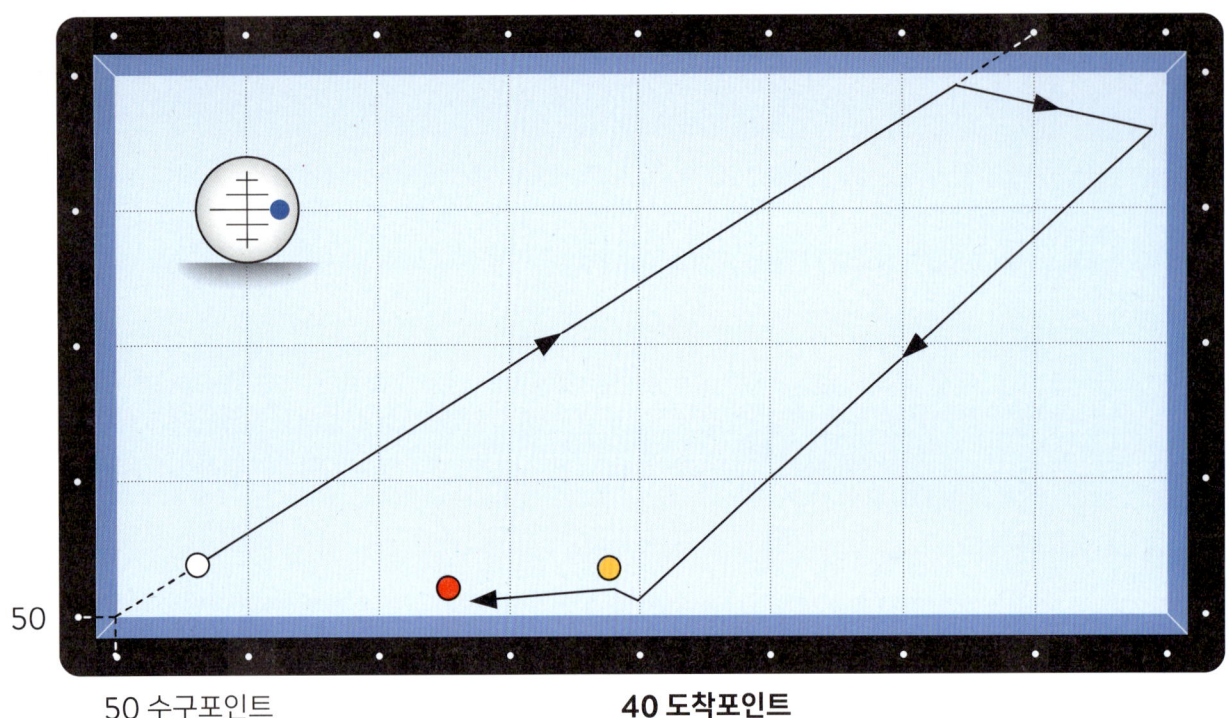

계산은 항상 도착포인트를 찾는 것부터 거꾸로 해 나아가야 한다. 수구가 도착해야 하는 위치가 40이라는 것을 찾았다. 이때 수구포인트와 출발포인트는 아직 알 수 없다. 가정해 보기로 한다.

만약, 수구포인트가 60이라고 하면 출발포인트는 20일 것이다. 하지만 수구포인트 60과 출발포인트 20을 연결한 선상에 수구가 존재하지 않는다.

수구포인트를 50이라고 가정했을 때에는 수구포인트 50과 출발포인트 10을 연결한 선상에 수구가 존재하므로

수구포인트 (50) − 출발포인트 (10) = 도착포인트 (40)

을 정답이라 할 수 있다.

예제 2

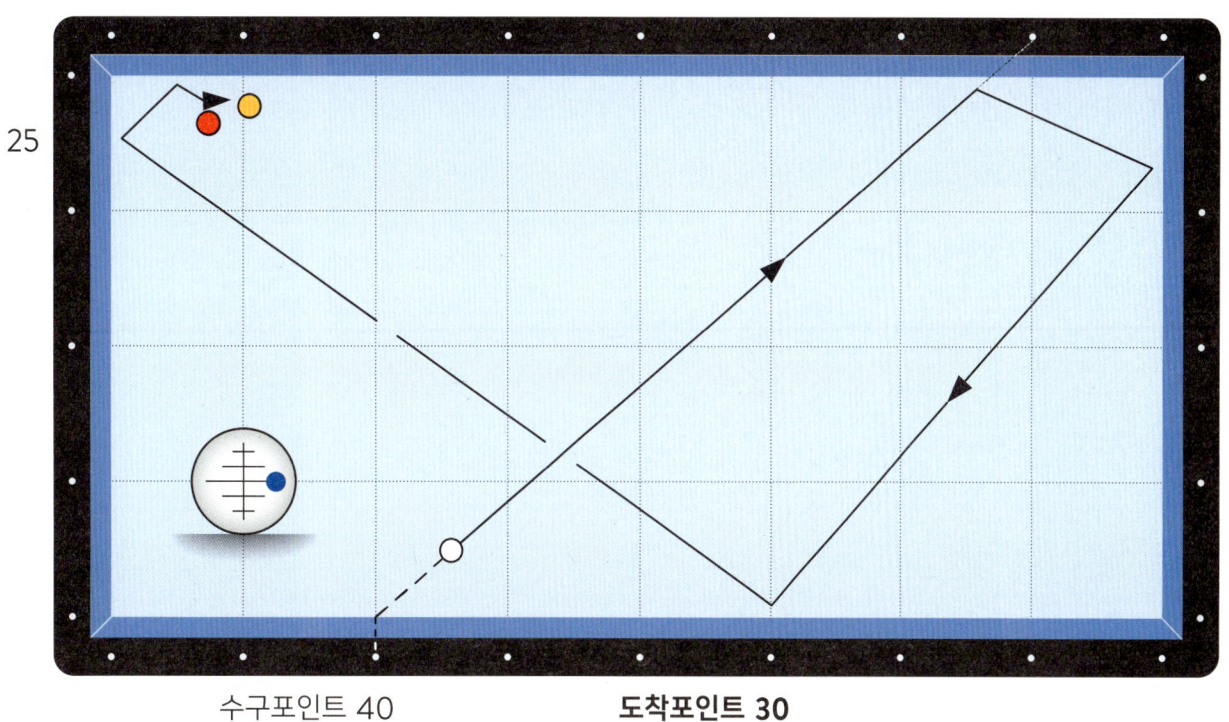

도착포인트는 25 정도라는 것을 찾을 수 있다.

하지만 수구의 위치가 수구포인트 50이나 60 정도에서 출발하는 것이 아니므로 세 번째 쿠션에서 네 번째 쿠션으로 진행할 때에 5포인트 정도 짧게 진행한다는 것을 감안하여야 한다.

그러므로, 네 번째 쿠션의 도착포인트는 25이지만 세 번째 쿠션의 도착포인트는 30으로 정해야 원하는 득점을 할 수 있을 것이다.

수구포인트 (40) − 출발포인트 (10) = 도착포인트 (30)

을 정답이라 할 수 있겠다.

❸ Plus System

단 쿠션을 먼저 맞혀서 단-장-장 또는, 단-장-단으로 진행하는 경로로 수구 포인트와 출발 포인트를 더하면 도착 포인트가 된다는 계산 법이다. 계산은 어렵지 않으나 첫 번째 쿠션의 위치가 코너에 가까우면 회전량, 속도, 충격량에 따라서 엄청난 오차를 보이기 때문에 많은 사람들이 실전에서 적용하기를 꺼려하는 계산법이다. 충격을 최소화하고 부드럽고 길게 밀어서 수구를 진행시킬 수 있는 타법을 연습하여 Plus System을 실전에서 잘 활용할 수 있도록 하자.

Plus System은 Bank-shot을 할 때에도 이용하지만 목적구를 맞히고 진행하는 안 돌리기나 비껴 돌리기를 시도할 때에도 적용할 수 있으므로 Bank Shot을 익숙하게 연습해 놓아야 한다.

Plus System을 익히기 위해서는 출발 포인트의 수치를 기억해야 한다. 수구의 위치에 따라서 출발 포인트의 수치가 조금씩 달라지므로 복잡하고 어렵다고 생각할 수도 있지만, 꼭 외워서 실전에서 기분 좋은 득점을 하기 바란다.

수구 포인트 20일 때 (수구 포인트와 도착 포인트는 동일하다)

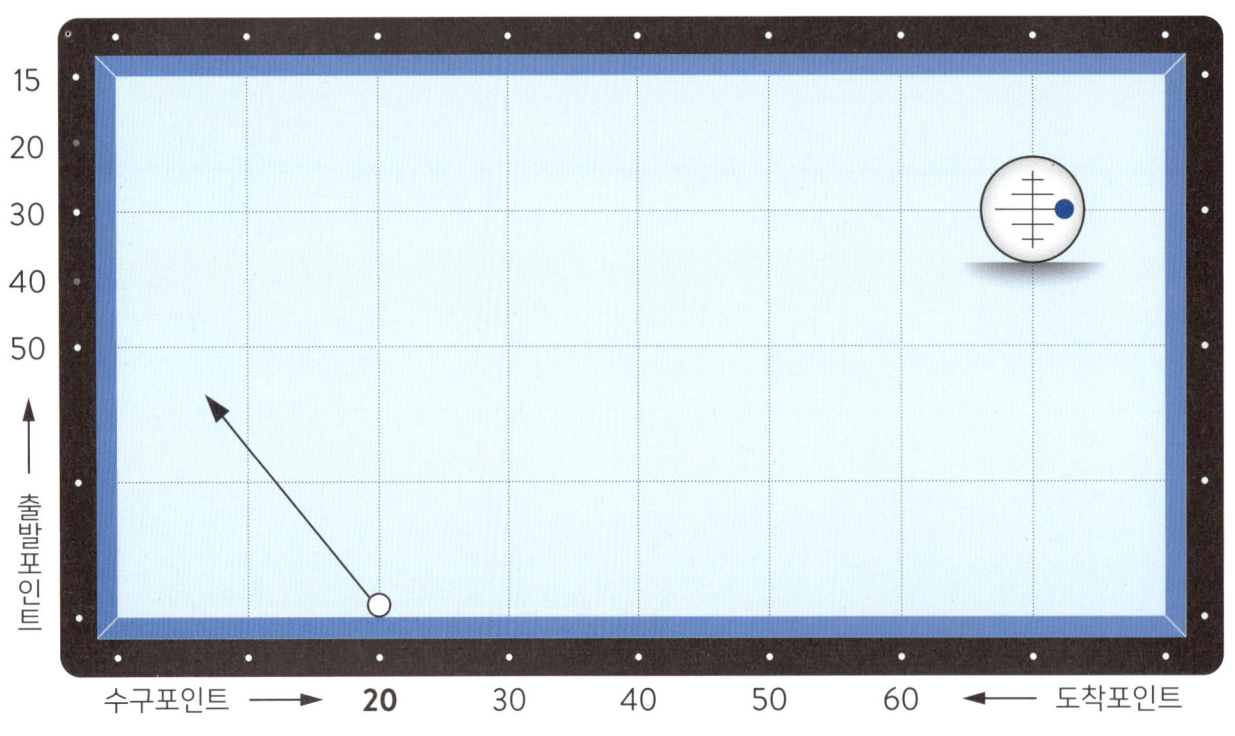

수구 포인트 30일 때 (수구 포인트와 도착 포인트는 동일하다)

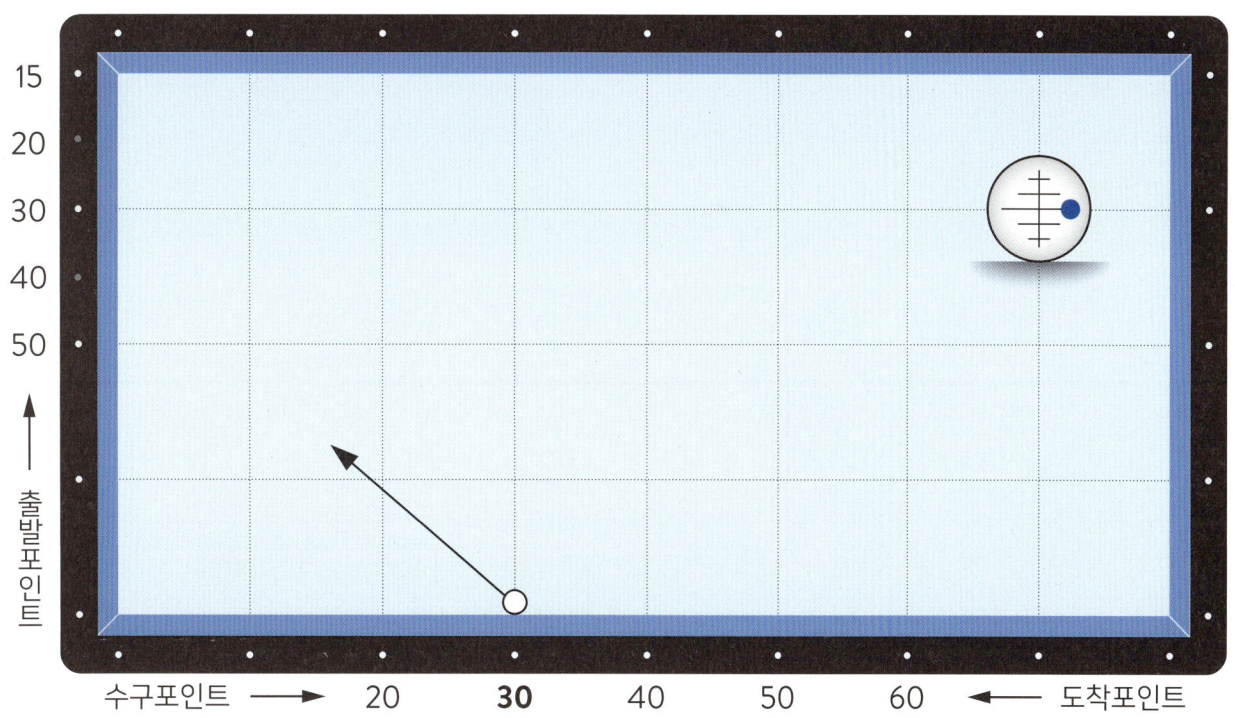

수구 포인트 40일 때 (수구 포인트와 도착 포인트는 동일하다)

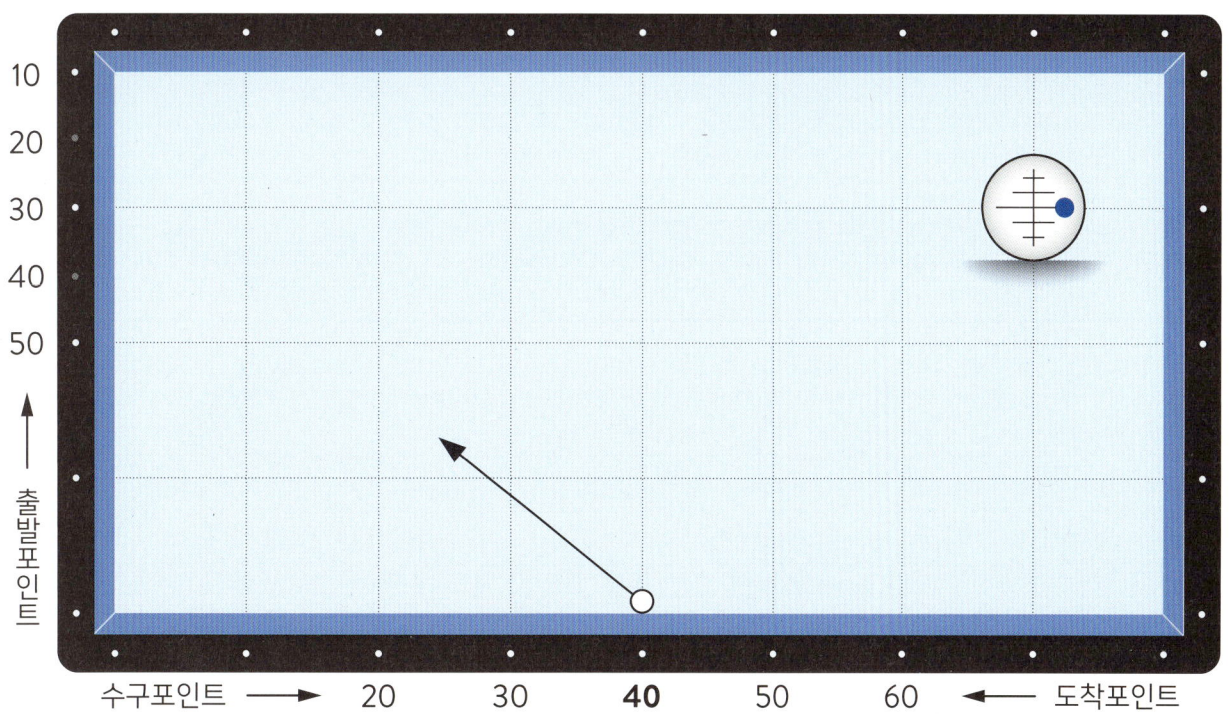

수구 포인트 50일 때 (수구 포인트와 도착 포인트는 동일하다)

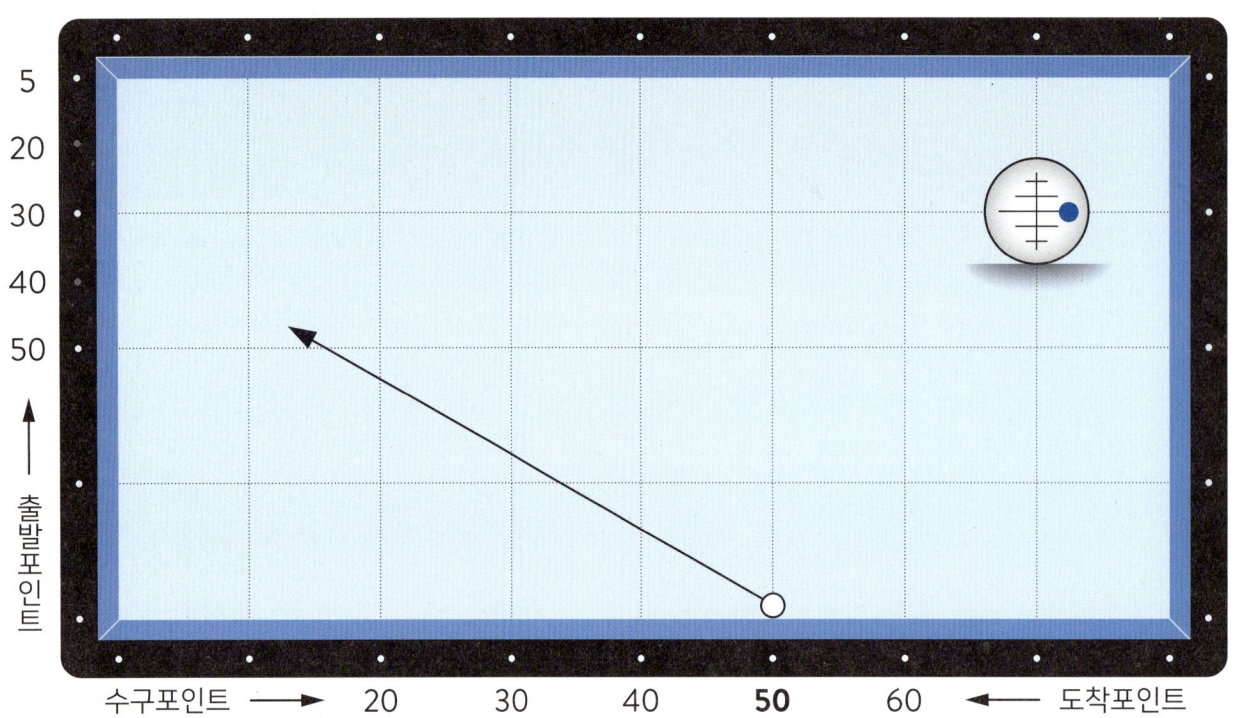

수구 포인트 60일 때 (수구 포인트와 도착 포인트는 동일하다)

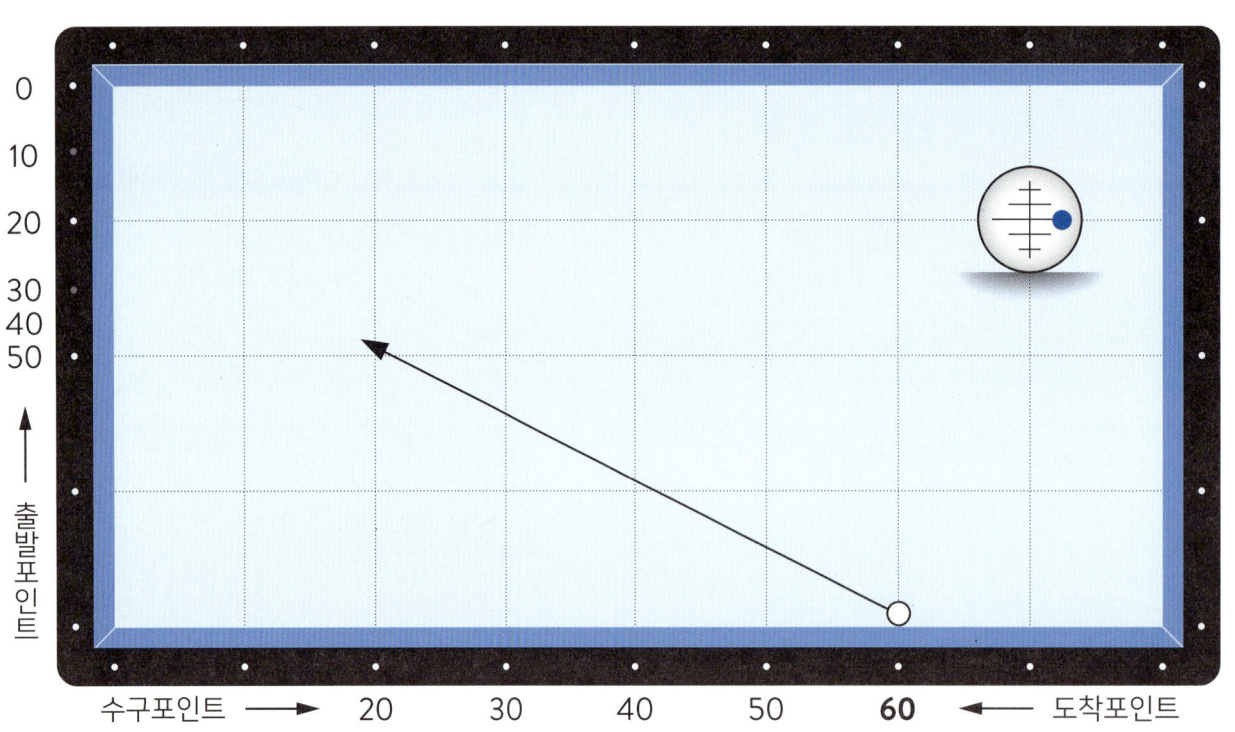

 **예제 1**

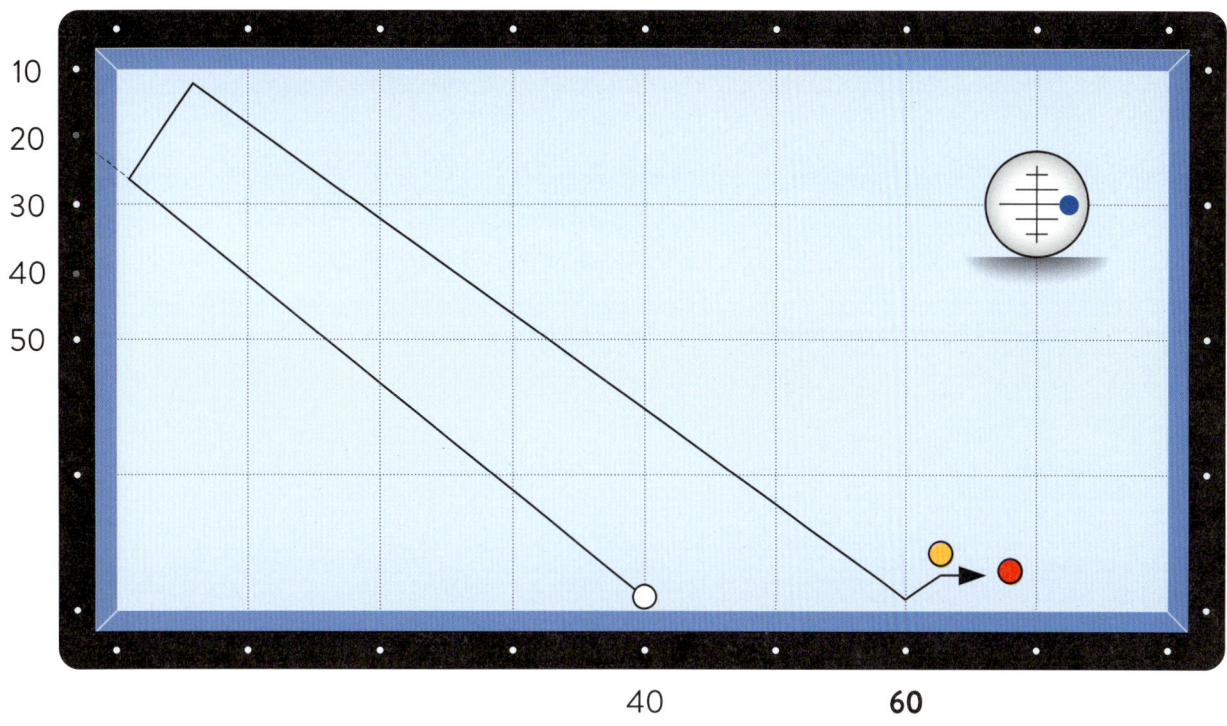

계산은 항상 도착포인트를 찾는 것부터 거꾸로 해 나아가야 한다.

수구가 도착해야 하는 위치가 60이라는 것을 찾았다. 수구는 40포인트에 있으므로 수구가 40일 때 첫 번째 쿠션의 수치는 코너에서 부터 10, 20, 30, 40, 50이므로 20을 향하여 최소한의 충격으로 부드럽게 구사하도록 한다.

도착포인트 (60) = 수구 포인트 (40) + 출발포인트 (20)

Plus System의 보정법

이번에는 많은 독자들이 Plus System에서 잘못 알고 있는 보정법에 대해 설명하겠다. 우선 수구포인트를 잘 결정할 줄 알아야 한다. 대부분의 동호인들이 당구대 레일(rail)의 포인트에서 연장하여 수구포인트를 결정한다.

예제 2를 보면서 설명하겠다.

# 예제 2

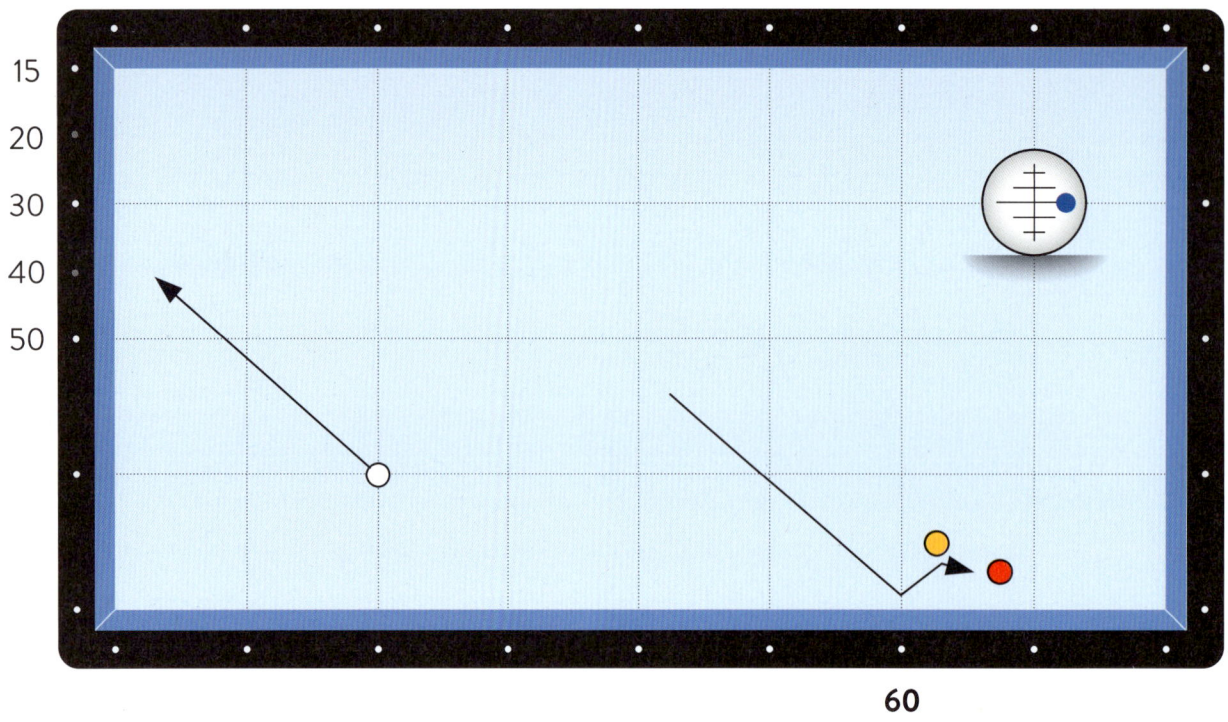

수구를 단 쿠션으로 진행시켜 3-Bank로 득점을 하려고 한다.

우선 도착포인트가 60이라는 것은 알아낼 수 있을 것이다. 이때 많은 동호인들이 수구포인트를 KL, LL System처럼 장 쿠션과 단 쿠션을 연결하는 직선을 그려서 찾는다.

Plus system은 수구포인트를 설정하는 방법이 다르다.

예제 2에서 수구포인트를 KL, LL System과 같이 찾는다면 아마도 수구포인트를 30이라고 설정할 것이다.

❌ 예제 2의 잘못된 계산법

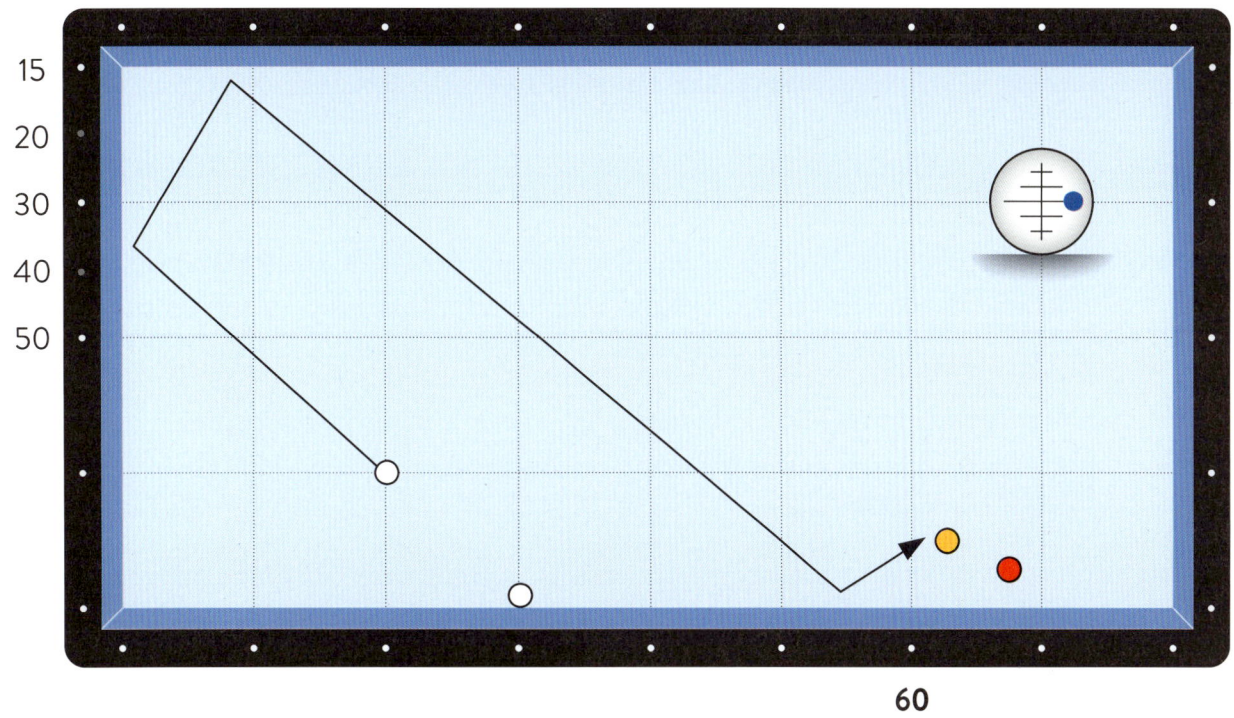

Plus System에서는 수구의 포인트를 장-단 쿠션을 연결한 선으로 찾지 않는다. 수구포인트를 30이라고 결정하고 단 쿠션의 30으로 진행시키면 생각보다 훨씬 짧게 도착할 것이다. 필자도 왜 그럴까? 하고 많이 고민하고 실제로도 많이 시도해 보았다. 이유는 간단하다. 쿠션에 붙어있는 수구는 3시 방향의 회전을 줄 수 없기 때문에 3시 방향의 회전력보다는 조금 약한 2시 방향 정도의 회전력으로 진행되기 때문이다. 따라서 2시 방향의 회전력으로 위와 같이 계산한다면 득점을 성공시키키는 어렵지 않을 것이다.

하지만 3시 방향의 회전력으로 수구포인트를 30으로 결정하여 구사한다면 엄청나게 짧게 도착하는 경험을 하게 될 것이다.

수구는 20포인트에서 당구대 중앙으로 10포인트 상승해있다. 이럴 경우, 수구포인트를 20으로 정하고 상승한 포인트의 1/2을 더하여야 한다. 그러면 수구포인트는 20이 아니라 25가 되는 것이다.

수구포인트가 25이므로 첫 번째 쿠션을 30이 아니라 35로 결정해야 한다.

수구포인트 (20) + (10 ÷ 2) + 출발포인트 (35) = 도착포인트 (60)

✅ 예제 2의 옳은 계산법

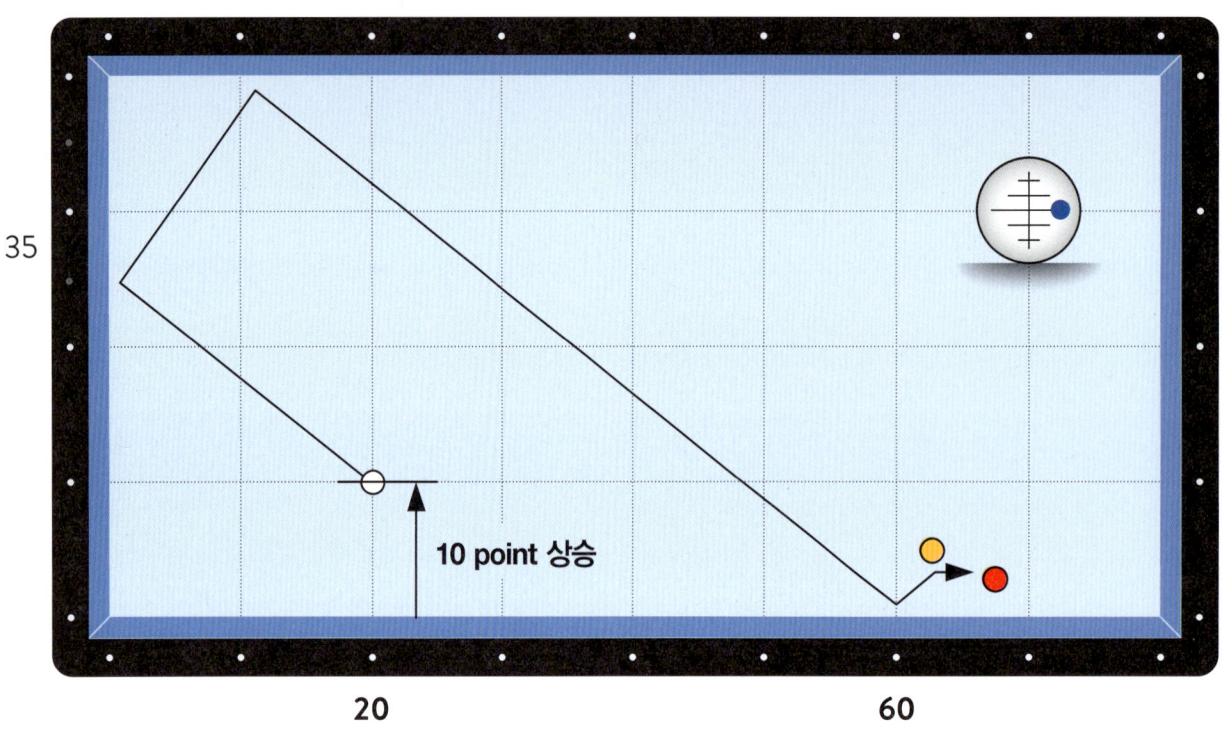

위의 도면으로 이해가 될 것이다.

시중에 나온 많은 당구책에 수록된 내용들도 잘못된 내용이 많다. 저자들도 확실하게 모르는 내용을 인터넷에서 자료들을 모아서 함부로 책을 쓰기 때문이다.

많은 사람들이 Plus System은 변화가 너무 심하고 계산한대로 적용되지 않는다면서 모험하는 마음으로 시도하는 경우가 많다. 보정법을 제대로 익히고 수구포인트를 잘 찾아내서 실전에서 적용한다면 오차가 많이 줄어들 것이다.

2 2/3 System

No English System은 주로 좁은 공간의 3쿠션을 시도 할 때, 또는 각도가 짧아지는 위치에서 각도를 길게 만들고자 할 때에 사용하게 된다. 여러 가지 No English sys. 중에서 2/3 sys.는 좁은 공간에서의 옆 돌리기, 뒤 돌리기, 짧은 3-Bank에 적절하게 이용할 수 있다.

속도가 너무 빠르면 같은 지점에 도착을 하여도 진행경로가 달라지므로 다양한 경험을 해 보아야 하고, 특히 집중해서 연습하여야 할 것은 무회전 당점을 정확하게 구사하는 것이다. 무회전이라고 생각하는 당점이 주시안에 따라서 사람마다 다르기 때문에 정확한 당점을 구사할 줄 아는 연습이 필요하다.

No English로 장 쿠션의 0 포인트를 향하여 수구를 진행시키면 출발지점보다 1/3이 모자란 2/3 지점에 도착한다는 계산법이다. 도면을 보면 쉽게 이해가 될 것이다.

수구 포인트 30일 때 (수구 포인트와 도착 포인트는 동일하다)

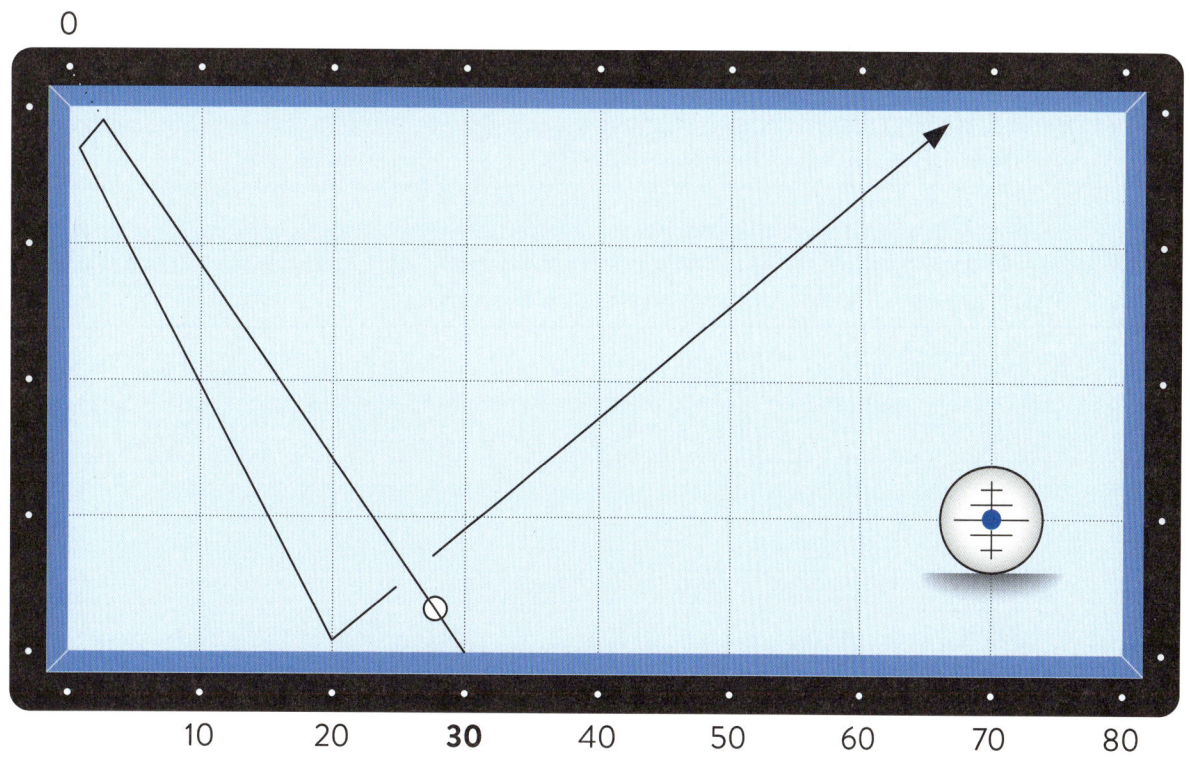

수구 포인트 40일 때 (수구 포인트와 도착 포인트는 동일하다)

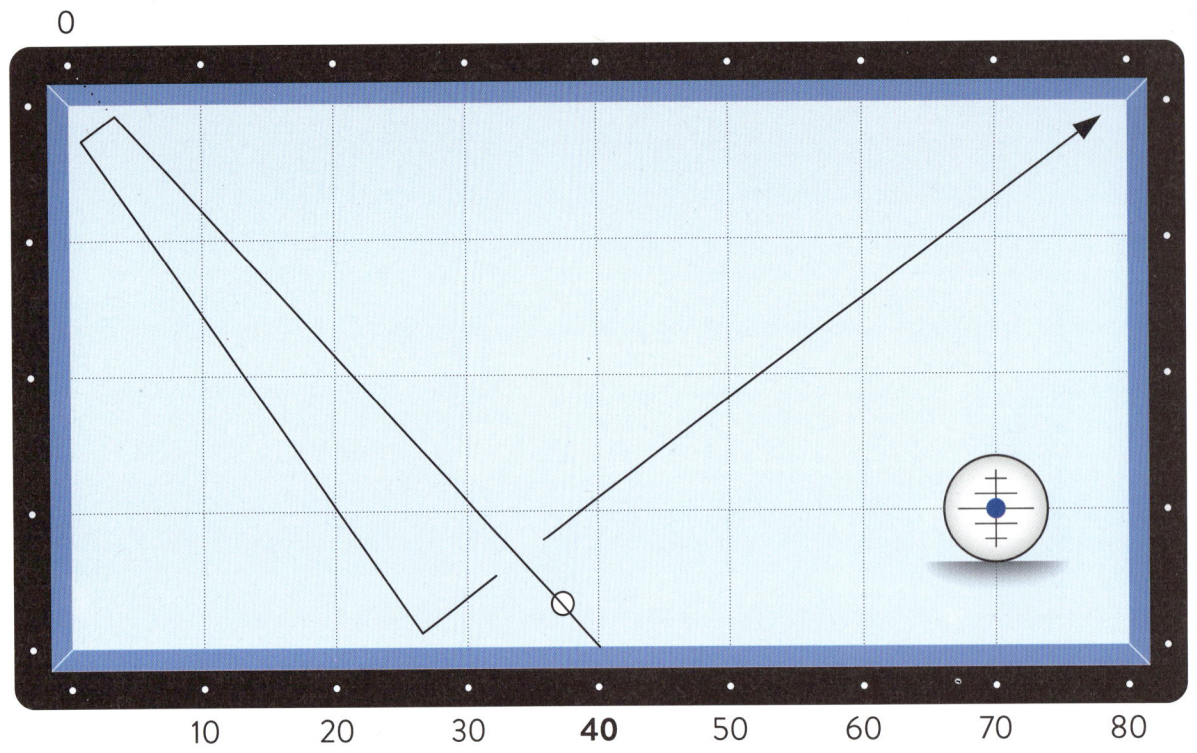

수구 포인트 50일 때 (수구 포인트와 도착 포인트는 동일하다)

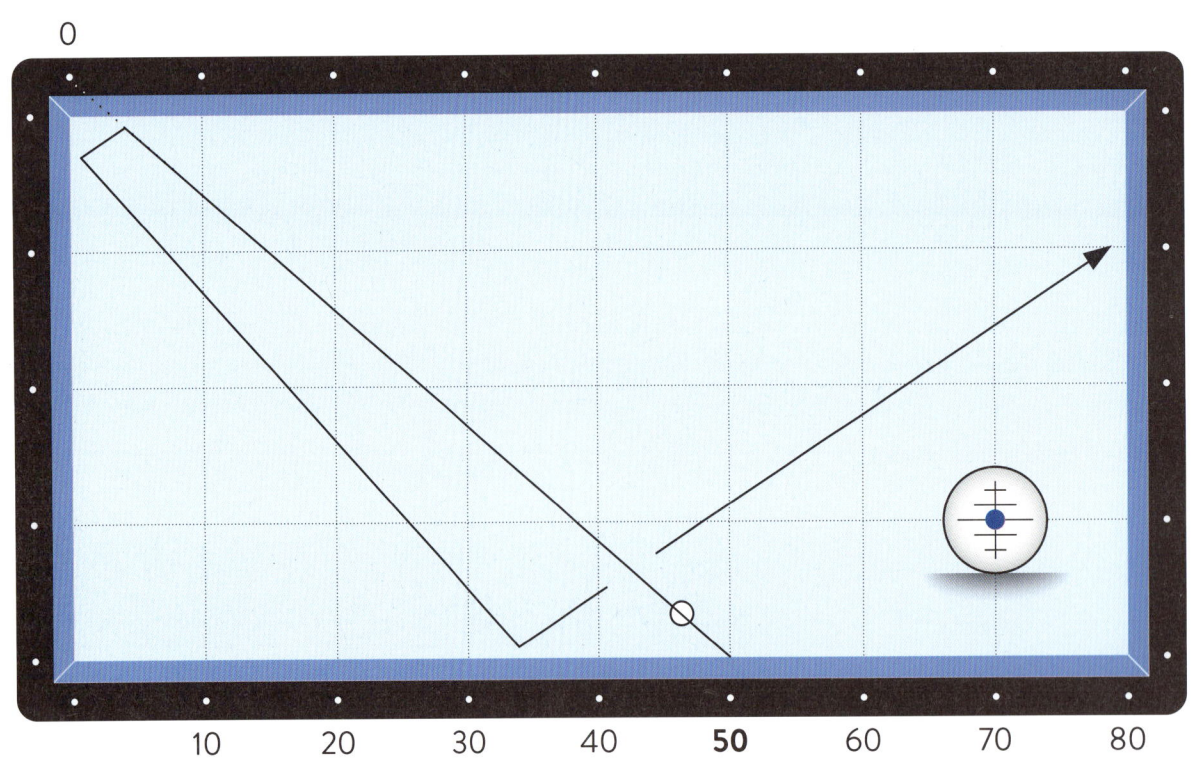

수구 포인트 60일 때 (수구 포인트와 도착 포인트는 동일하다)

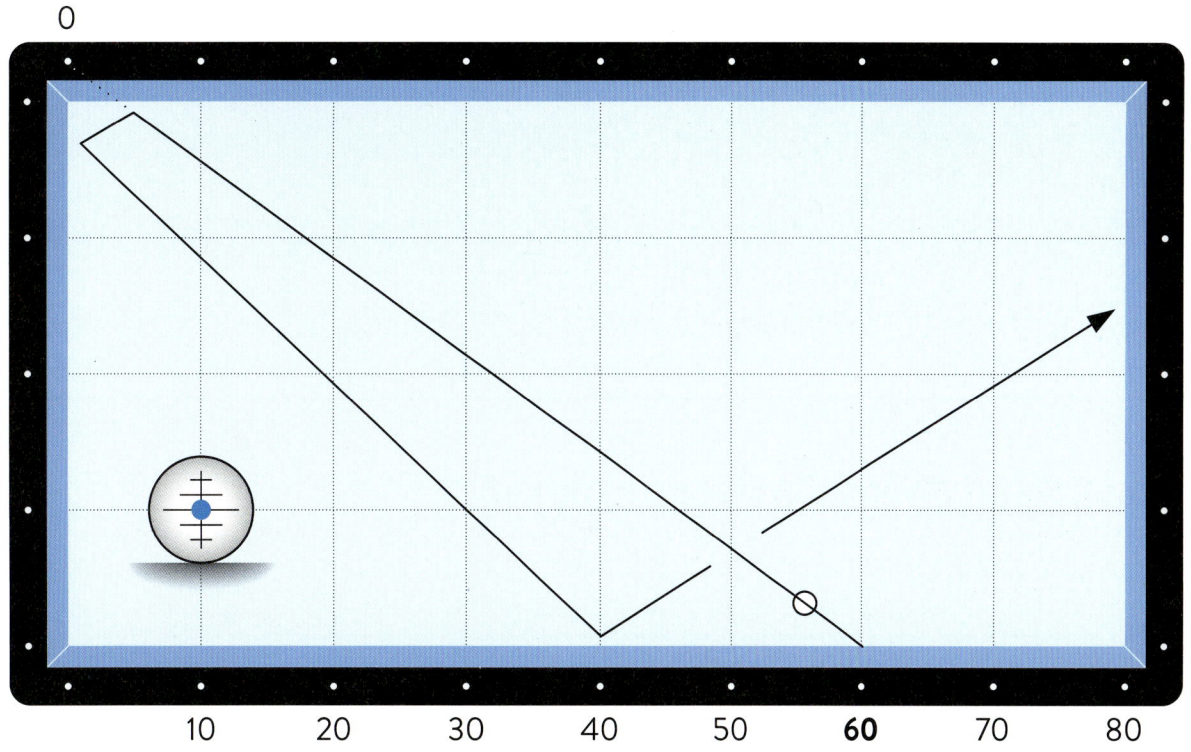

수구 포인트 70일 때 (수구 포인트와 도착 포인트는 동일하다)

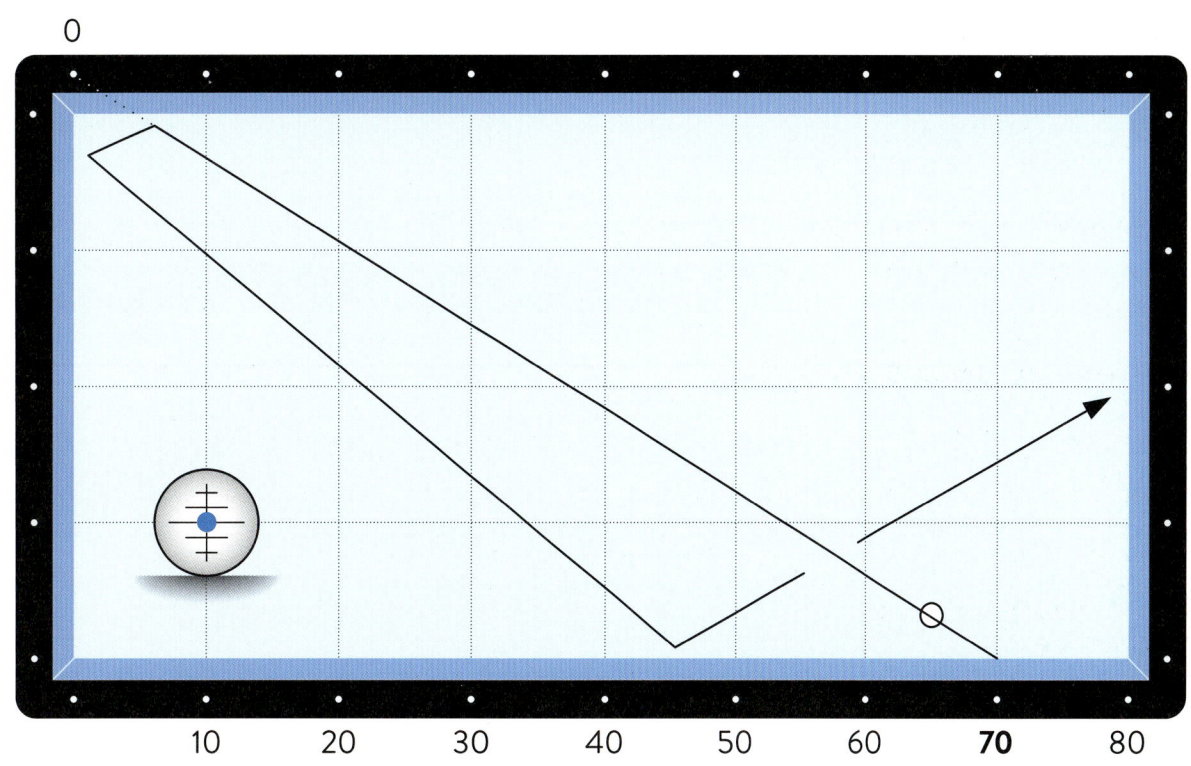

3. Five & Half System

이번에는 많은 No English System 중에서 Five & Half System에 대해서 알아보자. Pool 경기에서 (우리나라에서는 '포켓볼'이라고 하지만 세계적으로 공통으로 칭하는 말은 'Pool'이다) 만들어진 계산법으로 누가 만들었는지는 모르나 좌, 우의 회전을 사용하는 계산법이 아님을 정확히 알아야 한다.

No English로 5포인트를 향하여 수구를 진행시키면 수구가 출발한 지점보다 1/2이 모자란 지점에 도착한다는 계산법이다. 이 계산법은 당구대 전체 길이 중에 반이 넘지 않는 짧은 공간 안에서만 적용되므로 주로 좁은 공간의 3쿠션을 시도할 때에 사용한다. 좁은 공간에서의 옆 돌리기, 뒤 돌리기, 짧은 3-Bank에 적절하게 이용할 수 있다.

좌, 우의 회전을 사용하여 3-Bank를 시도할 때에 Five & Half sys.으로 적용한다고 말하면 안 된다. Five & Half sys.은 회전 없이 시도하는 계산법이다.

수구 포인트 20일 때 (수구 포인트와 도착 포인트는 동일하다)

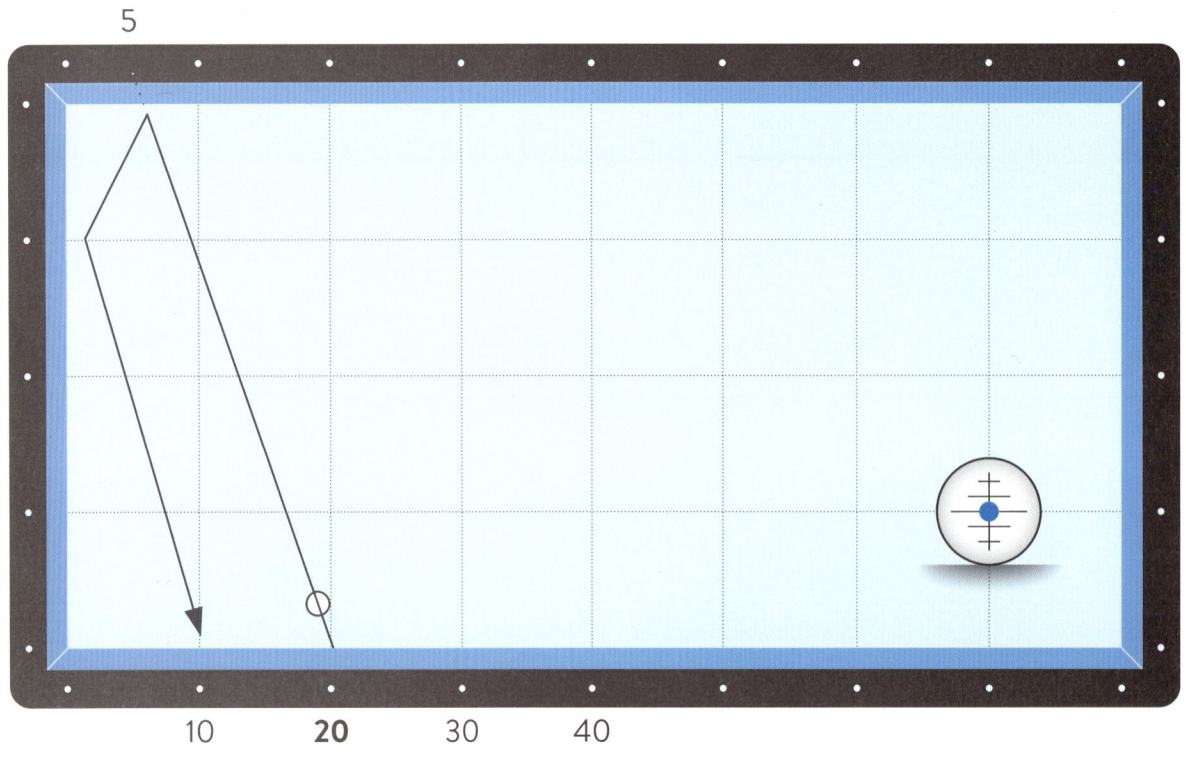

수구 포인트 30일 때 (수구 포인트와 도착 포인트는 동일하다)

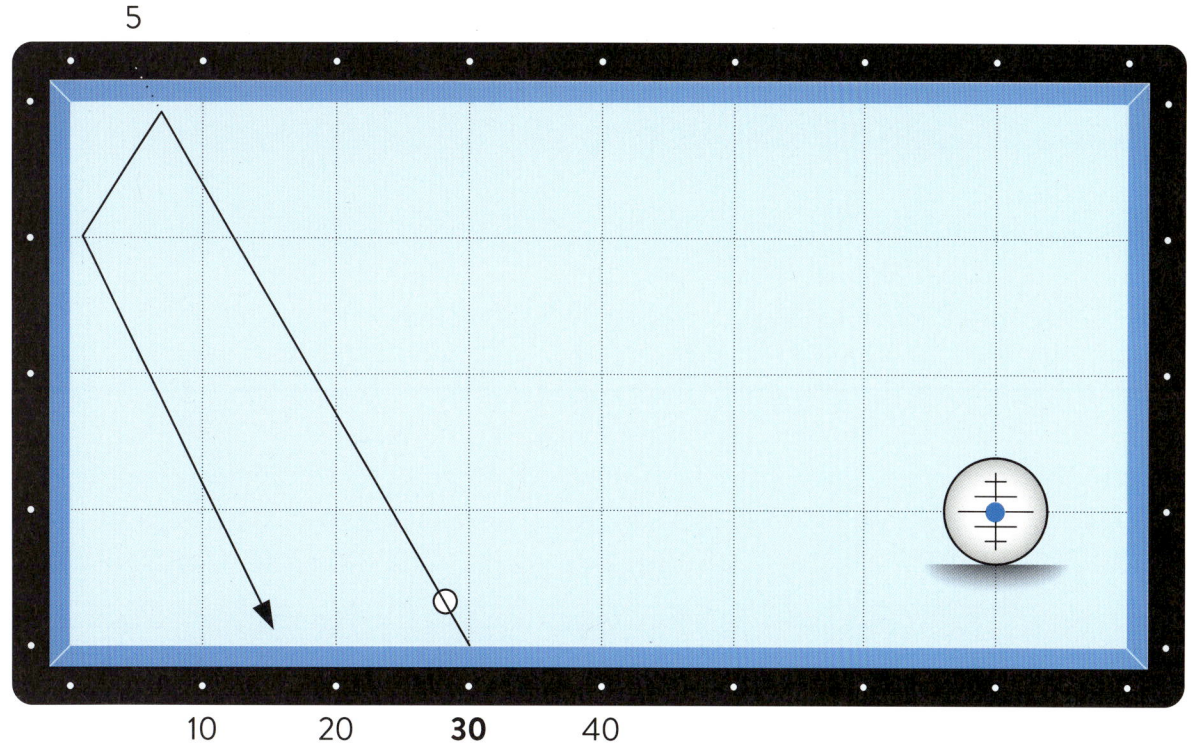

수구 포인트 40일 때 (수구 포인트와 도착 포인트는 동일하다)

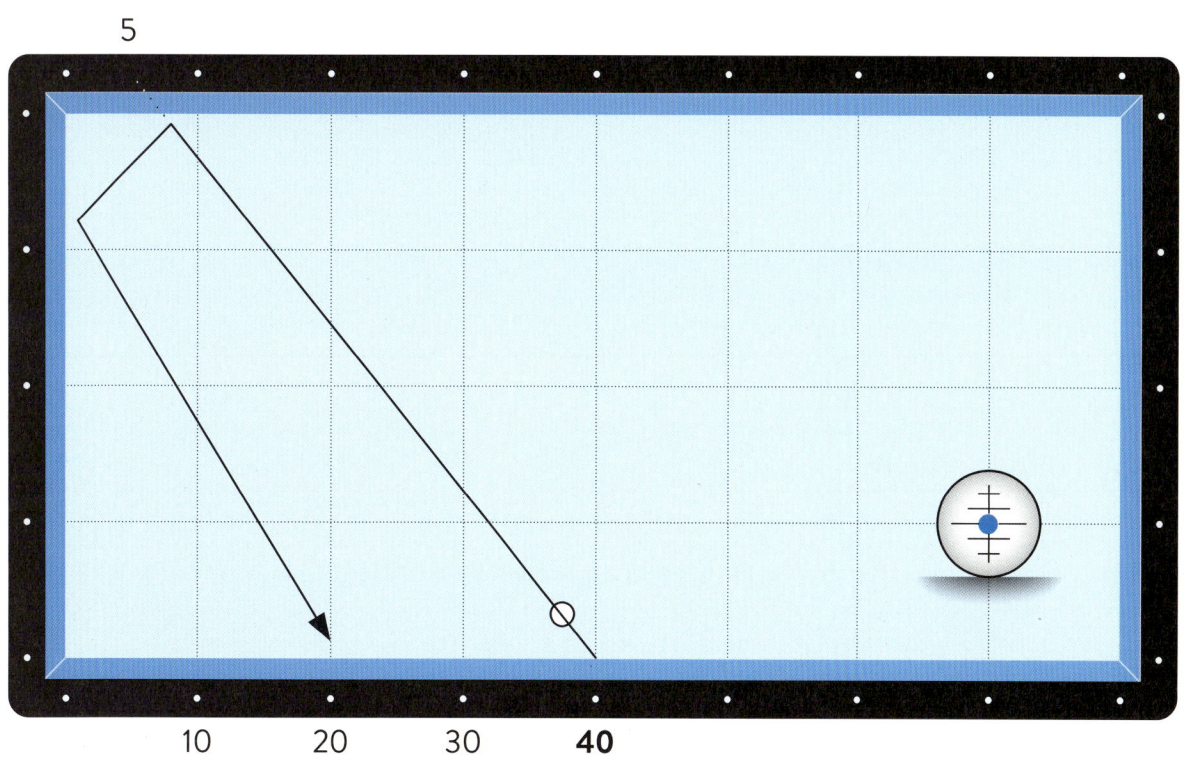

4 Plus 2 System

실전에서 많이 적용하는 No English System 중 하나이다.

장 쿠션의 반이 되는 4포인트보다 더 긴 구역에서만 적용되는 계산법으로, 단 쿠션의 0 포인트를 향해 수구를 진행시키면 수구가 출발한 지점보다 2포인트 길게 도착한다는 계산법이다.

수구를 길게 진행하도록 시도할 때 많이 사용하므로 길게 진행하는 앞 돌리기, 길게 진행하는 비껴 돌리기에 적절하게 이용할 수 있다.

모든 계산법의 이름에는 그 뜻이 내포되어 있다. 제목과 뜻을 정확히 알고 적용해야 좋은 결과를 얻을 수 있다. Plus 2 System은 Plus System과 엄연히 다르다는 것을 인식하고 실전에서 적절하게 사용하기 바란다.

수구가 5번째 포인트에서 출발할 때

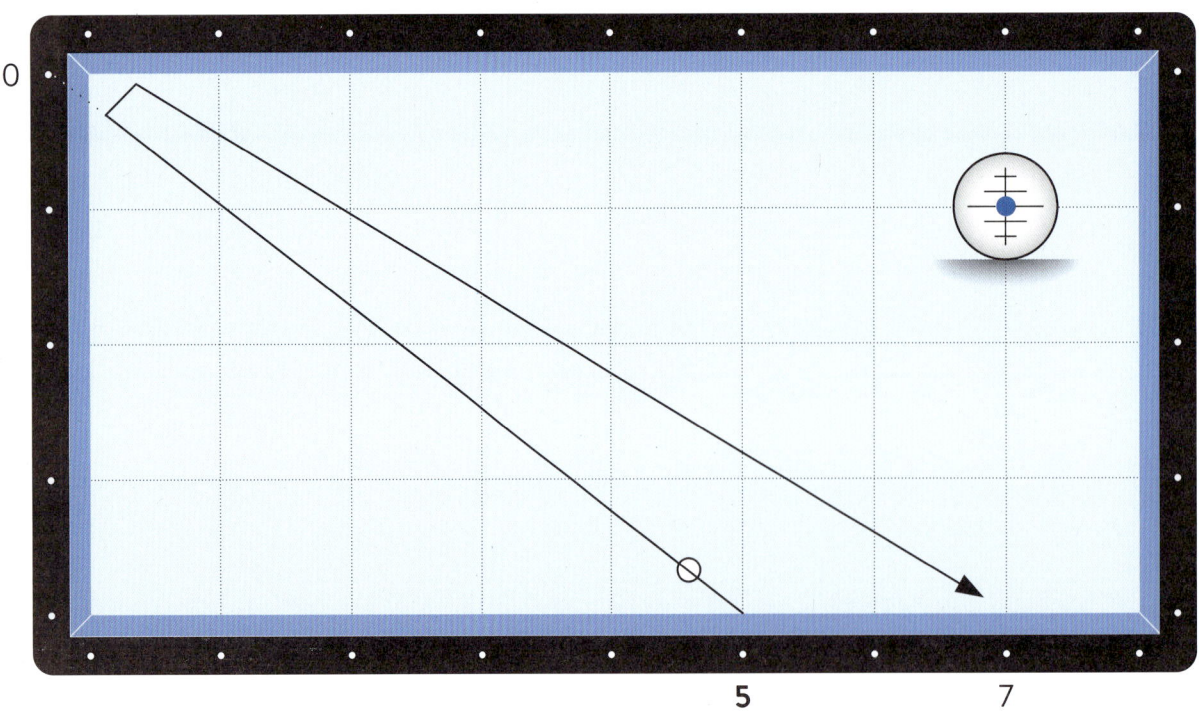

수구가 6번째 포인트에서 출발할 때

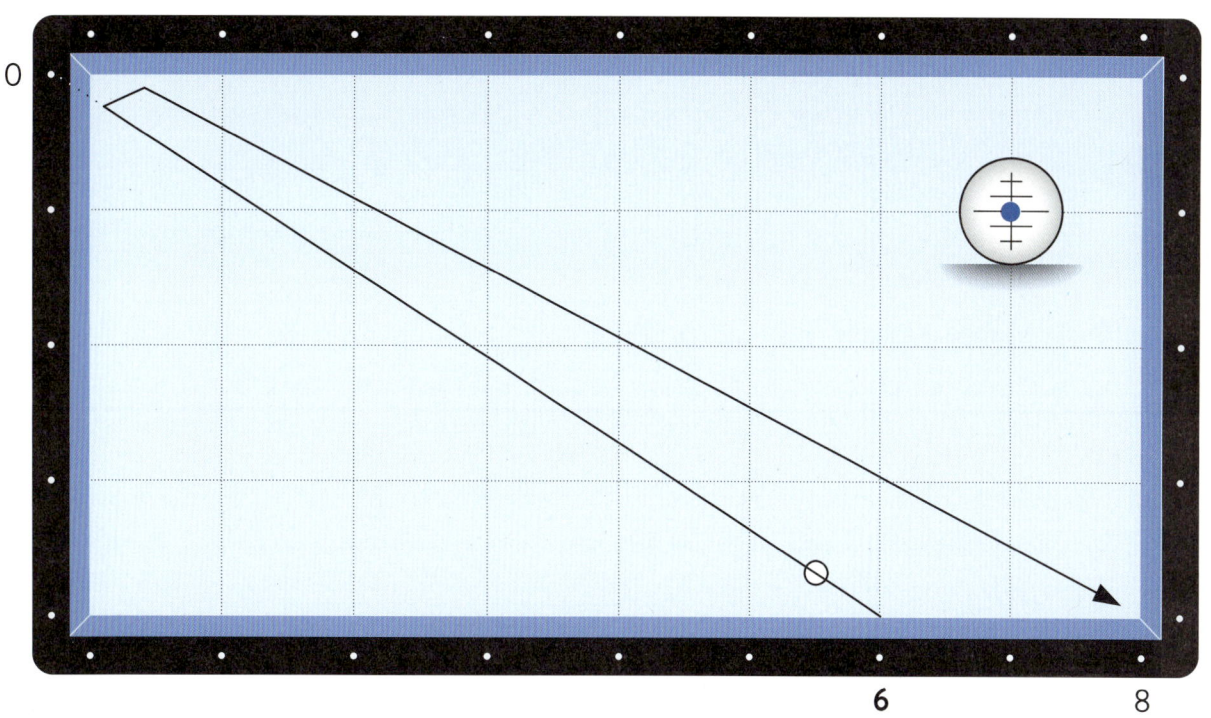

수구가 7번째 포인트에서 출발할 때

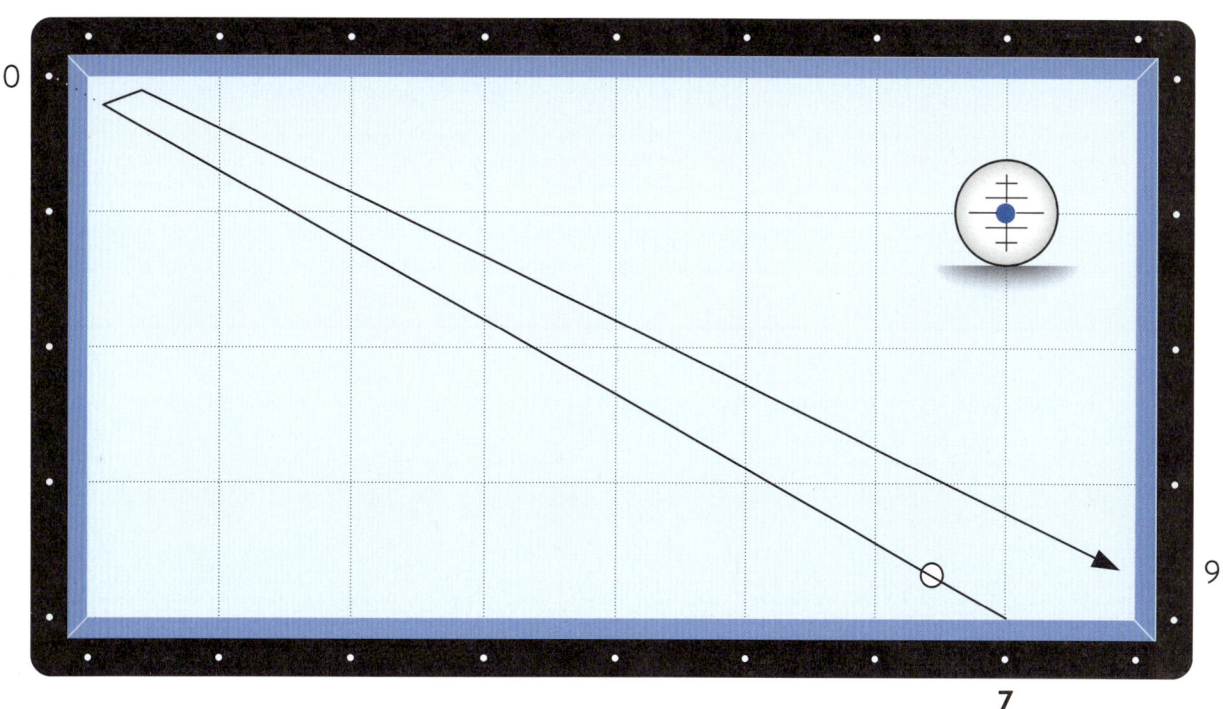

연습장

뒤 돌리기
옆 돌리기(제각 돌리기)
앞 돌리기(안 돌리기)
비껴 뒤 돌리기
비껴 앞 돌리기
더블 쿠션
더블 쿠션(횡단)
더블 레일
1 cushion Bank
2 cushion Bank

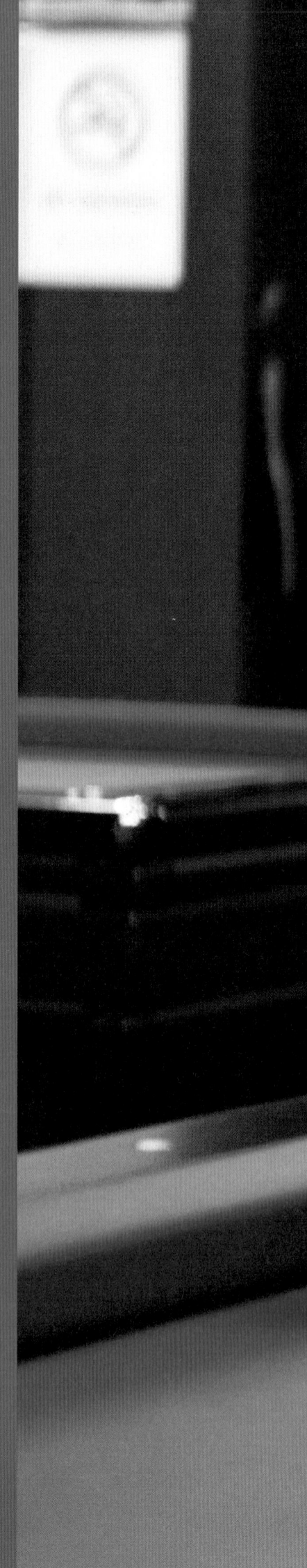

계산법은 자신의 감각을 도와주는
도구일 뿐이라는 생각을 잊지 말고 사용하기 바란다.
계산법이든 감각이든 무수히 많은 연습을 해야만
실전에서 한 번에 성공할 수 있다.

연습을 시작하면 첫 페이지부터
어려운 난관에 부딪힐 수 있다.

연구하고 고민하면서 스스로 해결하려고 노력해야 하고,
최소한 나름대로 찾은 답을 들고 고수에게 물어봐야
더 좋은 답을 배웠을 때 머릿속에 각인이 된다.

1주일에 1페이지씩 꾸준히 연습한다면 3년이 걸린다.
마지막 페이지의 문제까지
모든 경험을 한 번씩이라도 했다면
자신도 모르는 사이에
엄청난 성장을 하게 될 것이다.

모두가 선수가 되기를 바라며….

뒤 돌리기 ❶

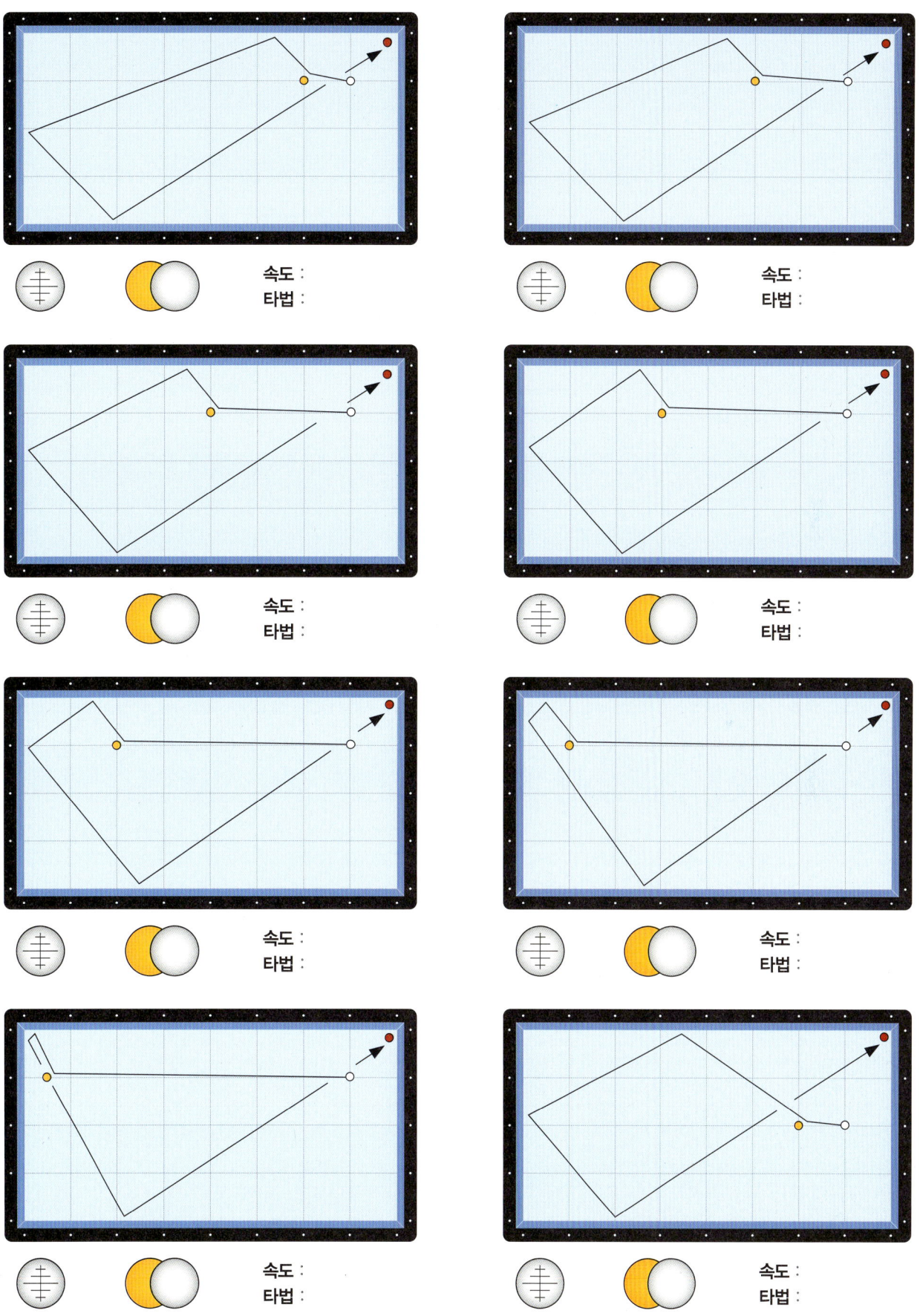

41

뒤 돌리기 ②

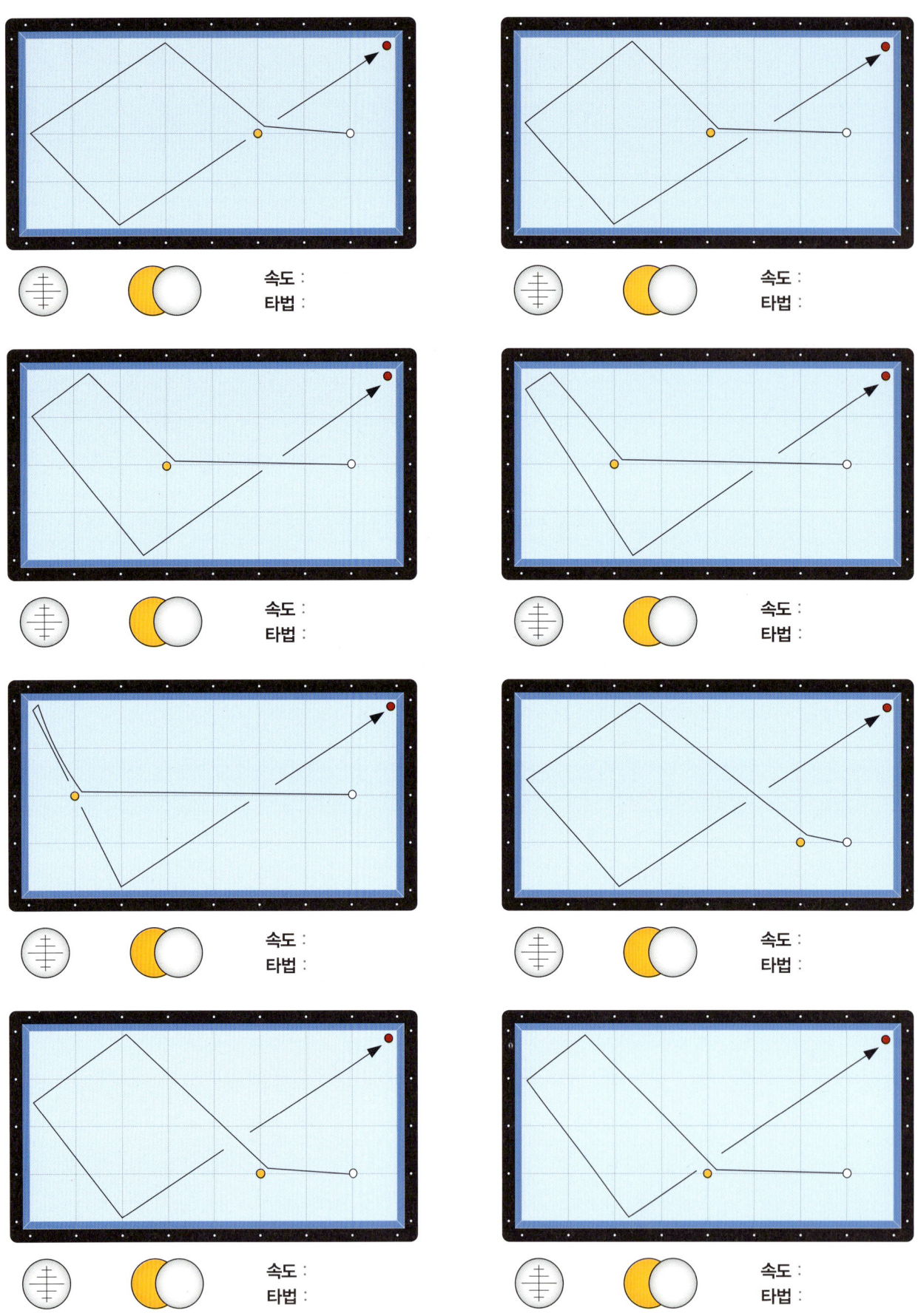

42 • 뒤 돌리기 2

뒤 돌리기 ③

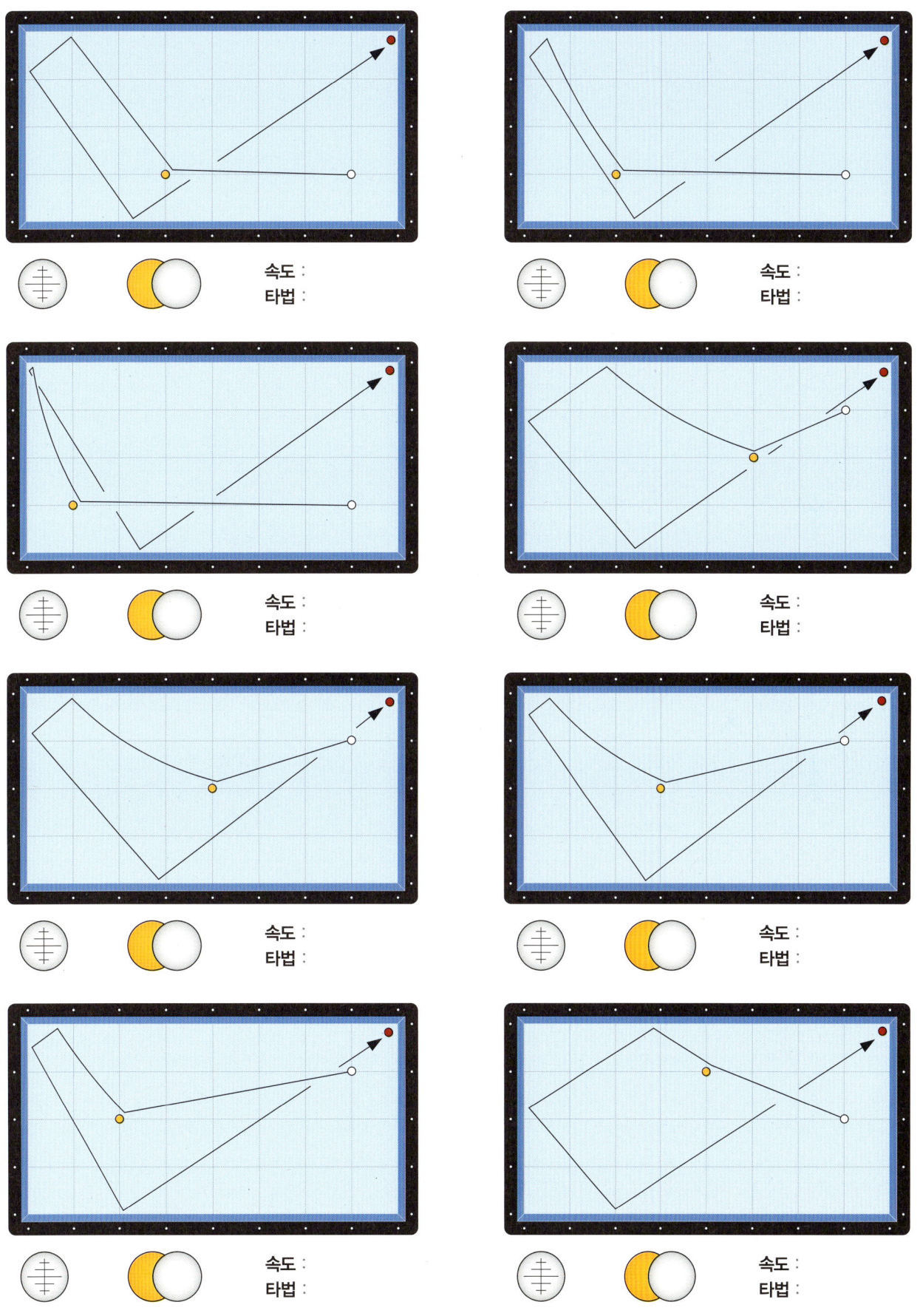

뒤 돌리기 ④

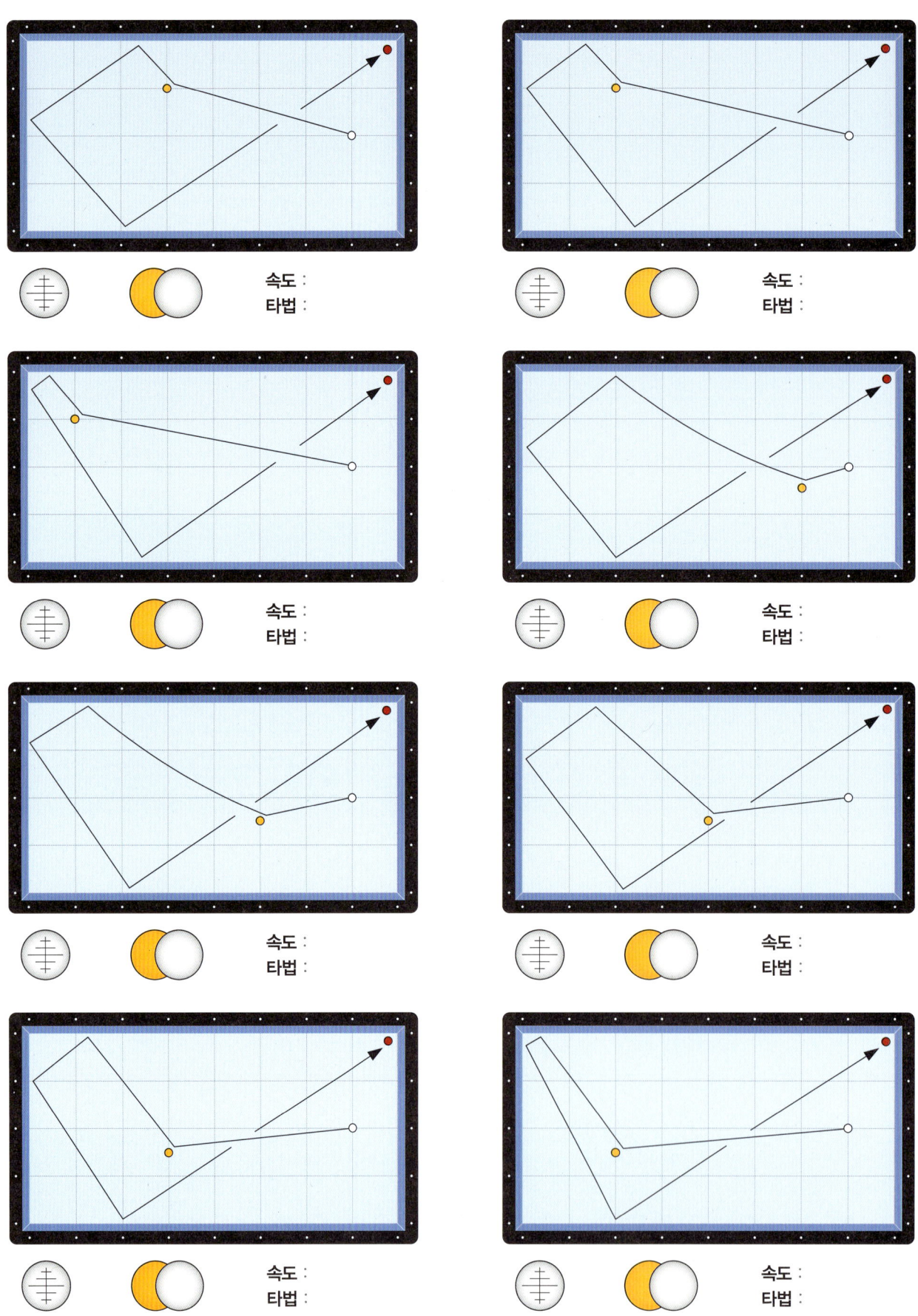

44 • 뒤 돌리기 4

뒤 돌리기 ⑤

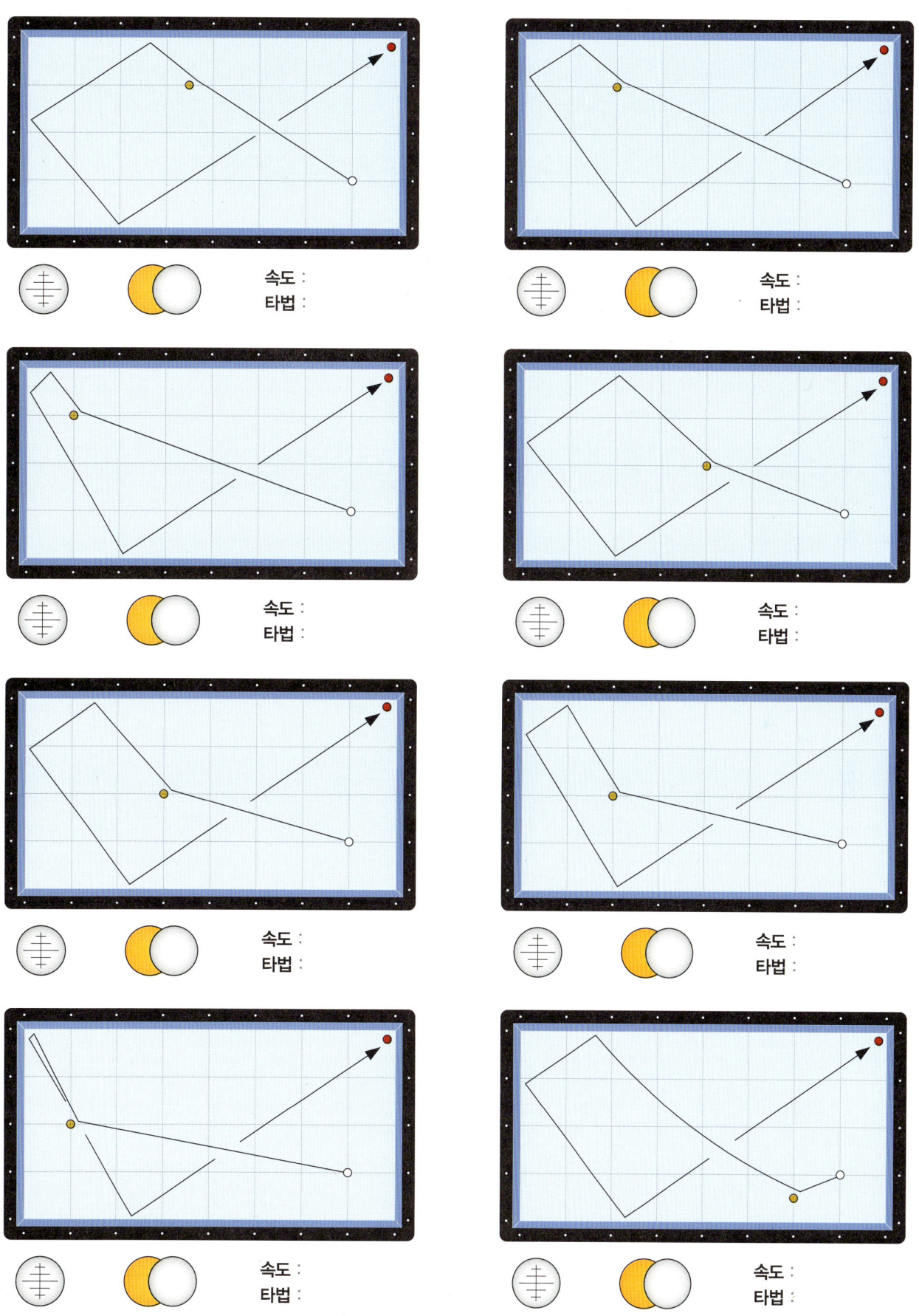

뒤 돌리기 ❻

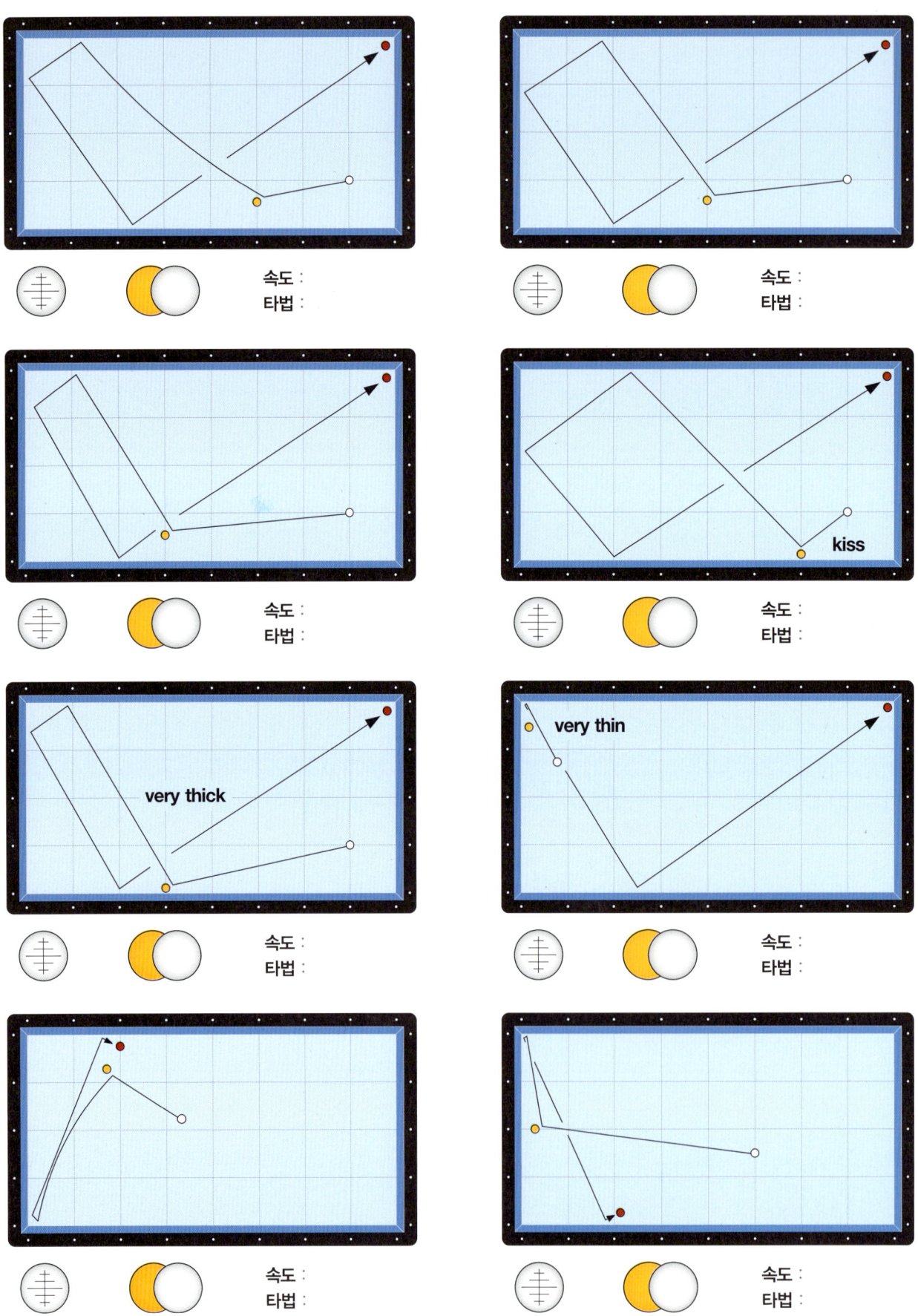

46 • 뒤 돌리기 6

뒤 돌리기 7

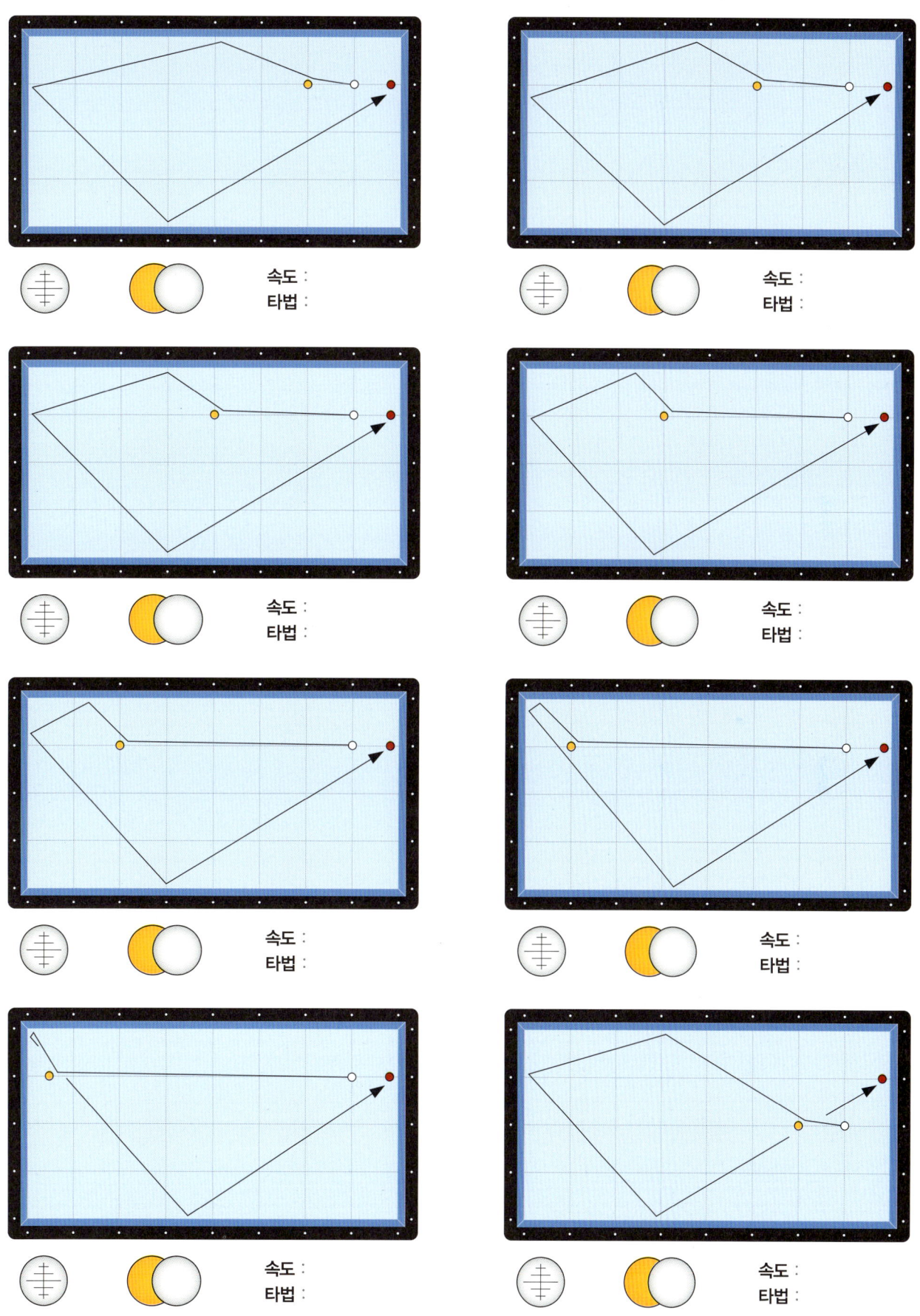

속도 :
타법 :

뒤 돌리기 ⑧

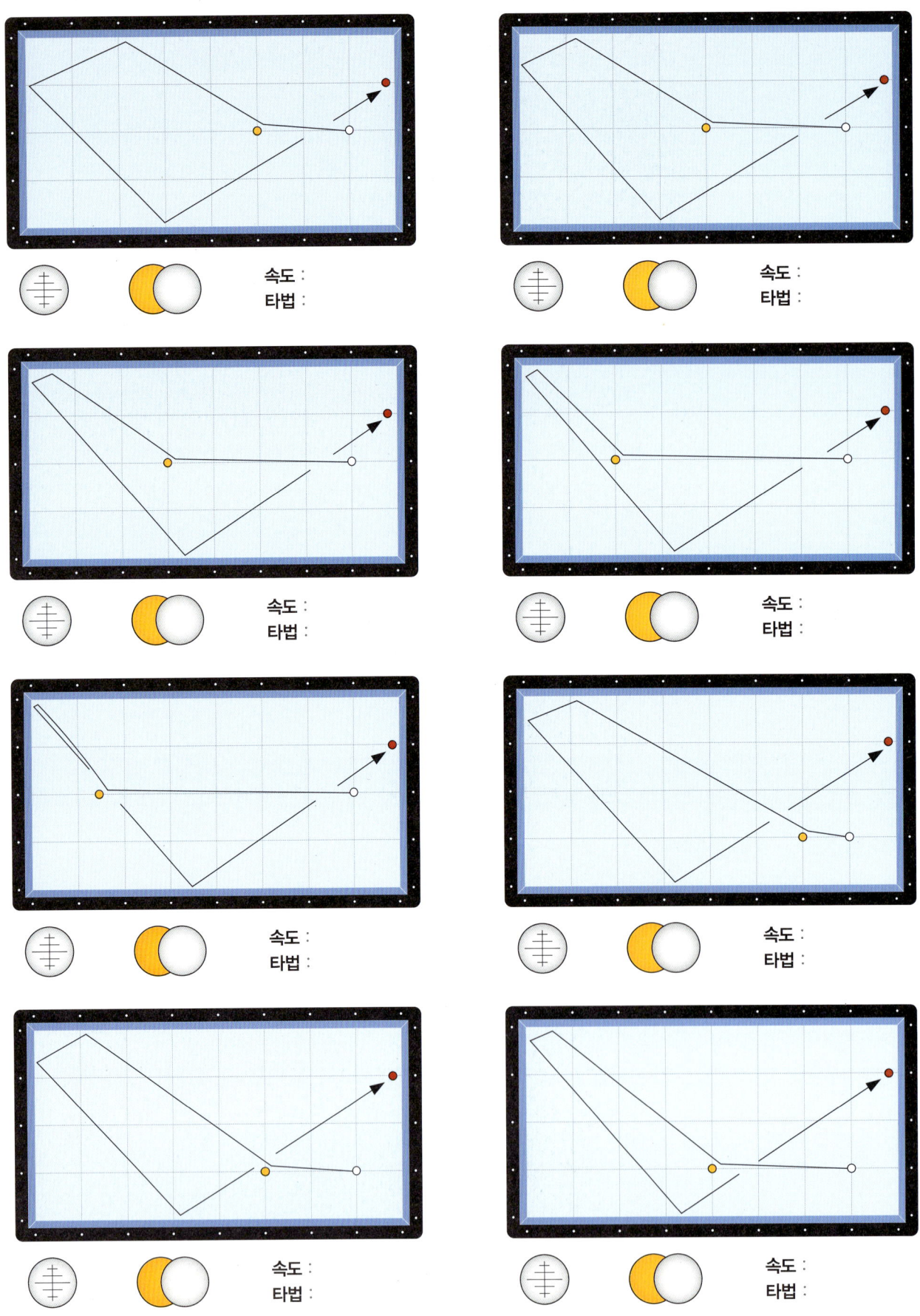

48 • 뒤 돌리기 8

뒤 돌리기 ❾

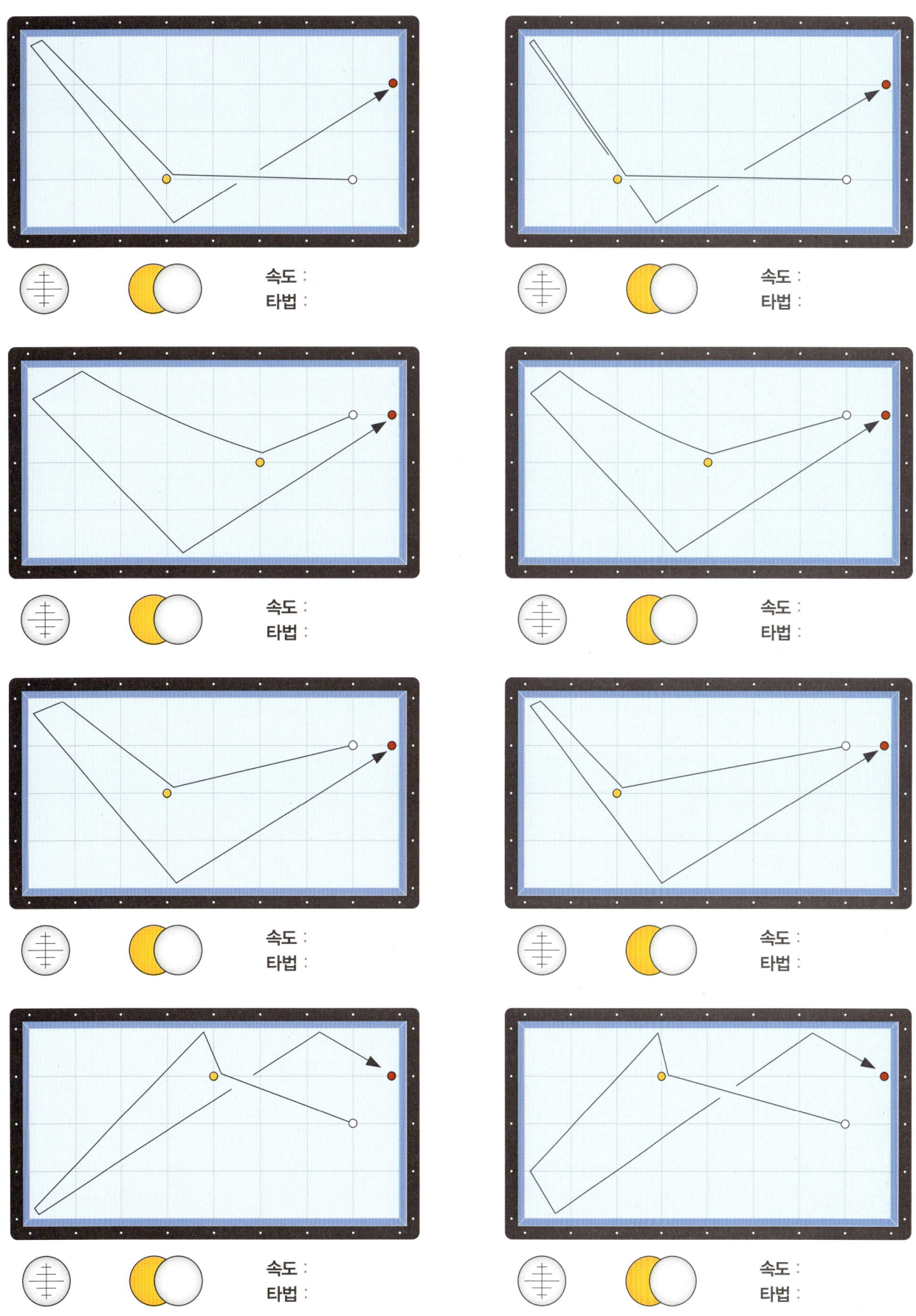

속도 :
타법 :

뒤 돌리기 ⑩

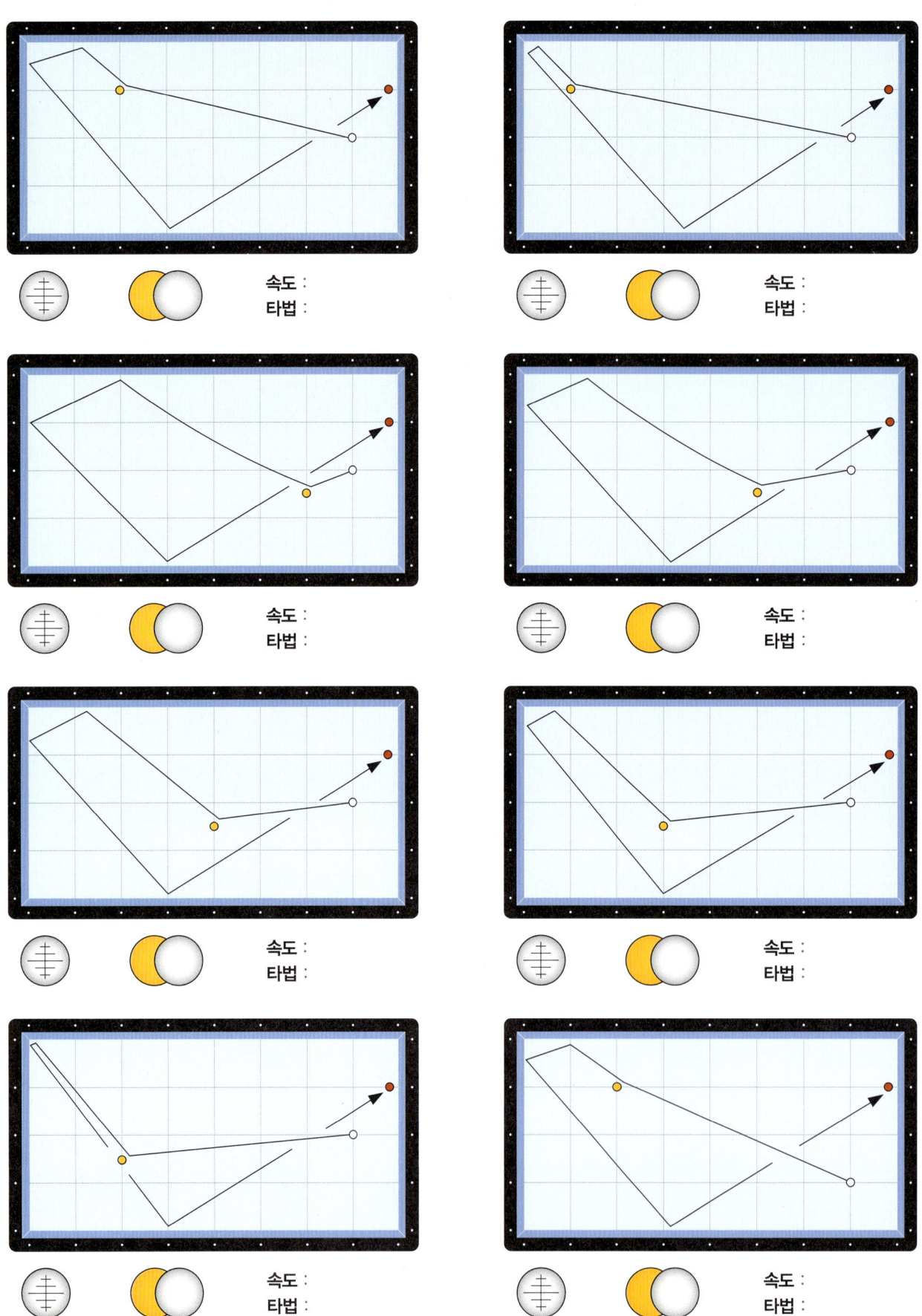

50 • 뒤 돌리기 10

뒤 돌리기 ⑪

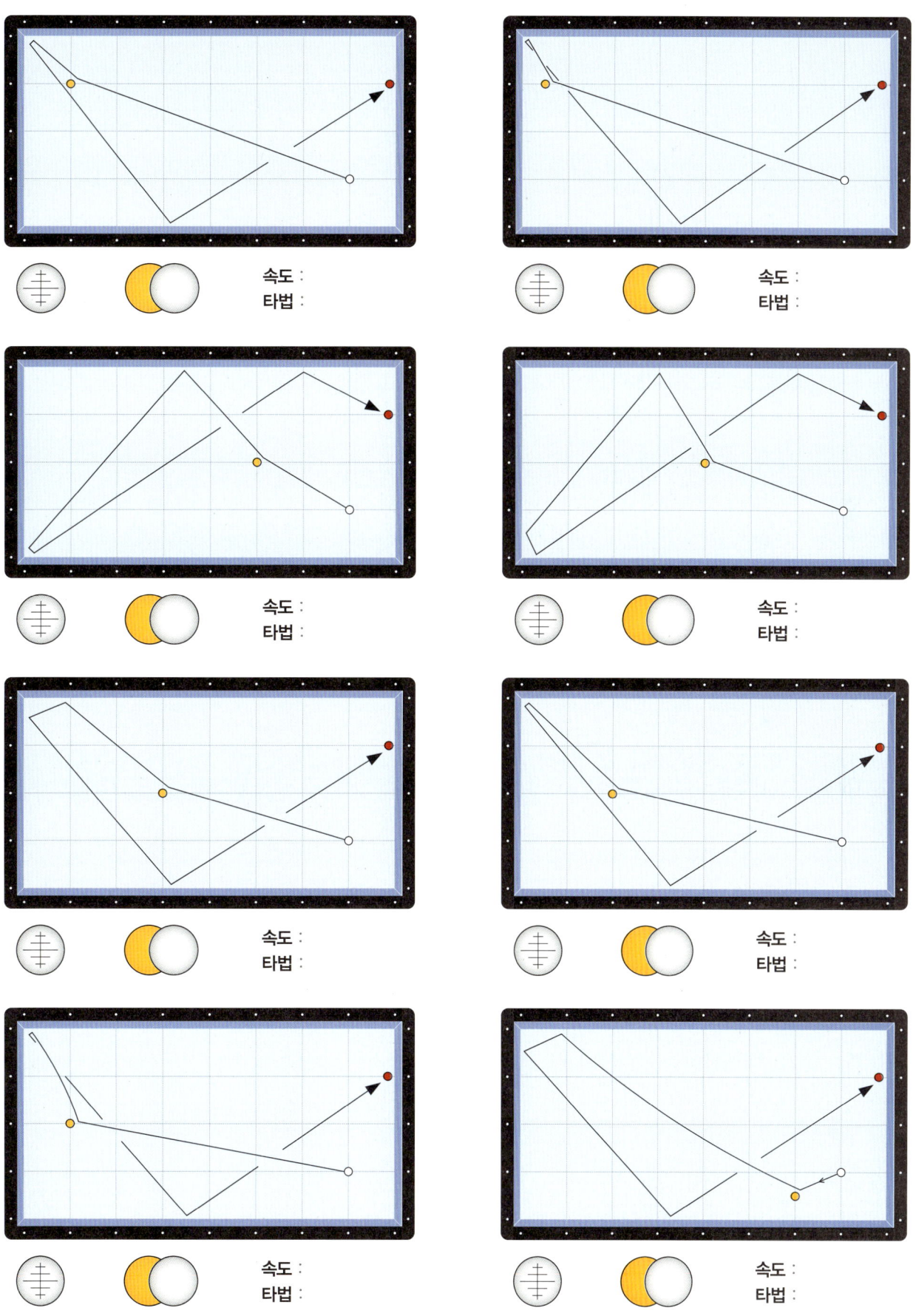

51

뒤 돌리기 ⑫

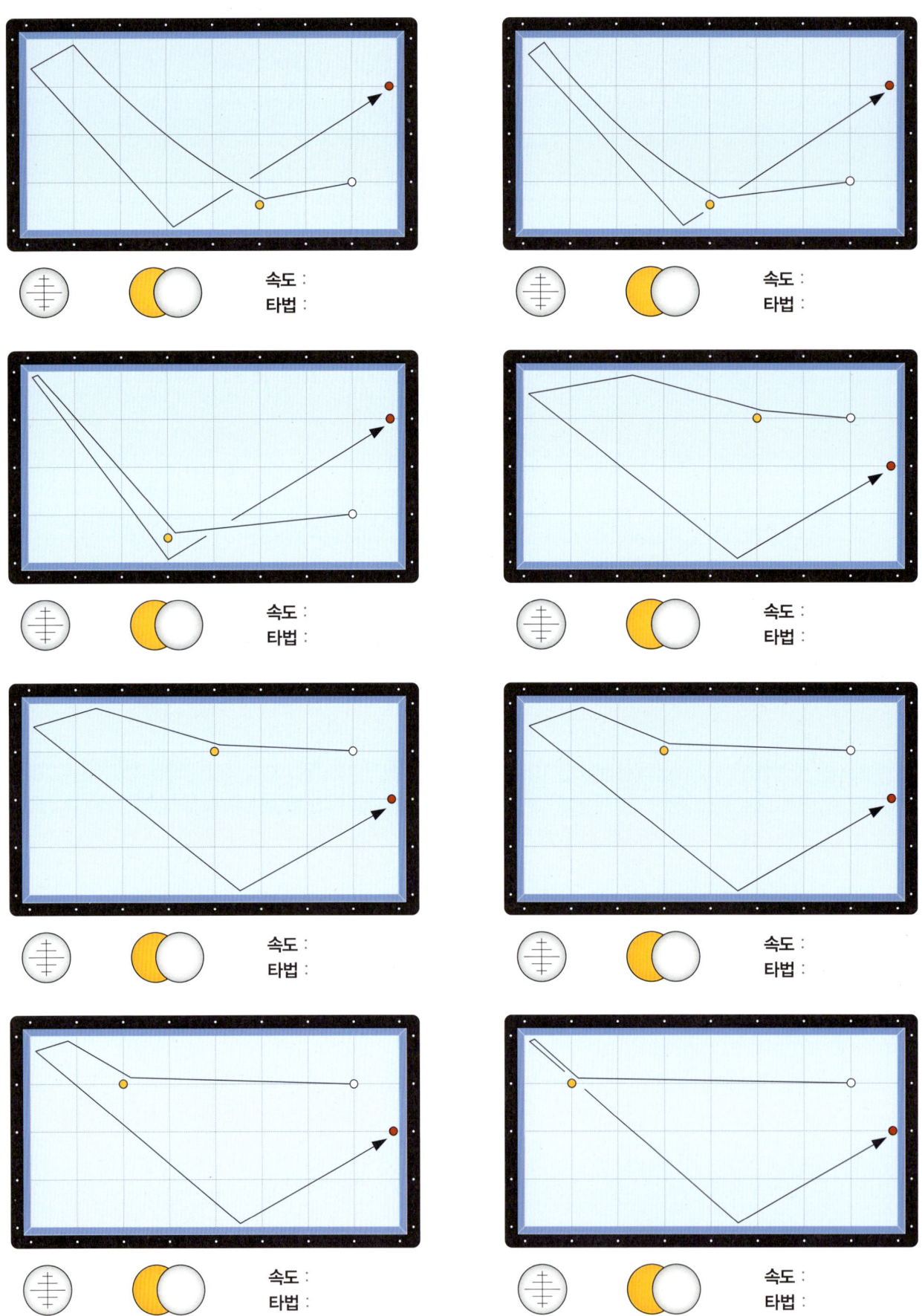

52 • 뒤 돌리기 12

뒤 돌리기 ⑬

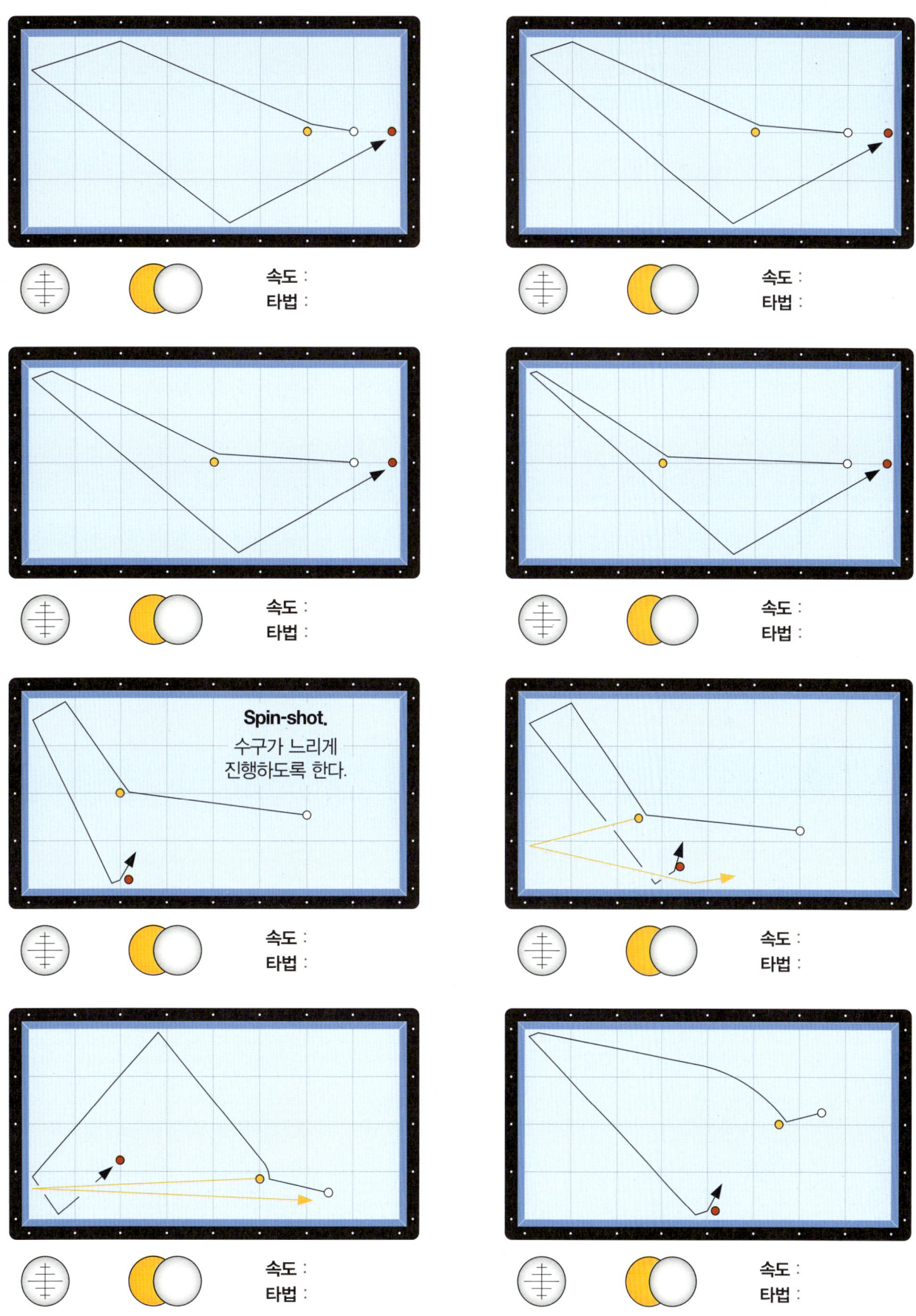

속도 :
타법 :

뒤 돌리기 14

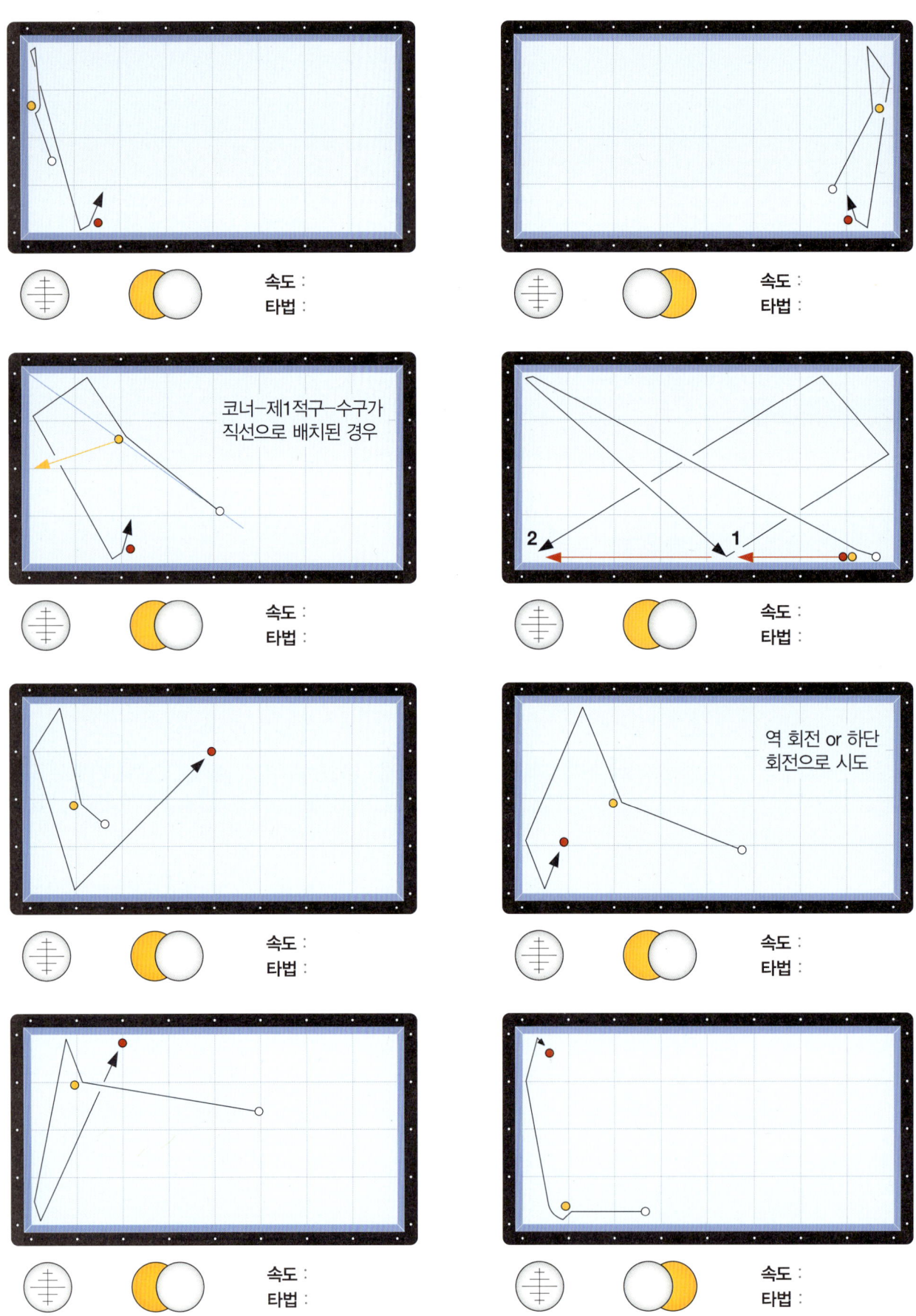

54 • 뒤 돌리기 14

뒤 돌리기 ⑮

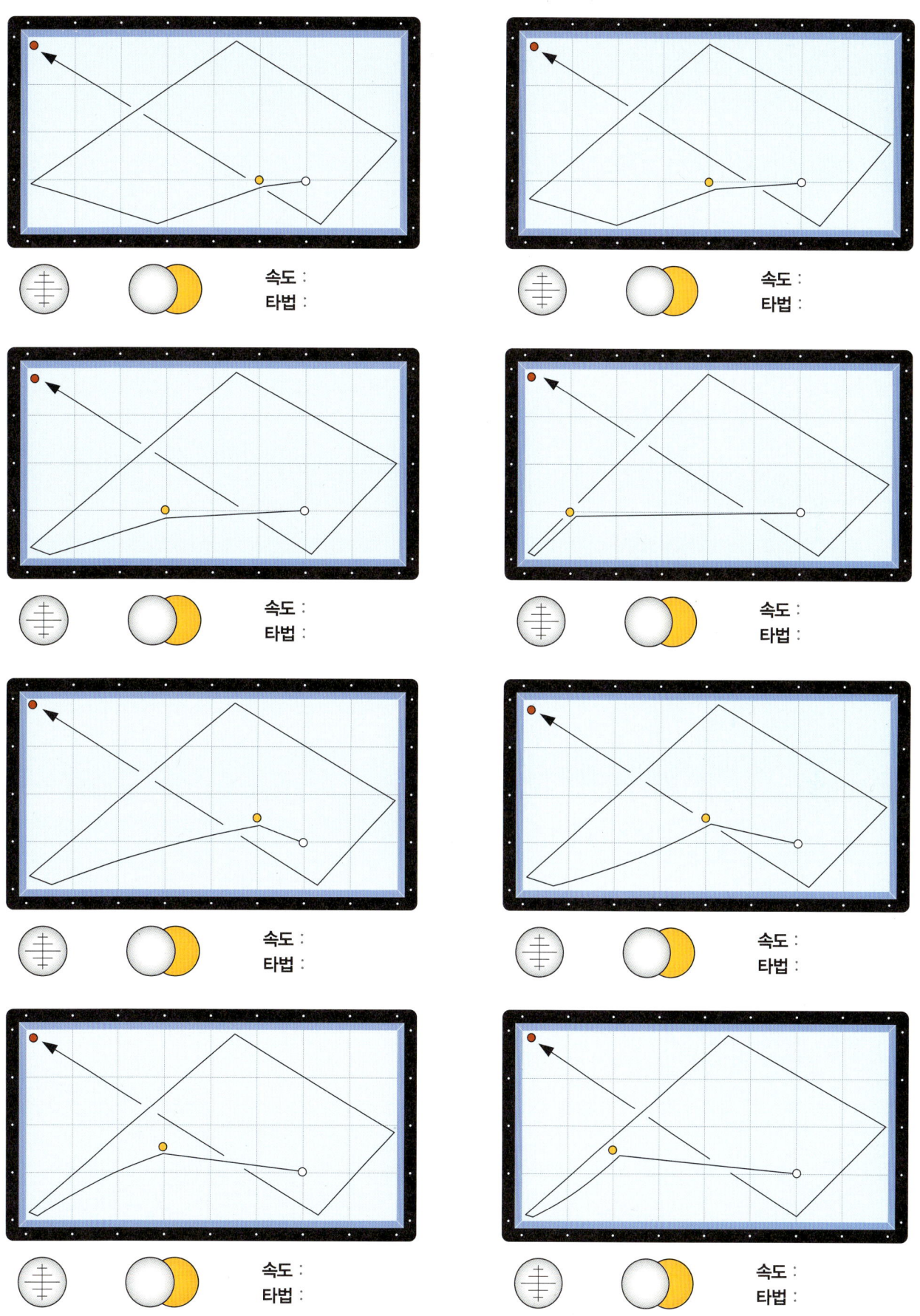

뒤 돌리기 16

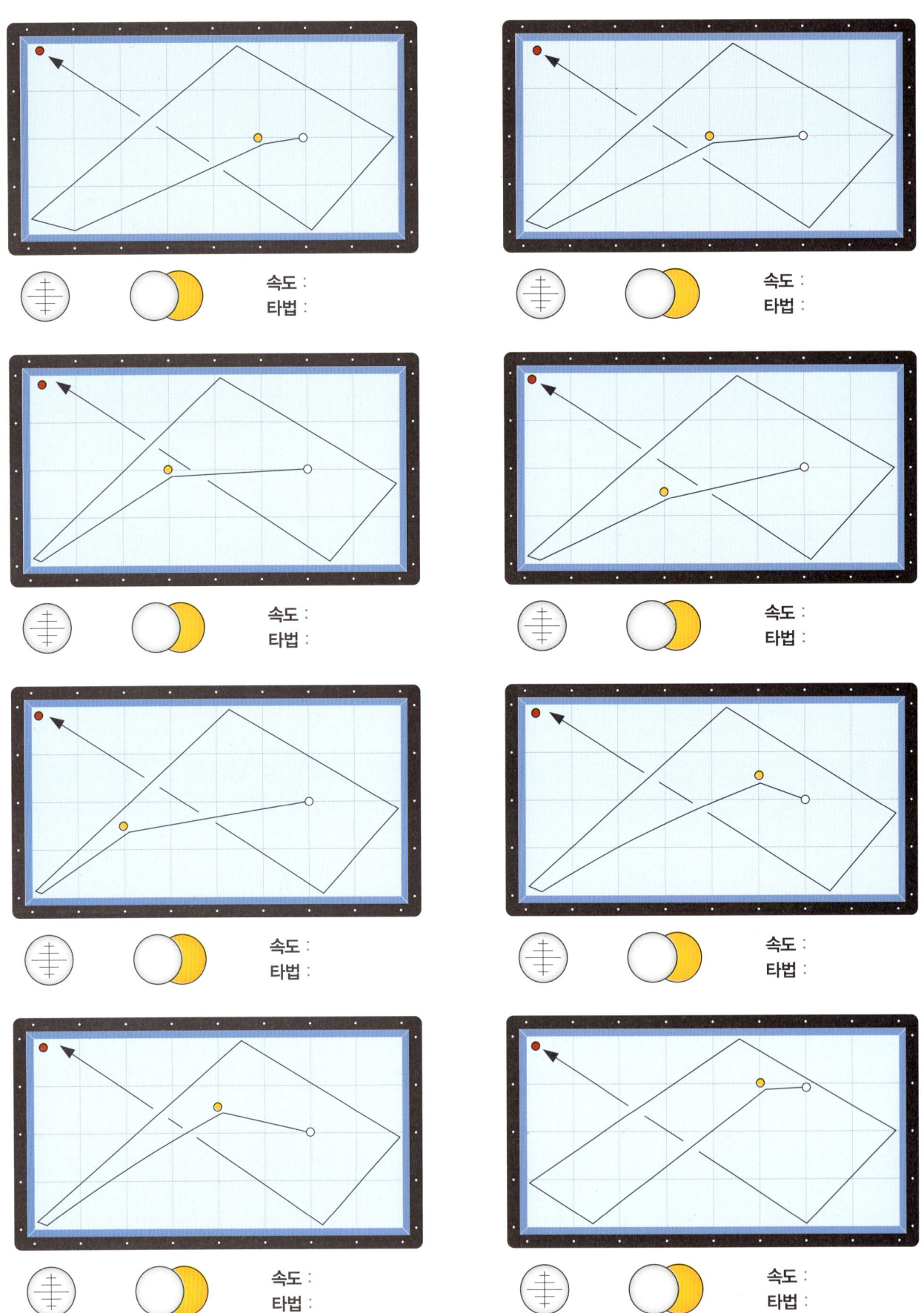

뒤 돌리기 ⑰

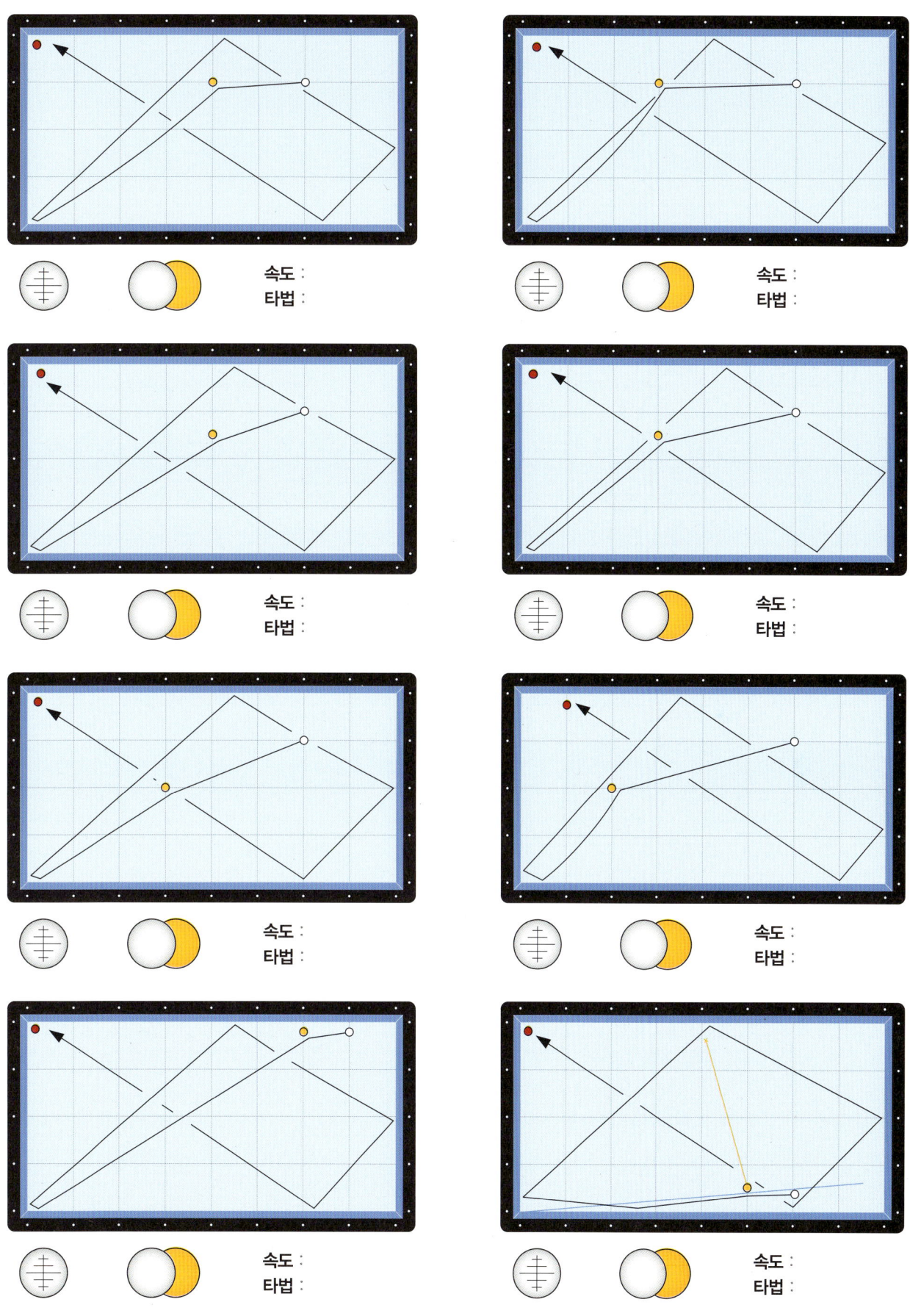

속도 :
타법 :

뒤 돌리기 ⑱

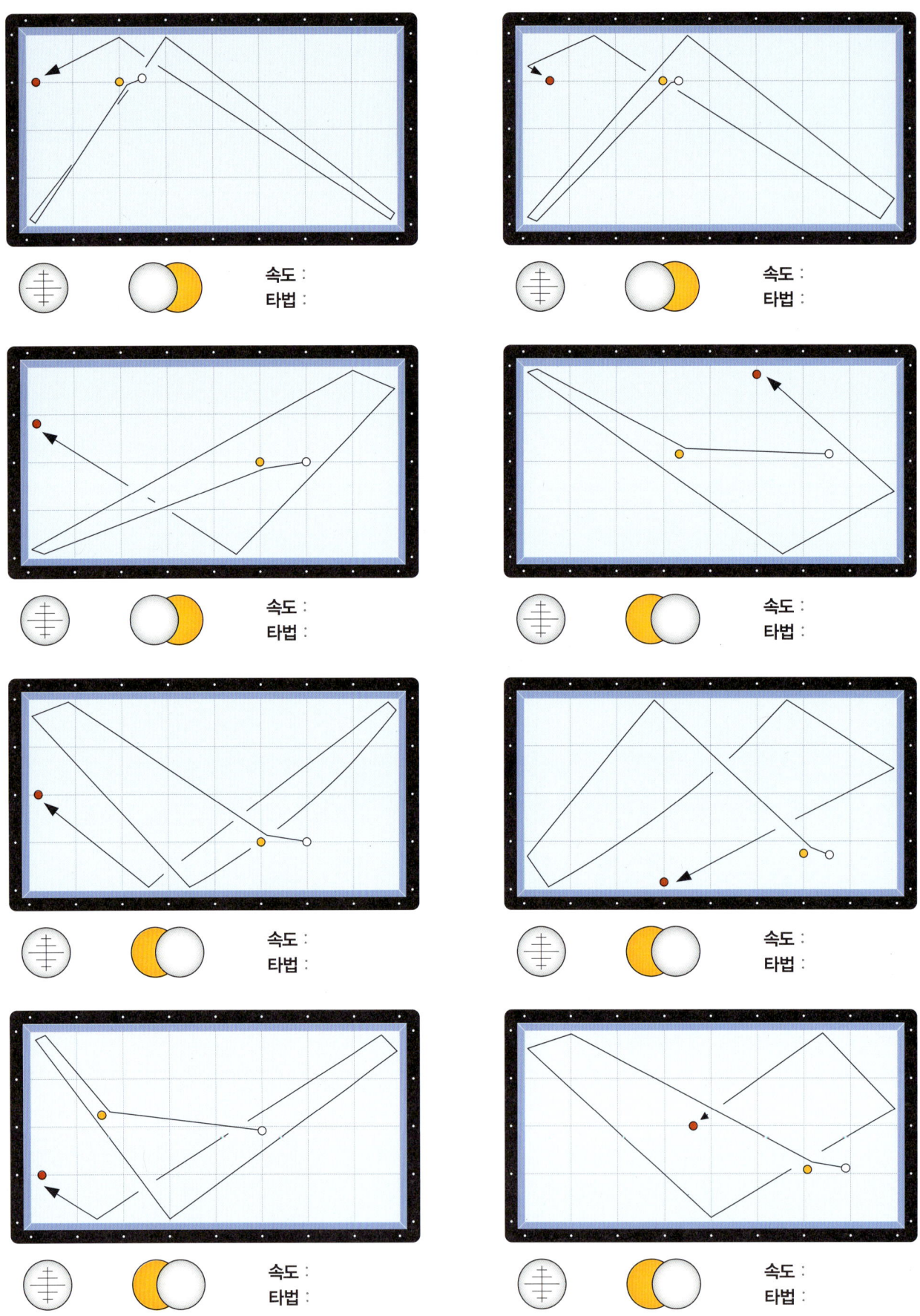

58 • 뒤 돌리기 18

뒤 돌리기의 배치에 따른 처리 방법 ❶

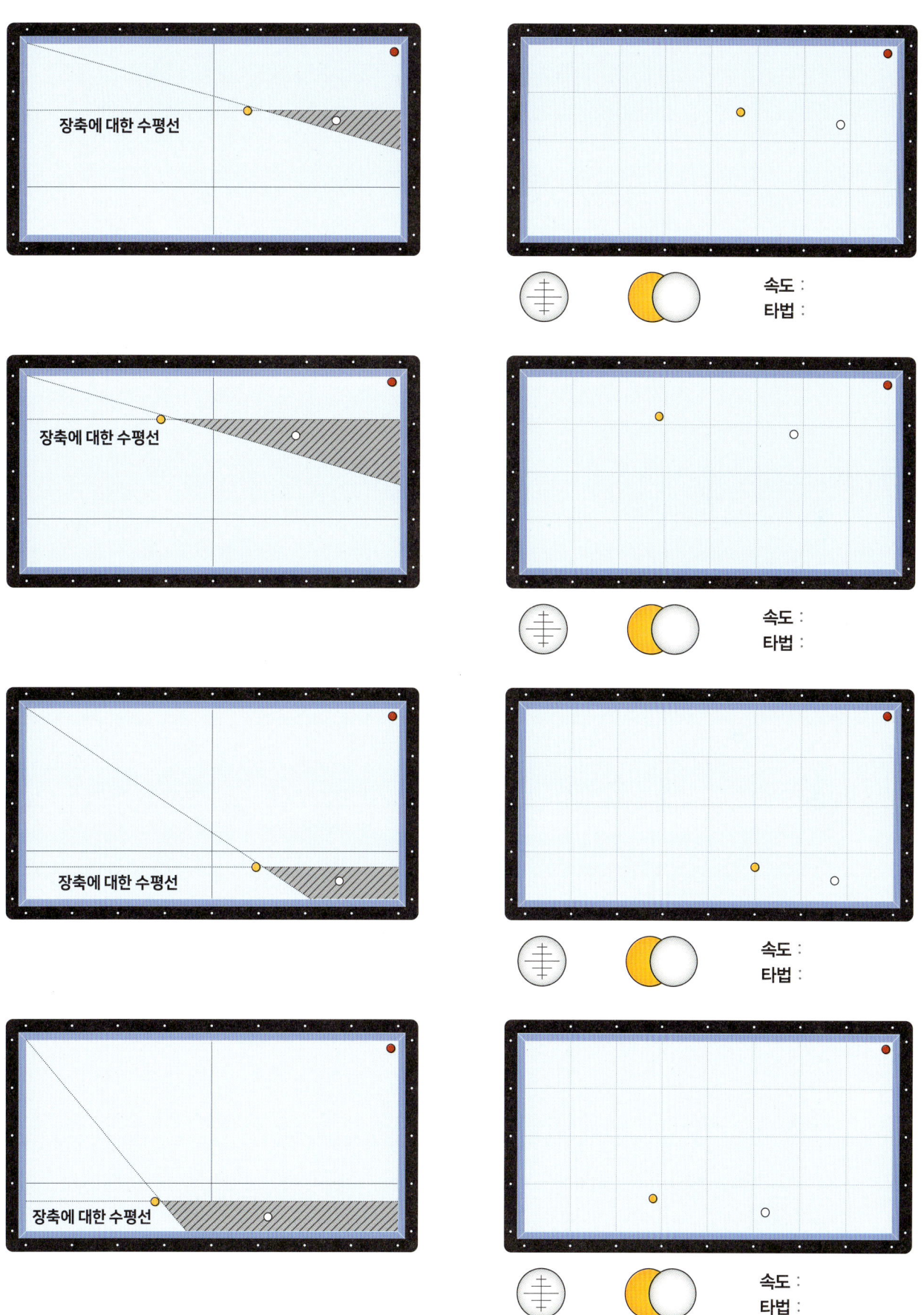

뒤 돌리기의 배치에 따른 처리 방법 ❷

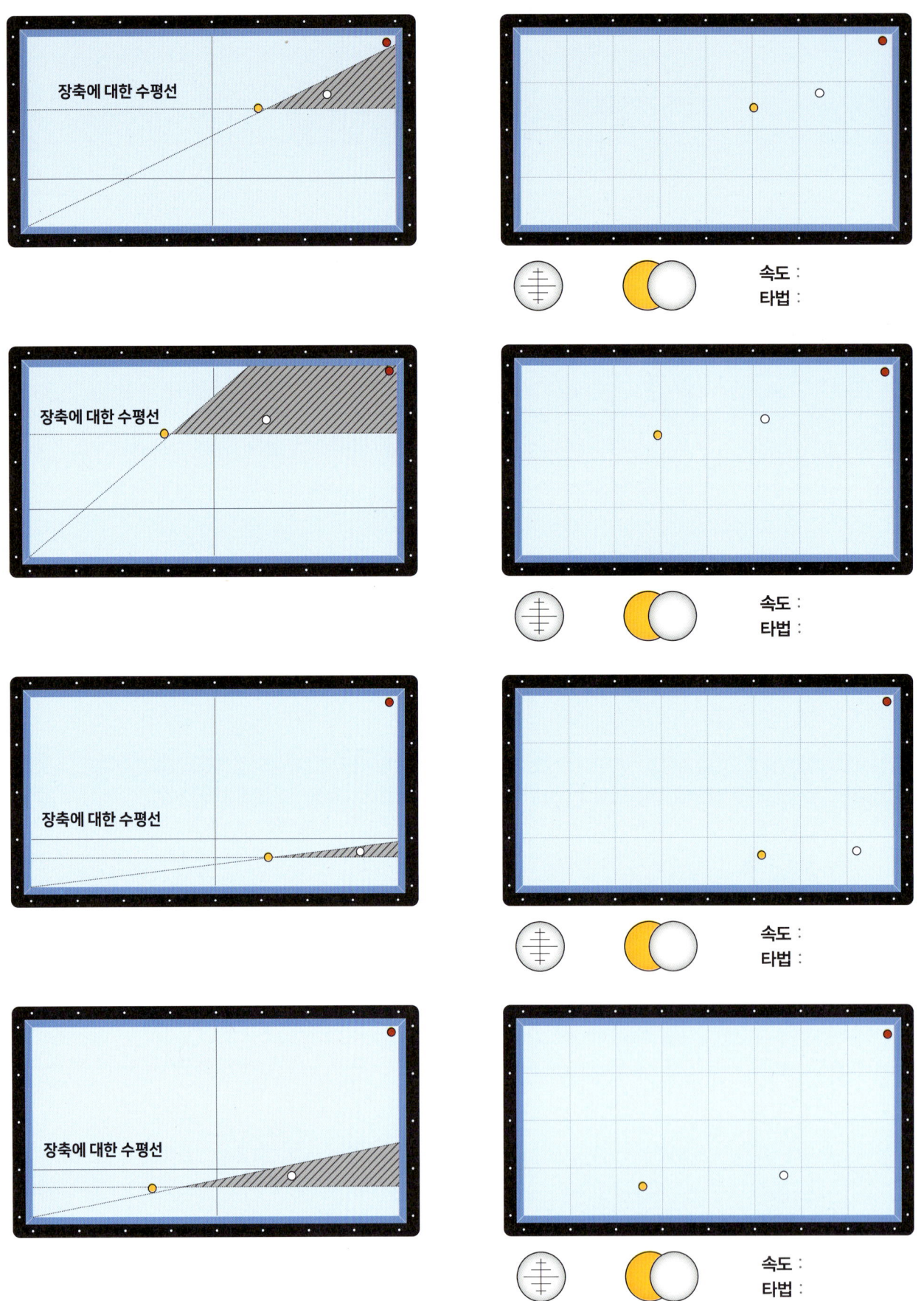

60 • 뒤 돌리기의 배치에 따른 처리 방법 2

뒤 돌리기의 배치에 따른 처리 방법 ③

뒤 돌리기의 배치에 따른 처리 방법 ❹

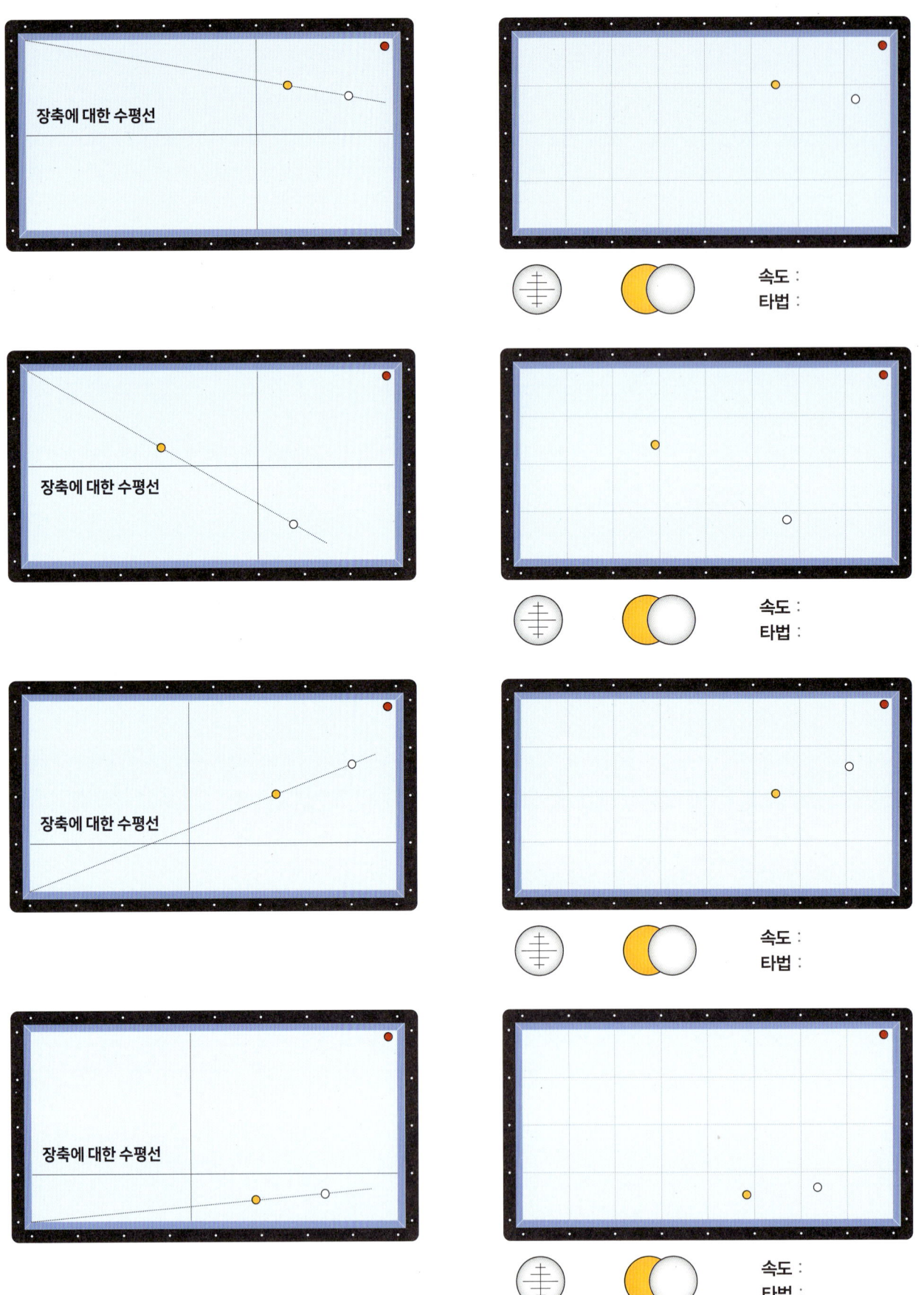

뒤 돌리기 정리

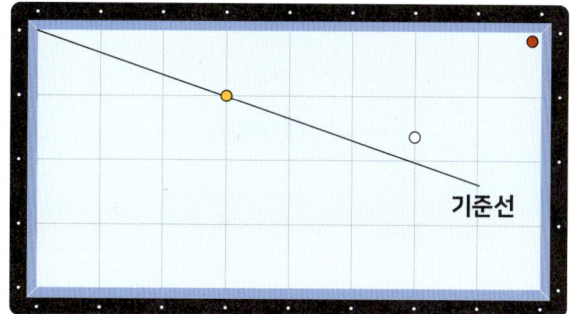

두께 두껍게
회전 필요한 만큼의 조절

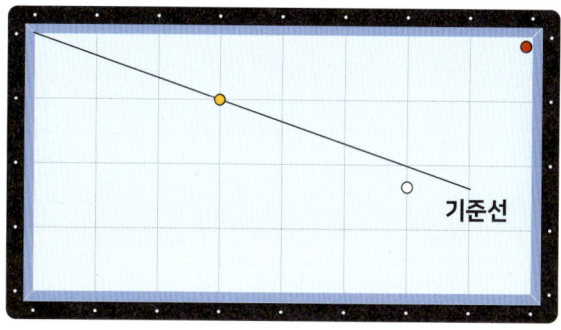

두께 얇게
회전 중단 최대

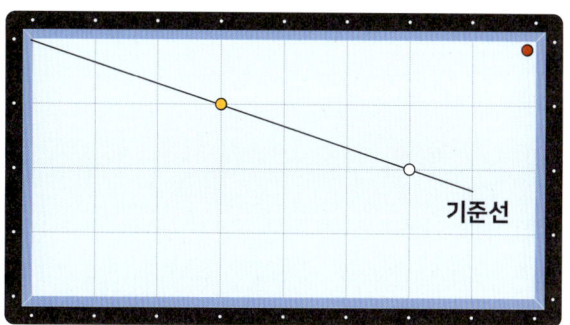

⚠️ 키스 발생률이 매우 높음

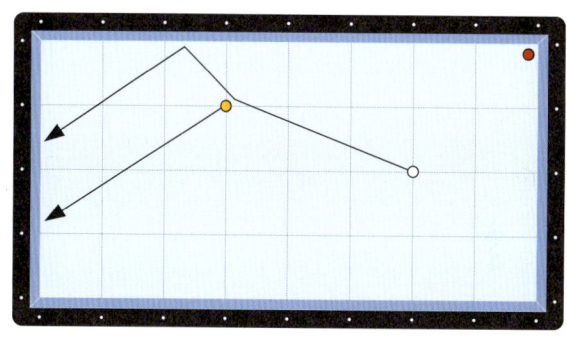

수구가 첫 번째 쿠션을 맞고 두 번째 쿠션으로 진행하는 속도와
제1적구가 첫 번째 쿠션으로 진행하는 속도가 거의 같도록
하는 것이 중요!

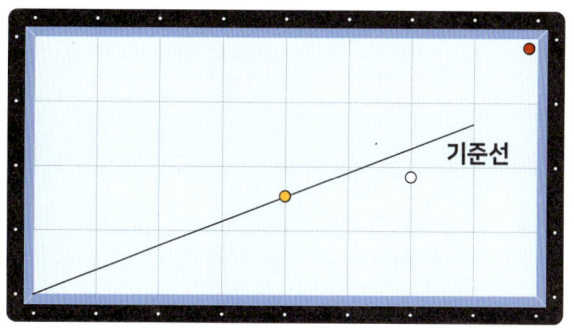

두께 제1적구를 코너에 보낼 수 있는 두께를 선택할 것
회전 중 하단 약한 회전

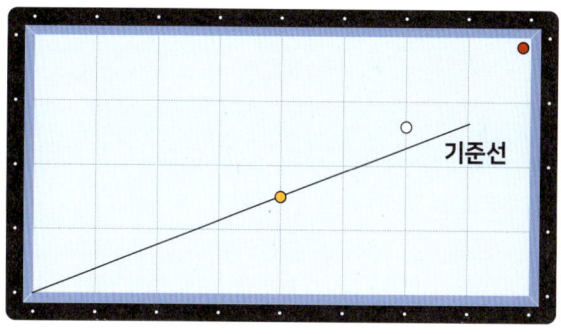

두께 최대로 두껍게 선택할 것
회전 7시 방향

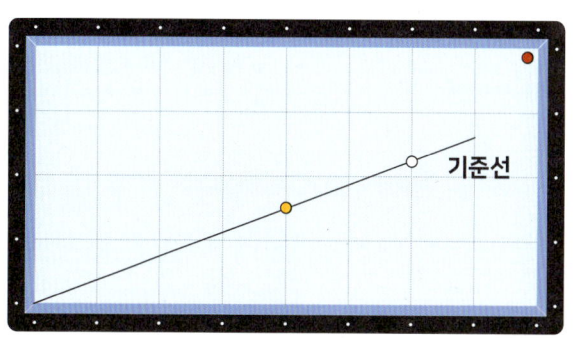

⚠️ 키스 발생률이 매우 높음

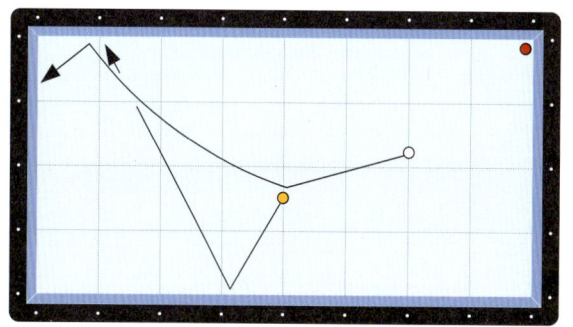

첫 번째 쿠션에 수구가 먼저 도착하도록 한다.

옆 돌리기 (제각 돌리기) ❶

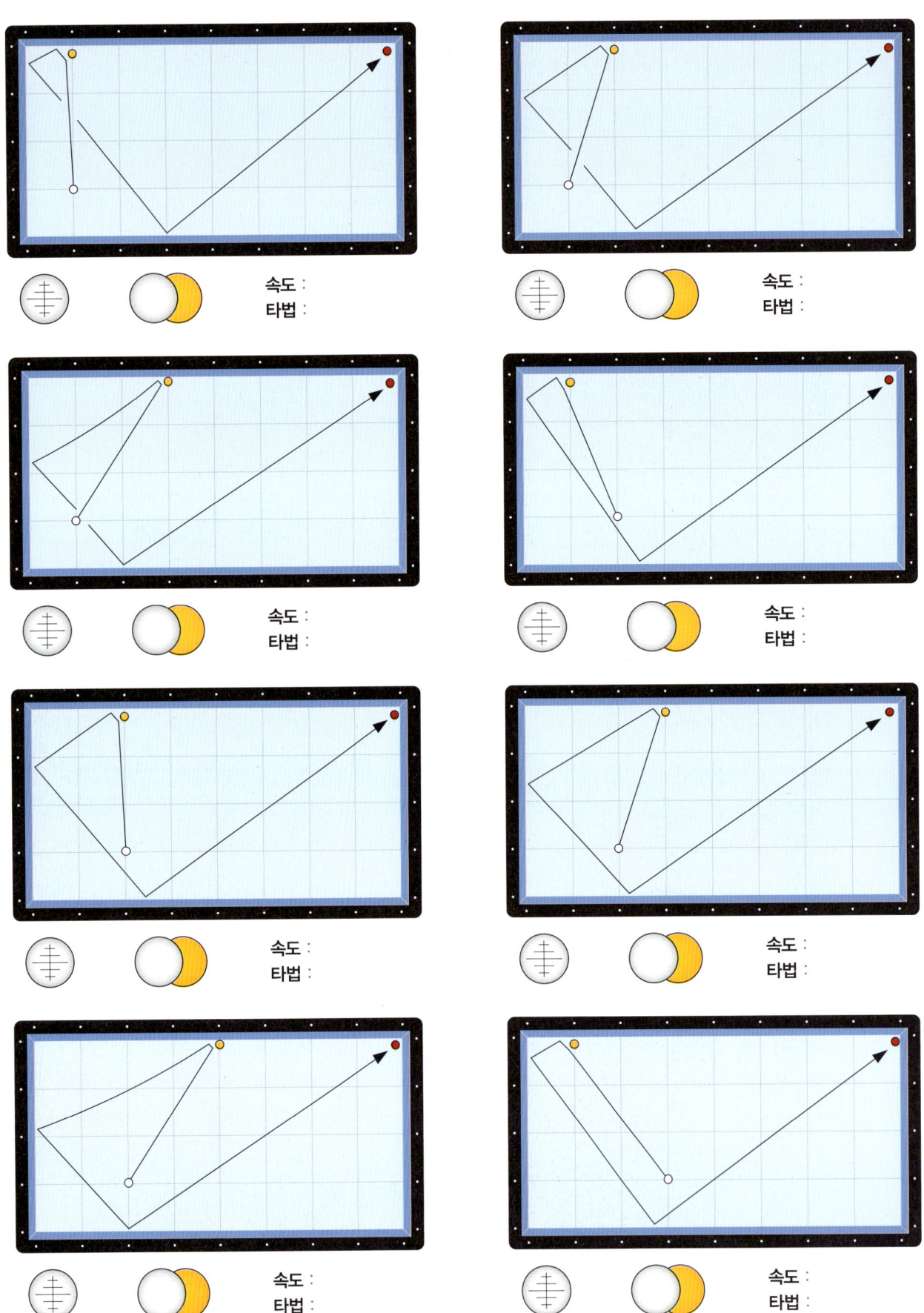

64 • 옆 돌리기(제각 돌리기) 1

옆 돌리기(제각 돌리기) ❷

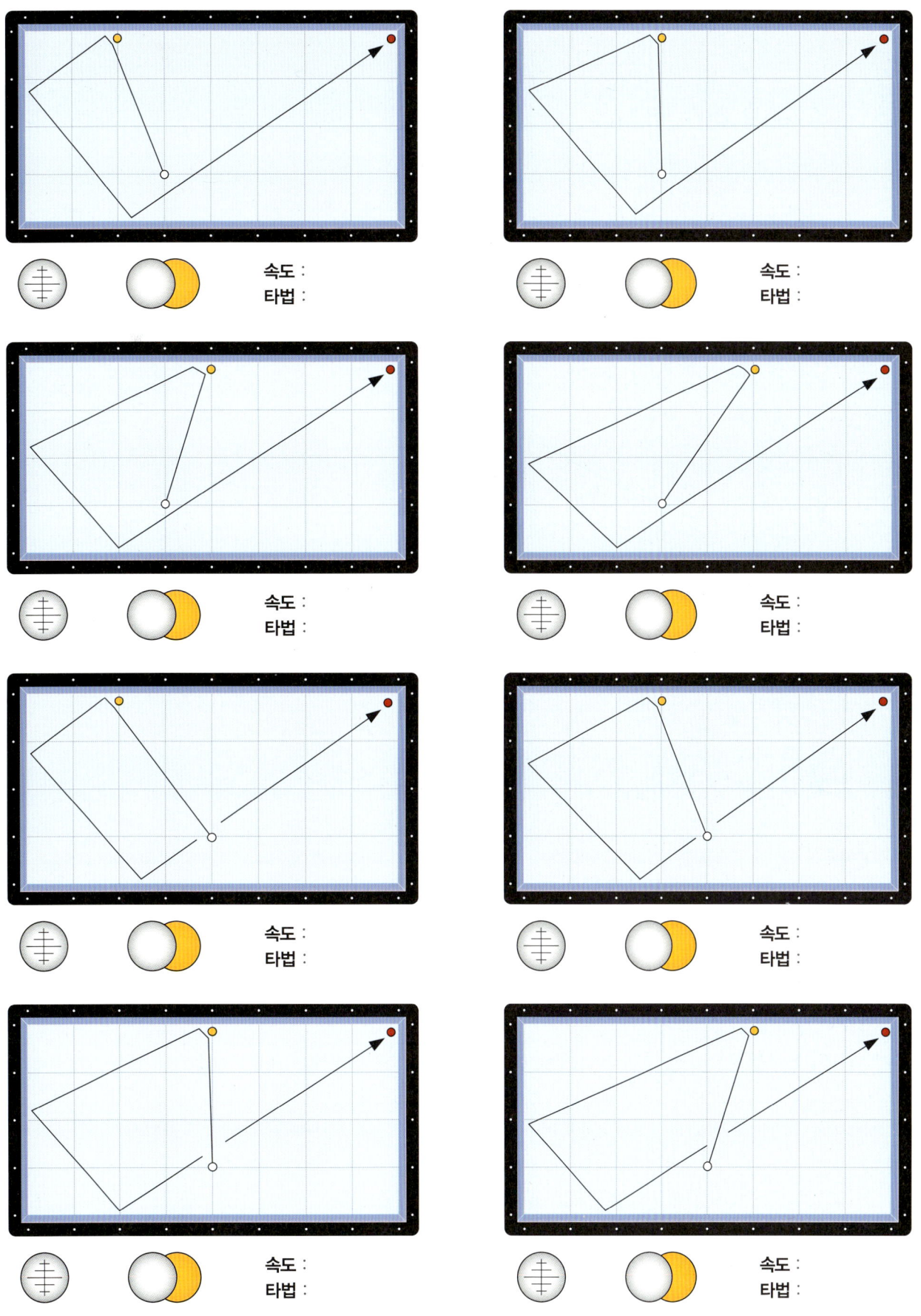

속도 :
타법 :

옆 돌리기(제각 돌리기) ❸

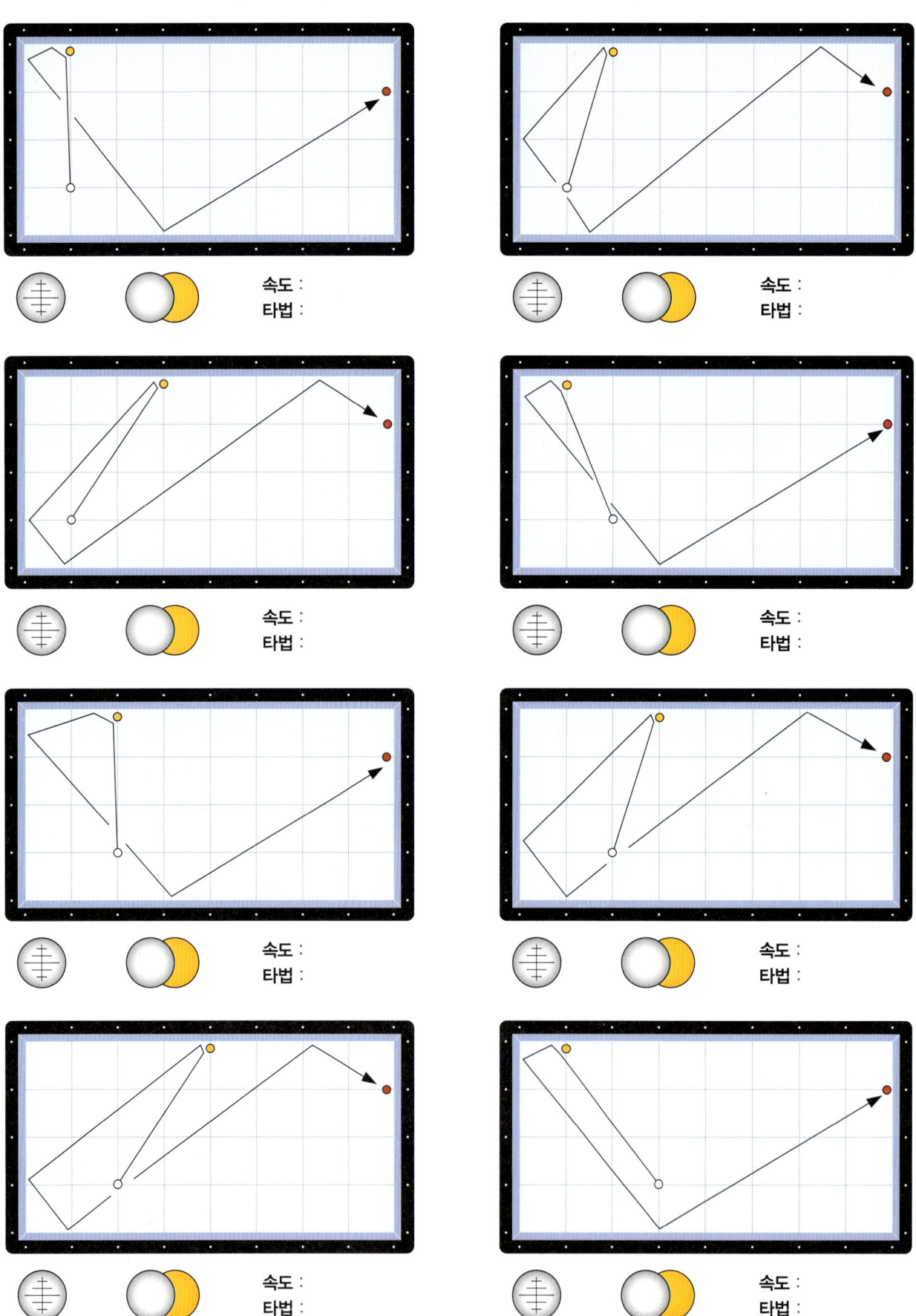

속도 :
타법 :

옆 돌리기(제각 돌리기) ❹

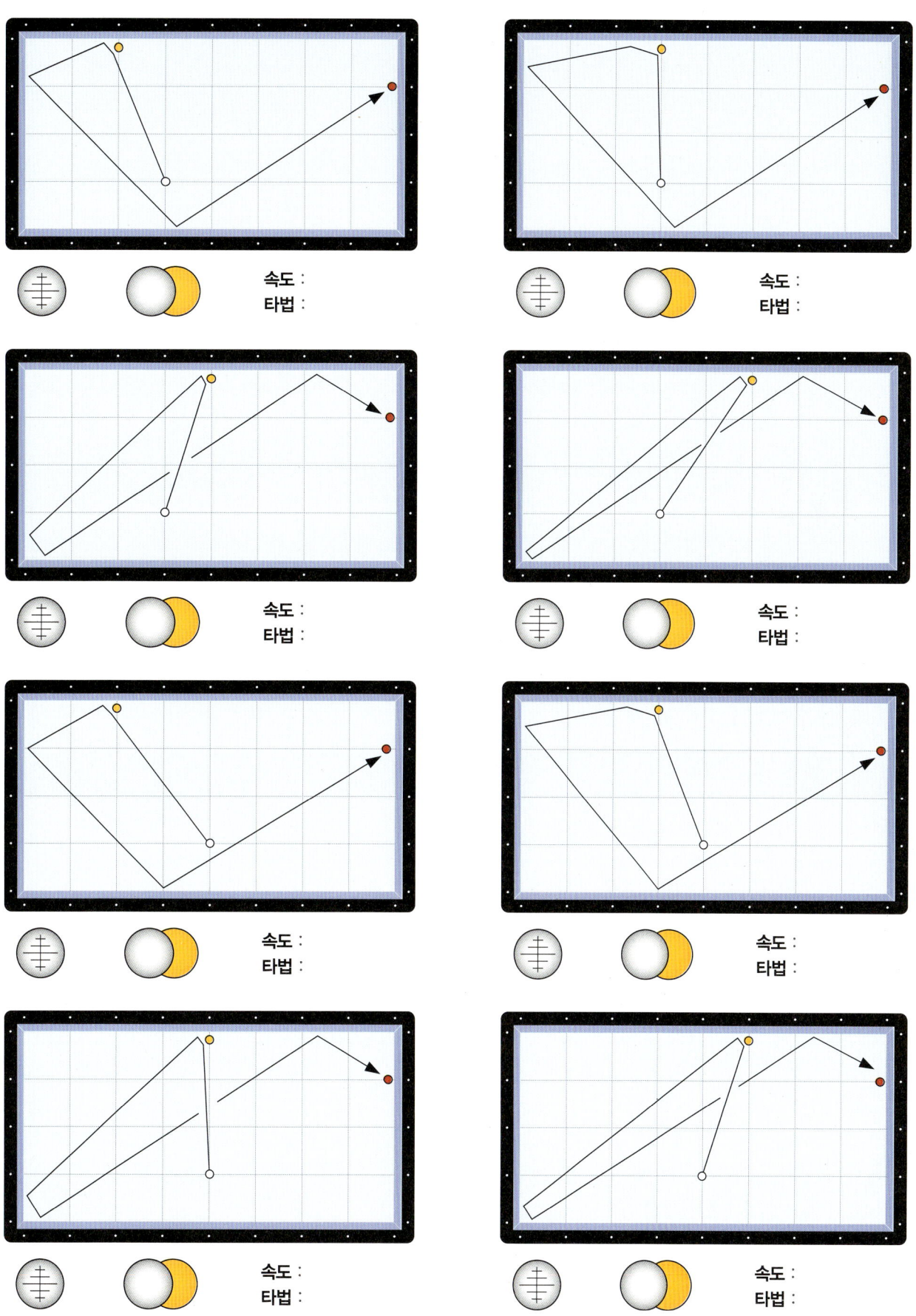

옆 돌리기(제각 돌리기) ❺

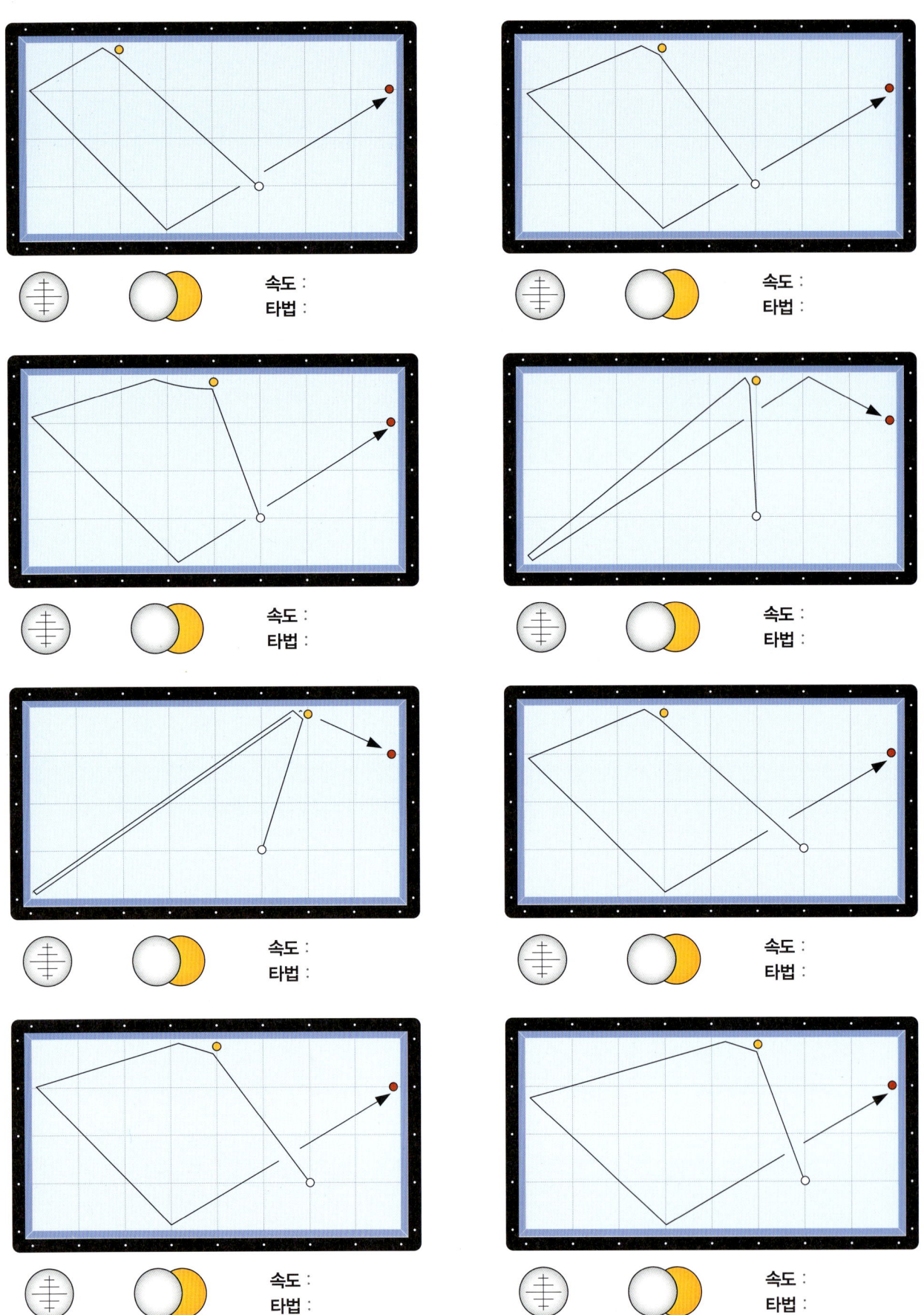

옆 돌리기(제각 돌리기) ❻

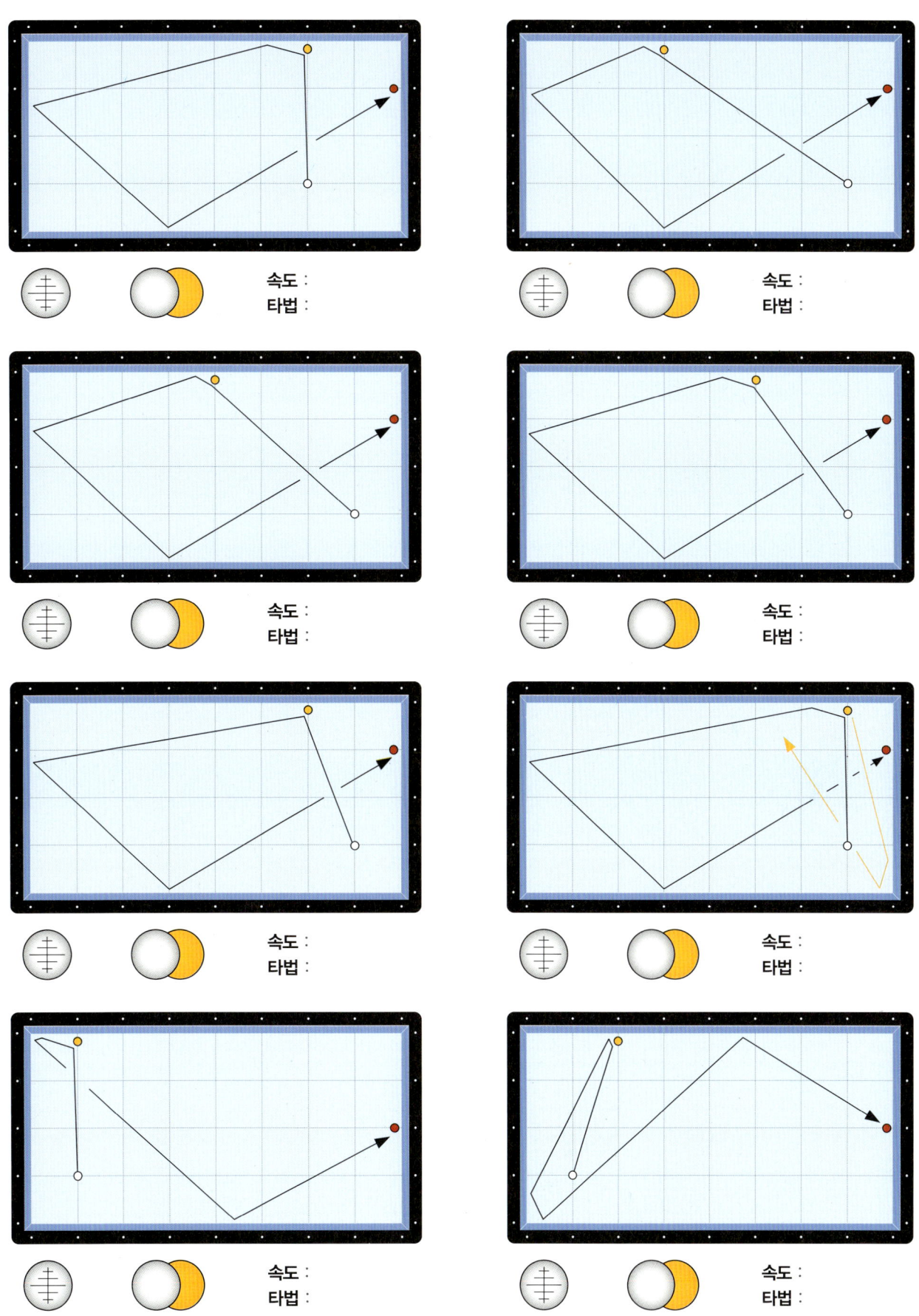

속도 :
타법 :

옆 돌리기(제각 돌리기) 7

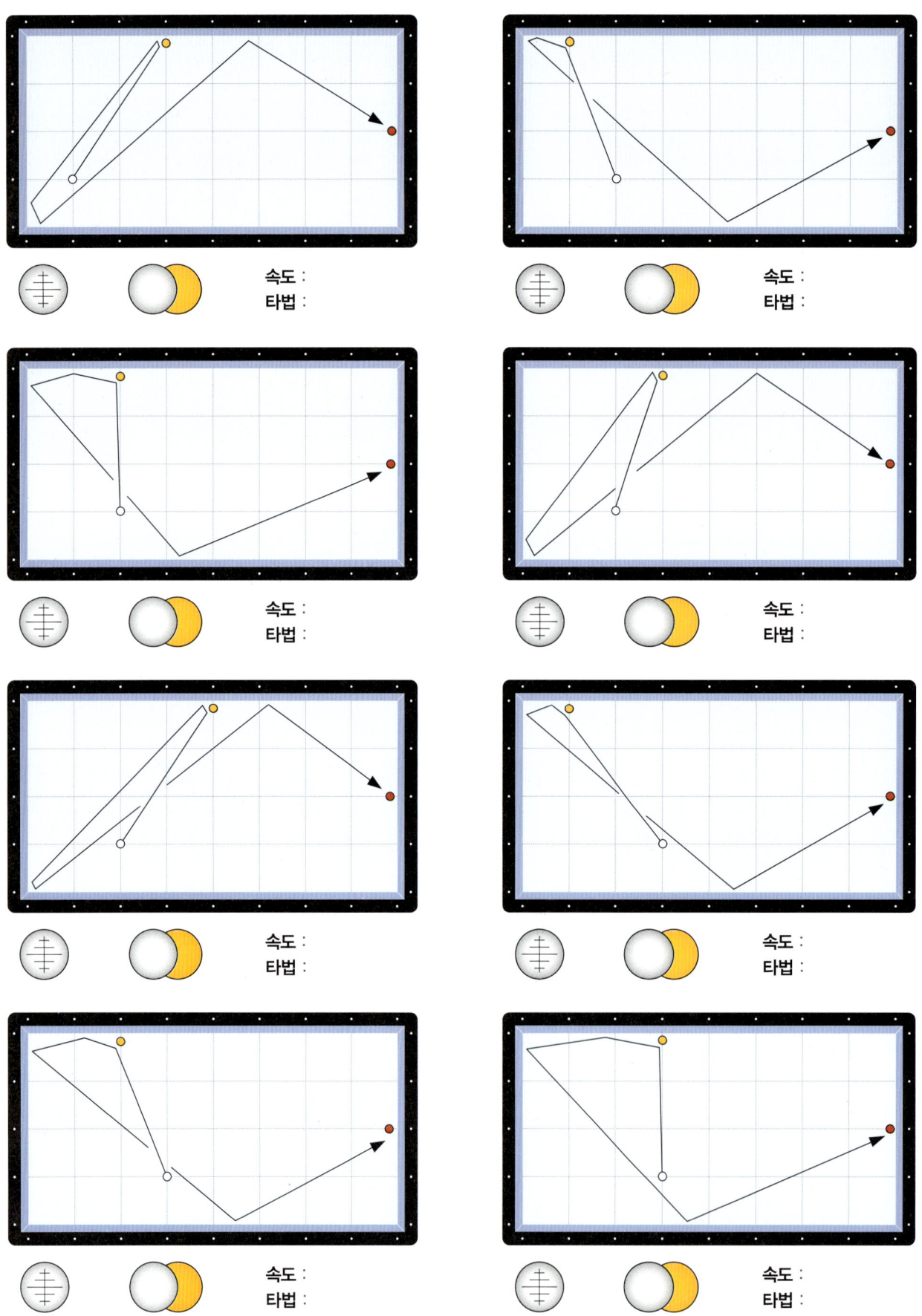

70 • 옆 돌리기(제각 돌리기) 7

옆 돌리기(제각 돌리기) ❽

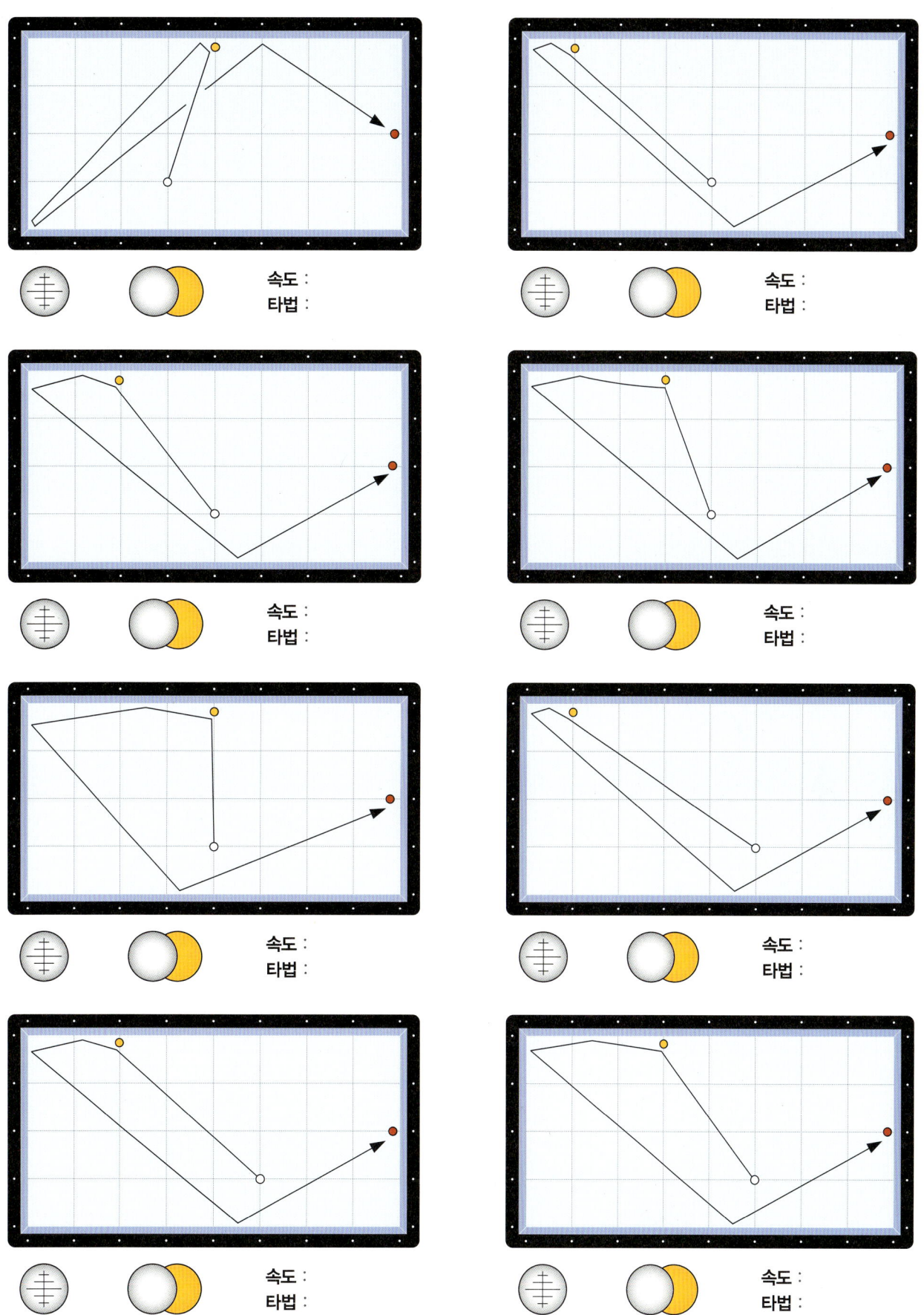

옆 돌리기(제각 돌리기) 9

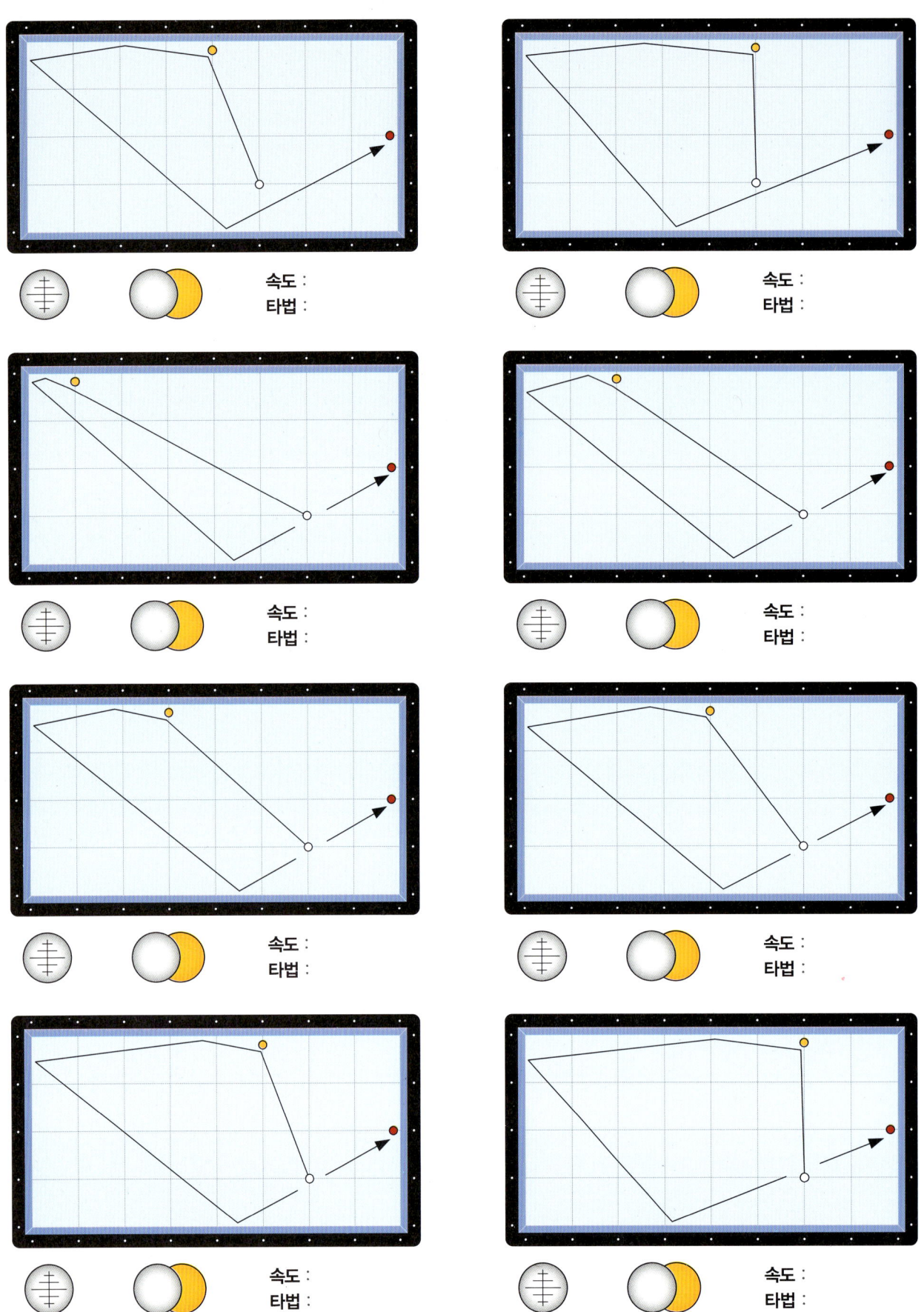

72 • 옆 돌리기(제각 돌리기) 9

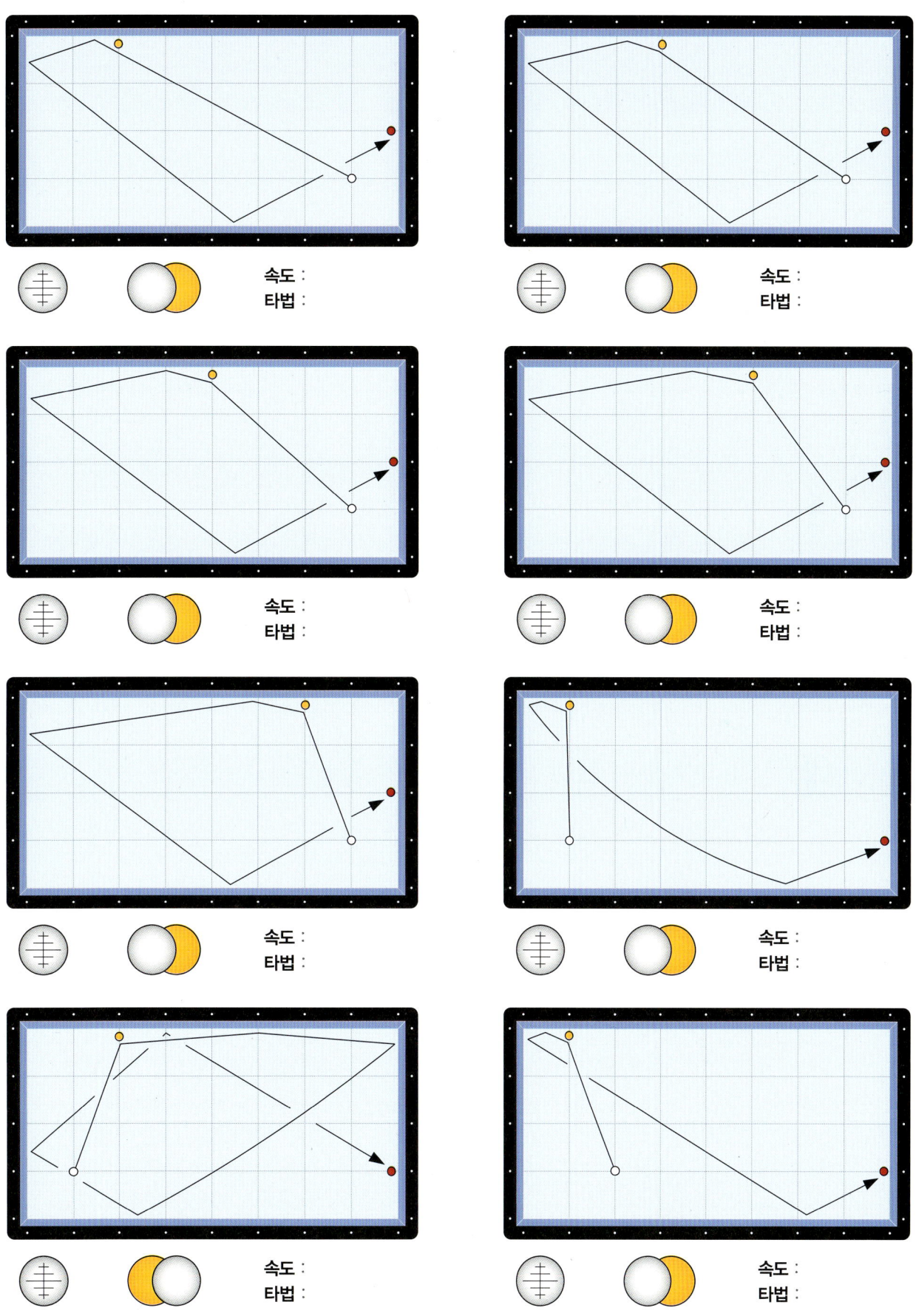

옆 돌리기(제각 돌리기) ⑪

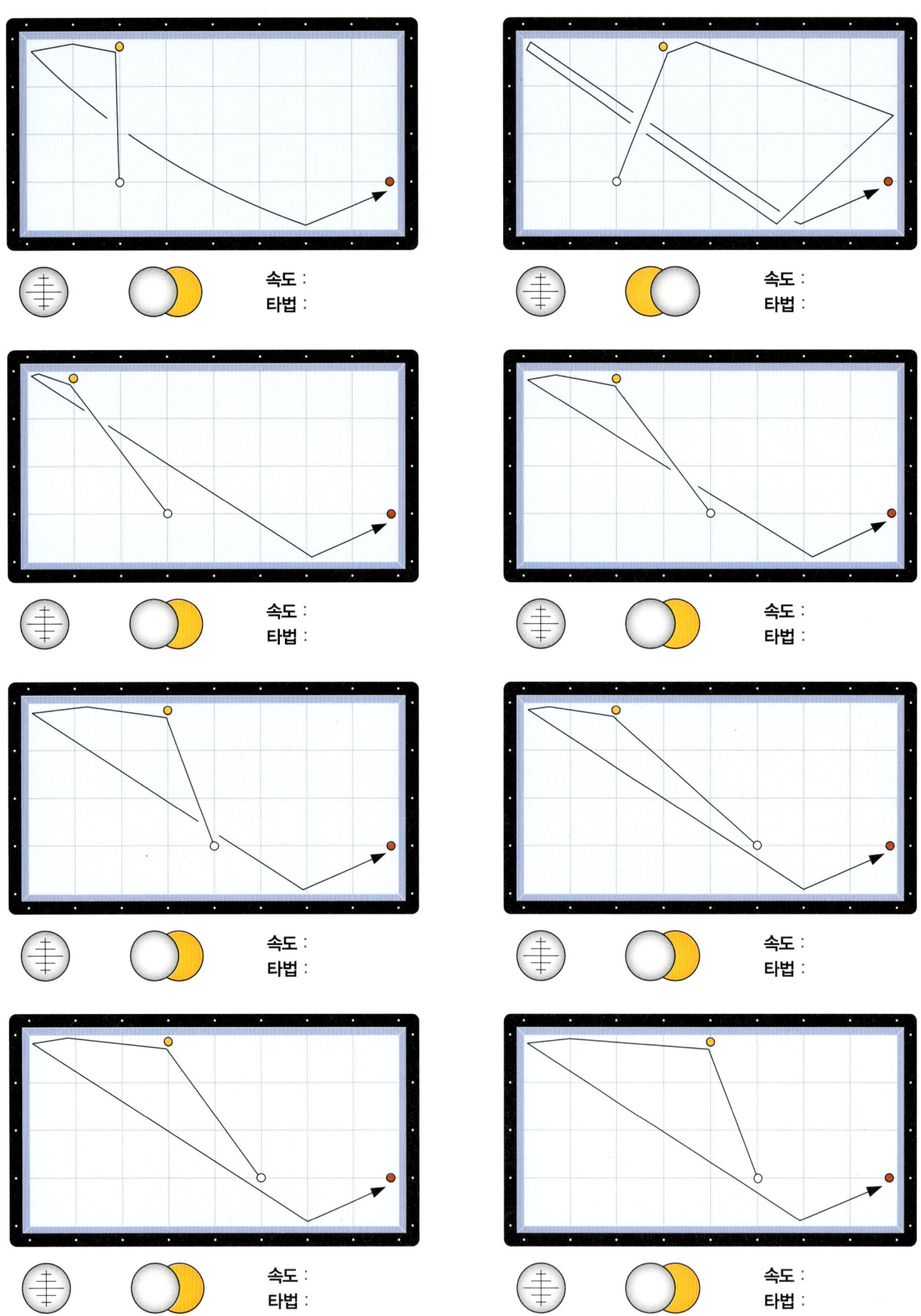

74 • 옆 돌리기(제각 돌리기) 11

옆 돌리기(제각 돌리기) ⑫

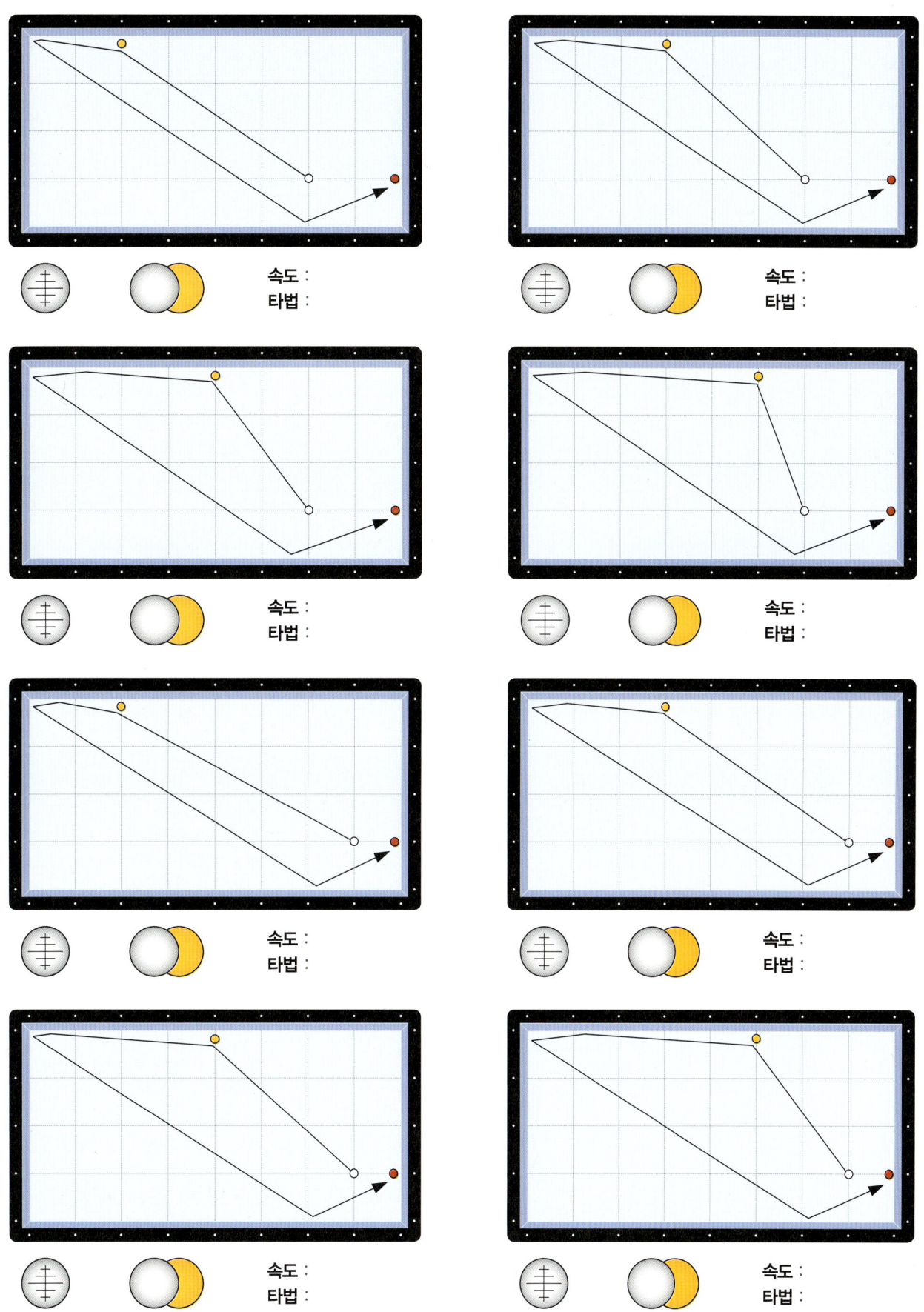

75

옆 돌리기(제각 돌리기) ⓭

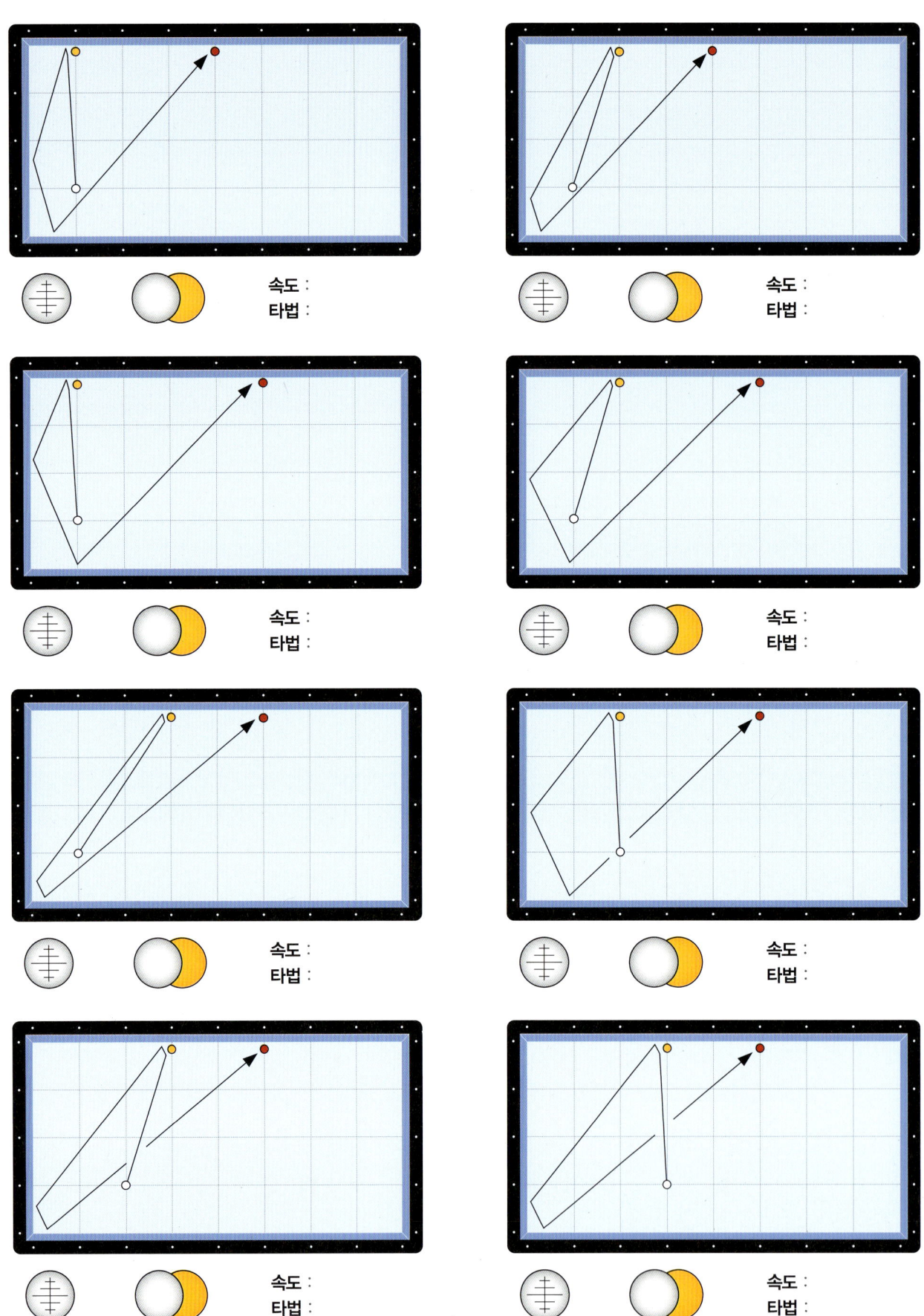

76 • 옆 돌리기(제각 돌리기) 13

옆 돌리기(제각 돌리기) ⑭

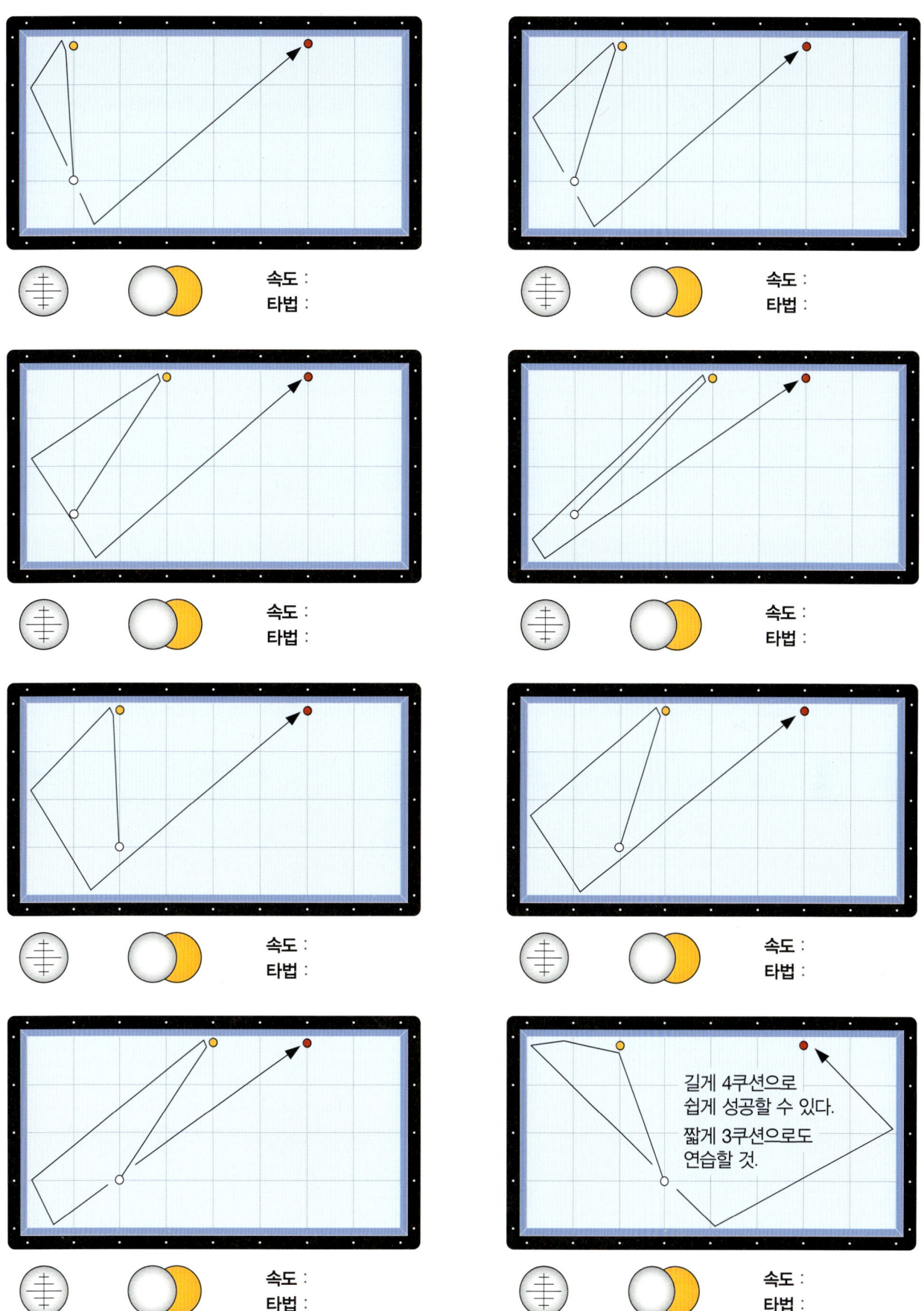

77

옆 돌리기(제각 돌리기) ⑮

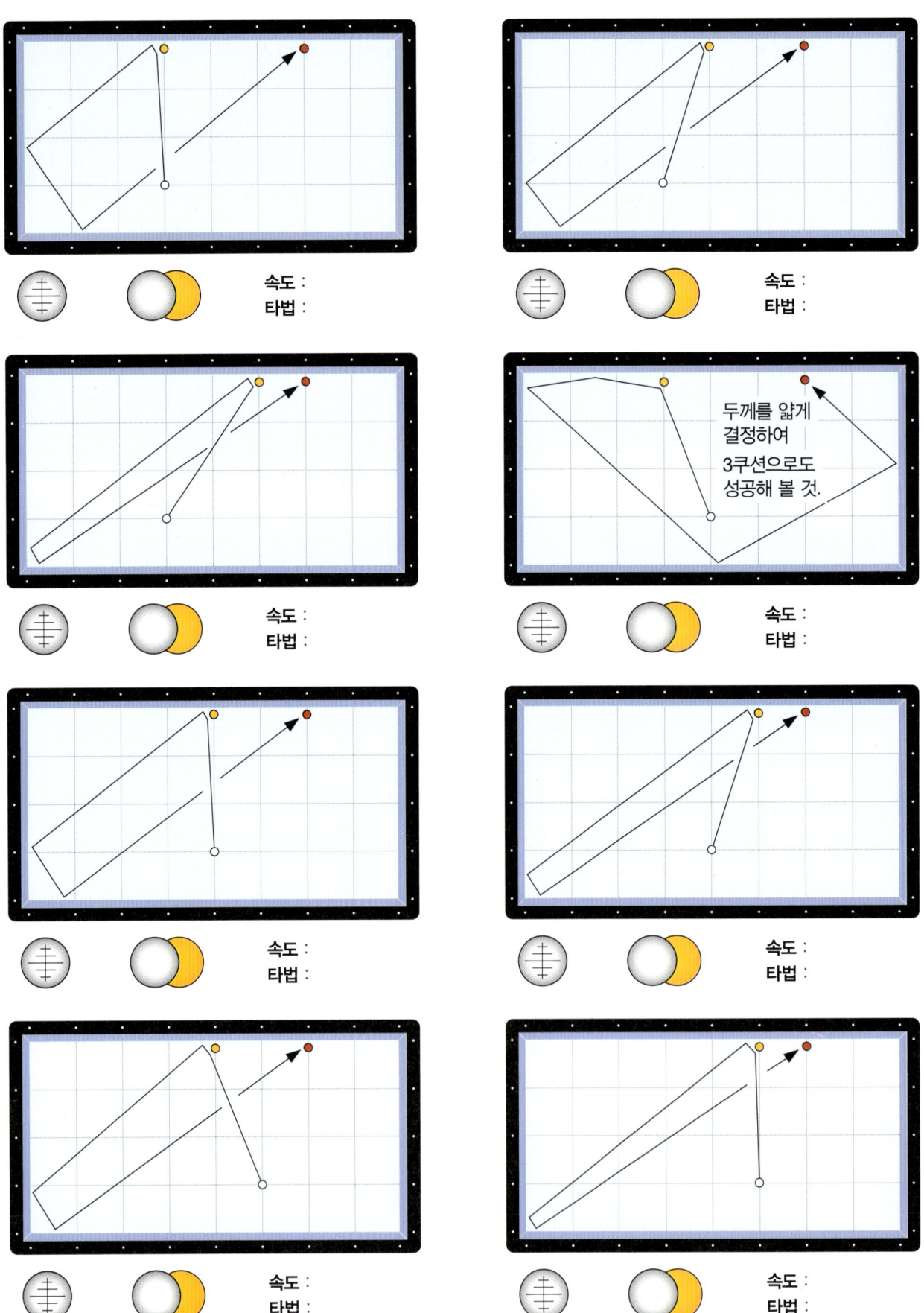

78 • 옆 돌리기(제각 돌리기) 15

옆 돌리기(제각 돌리기) 16

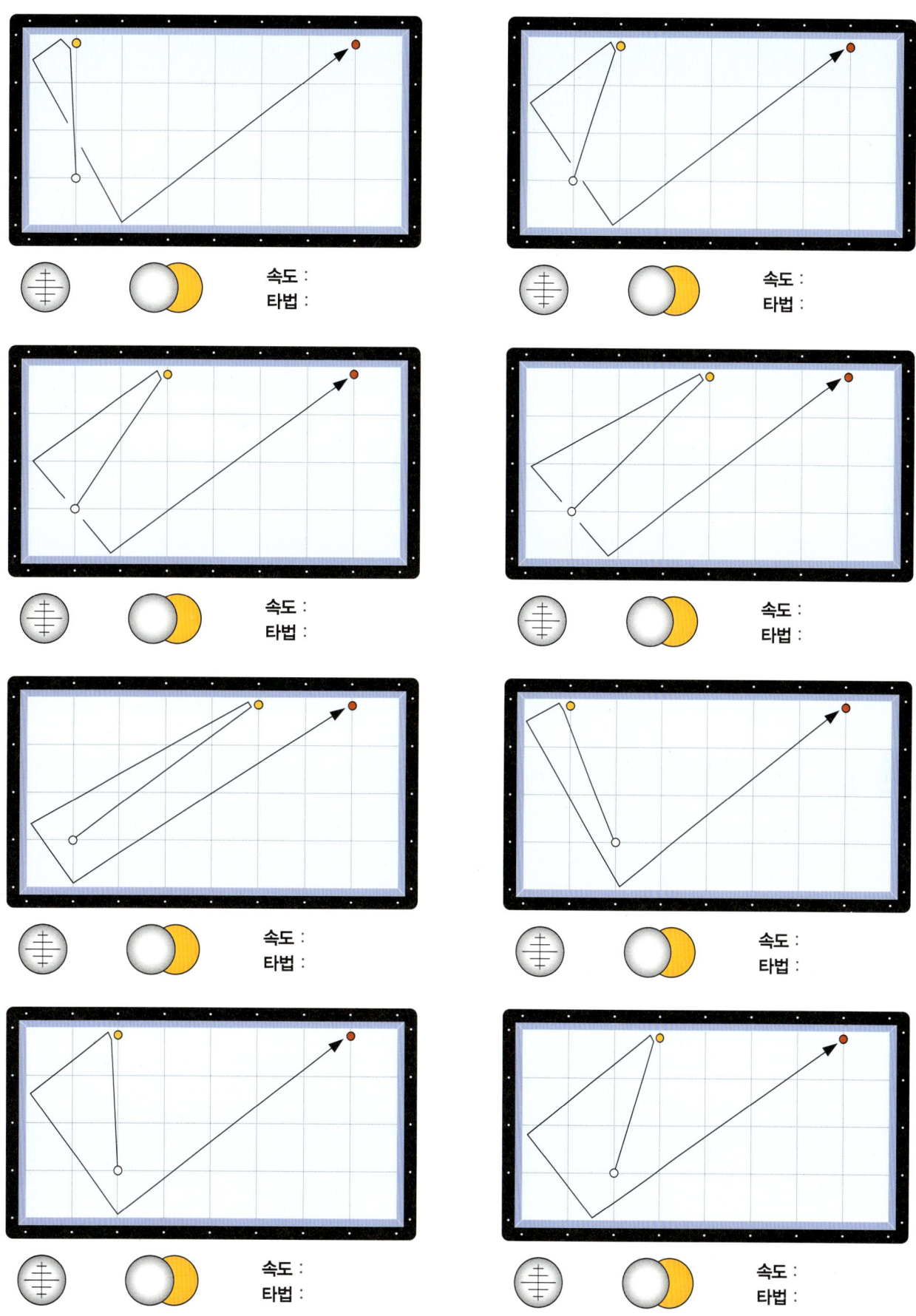

옆 돌리기(제각 돌리기) ⑰

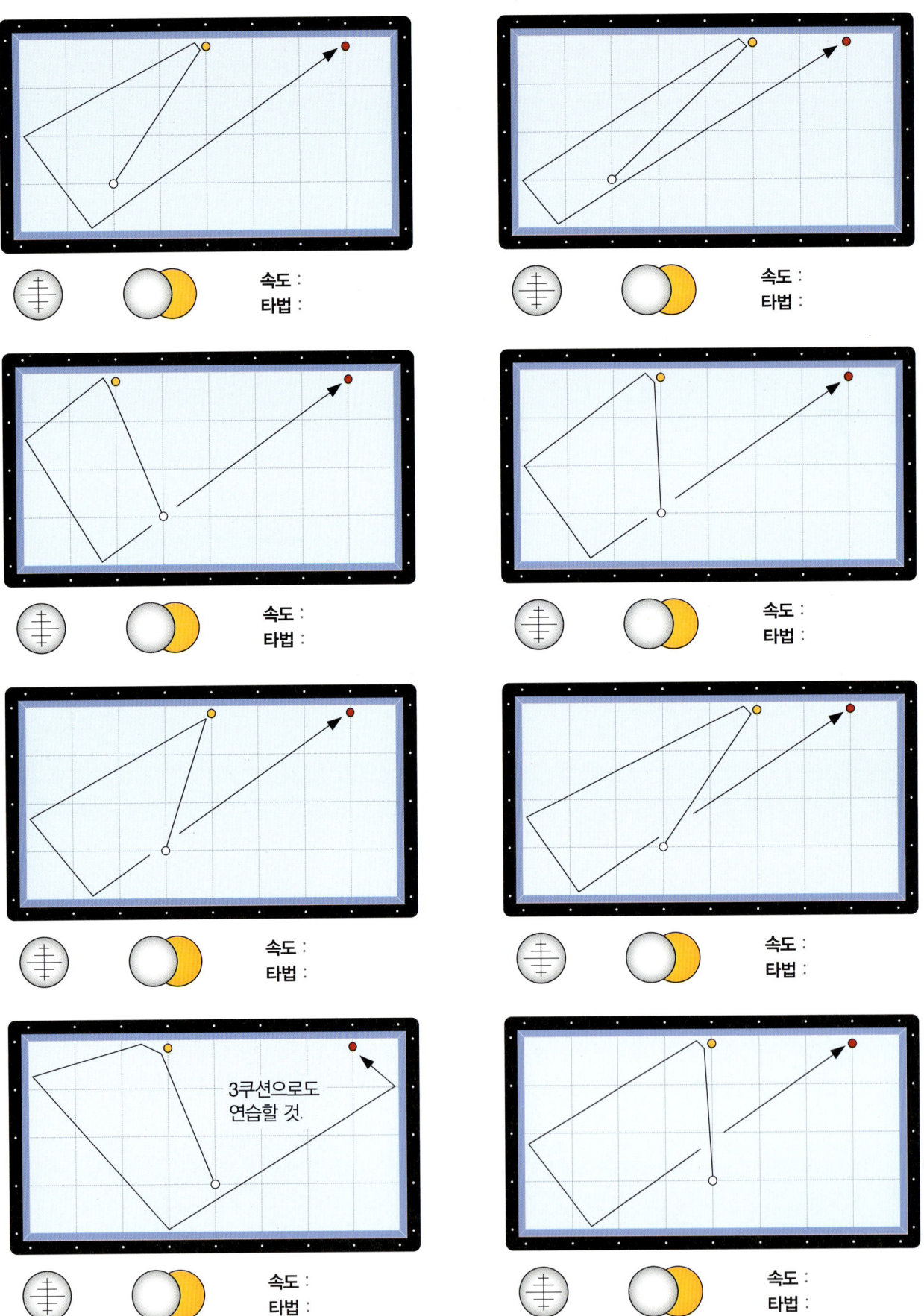

80 • 옆 돌리기(제각 돌리기) 17

옆 돌리기(제각 돌리기) ⑱

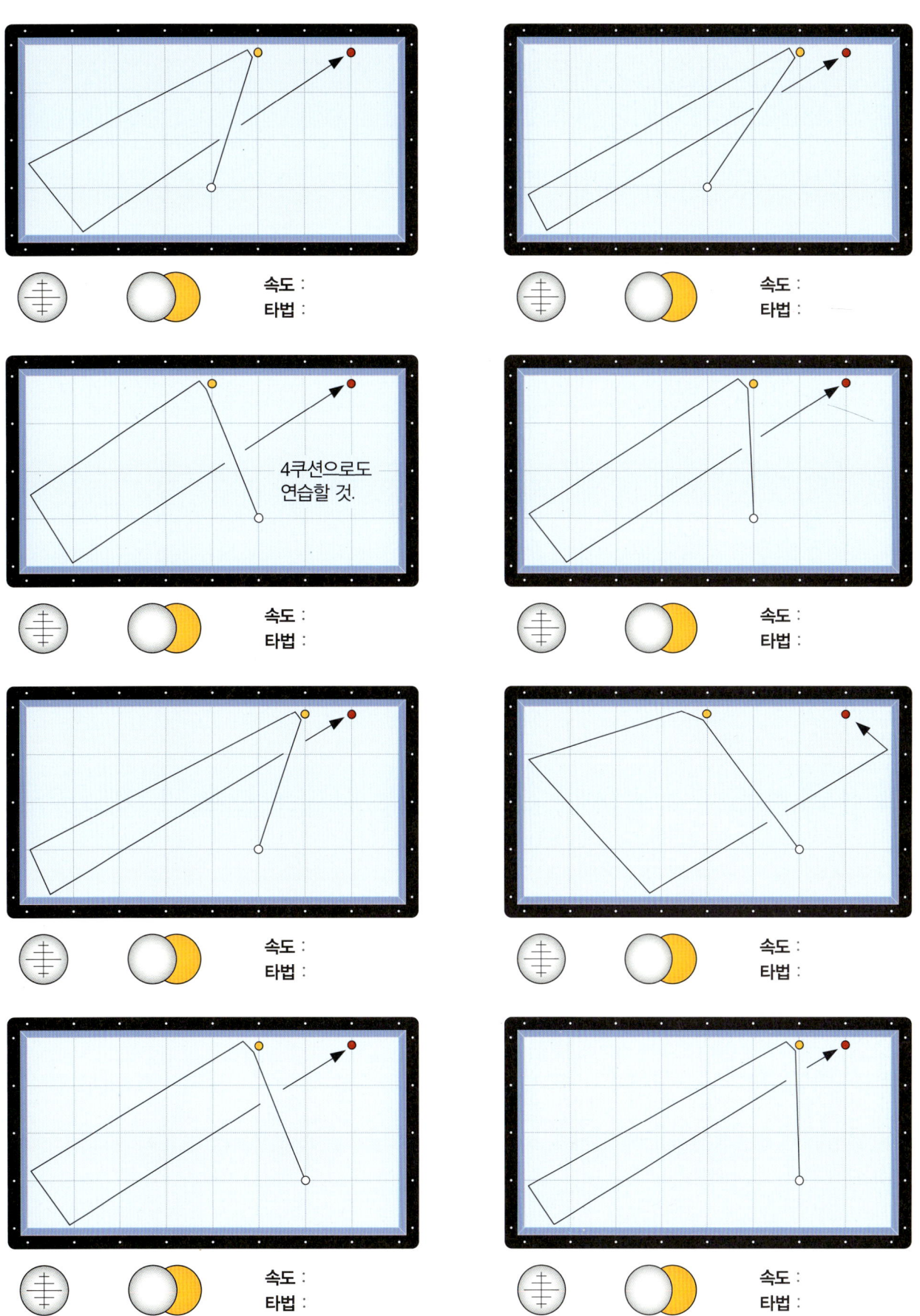

옆 돌리기(제각 돌리기) ⓵⓽

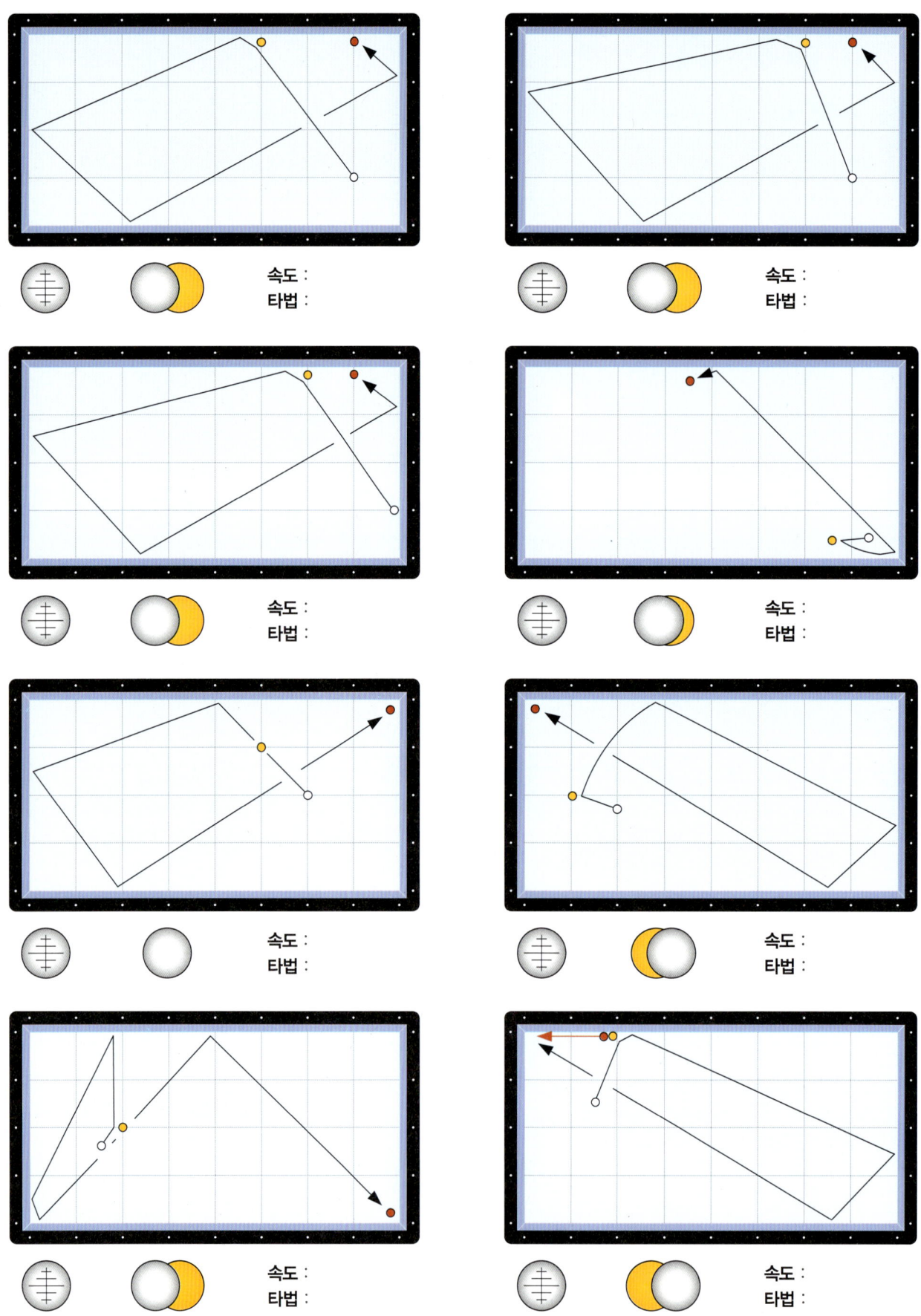

82 • 옆 돌리기(제각 돌리기) 19

옆 돌리기(제각 돌리기) ⑳

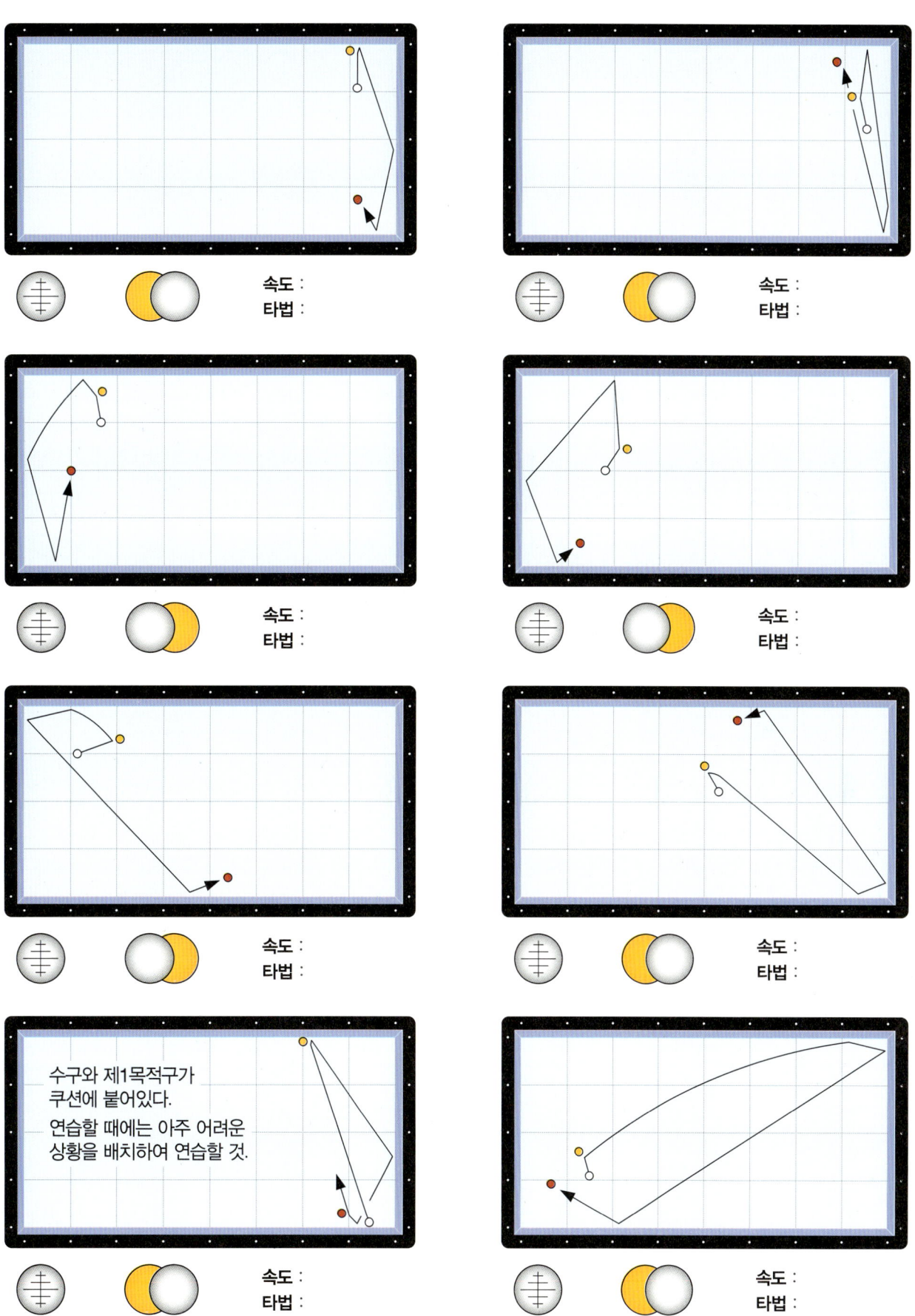

83

옆 돌리기 (제각 돌리기) ㉑

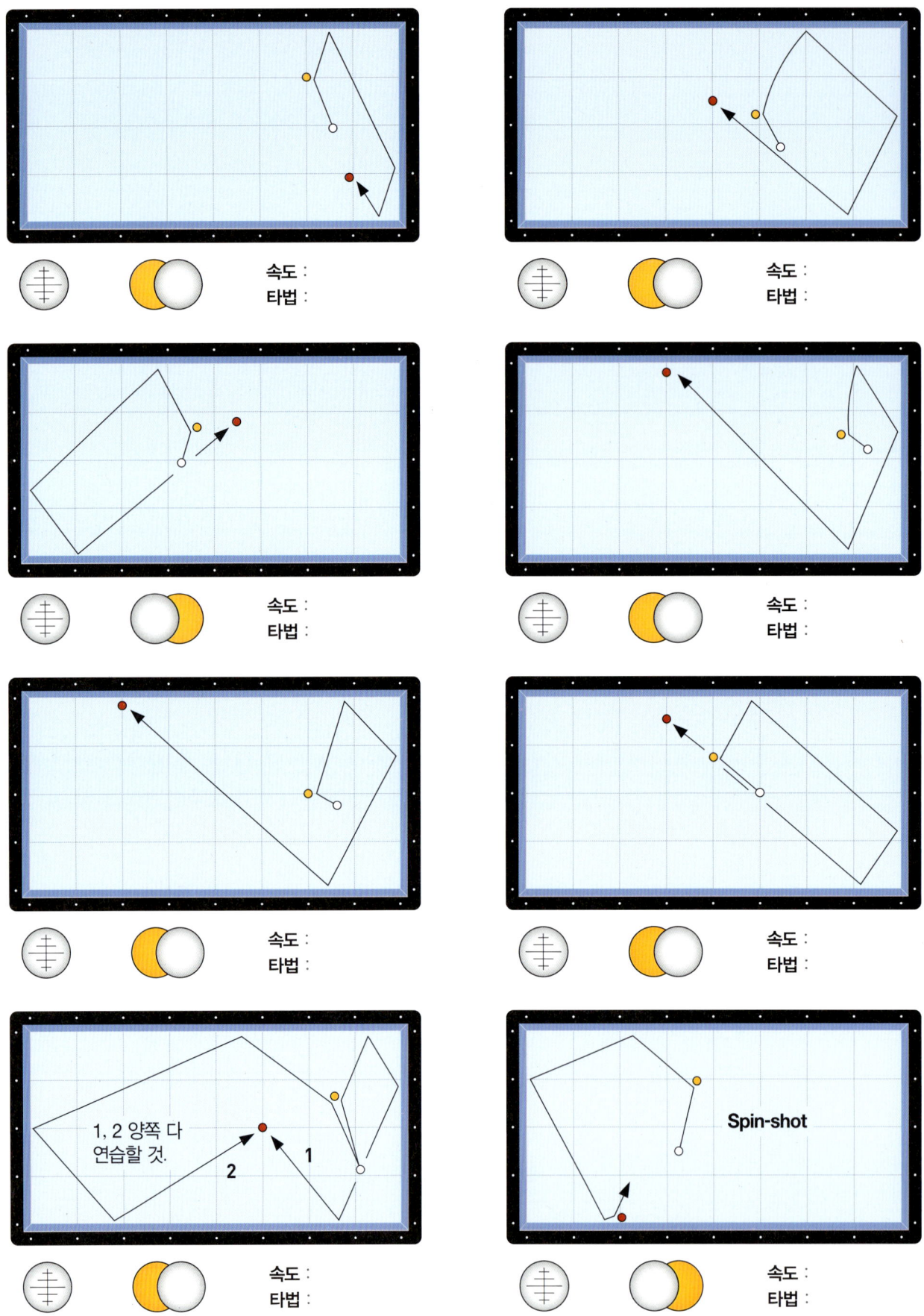

84 • 옆 돌리기(제각 돌리기) 21

옆 돌리기(제각 돌리기) ㉒

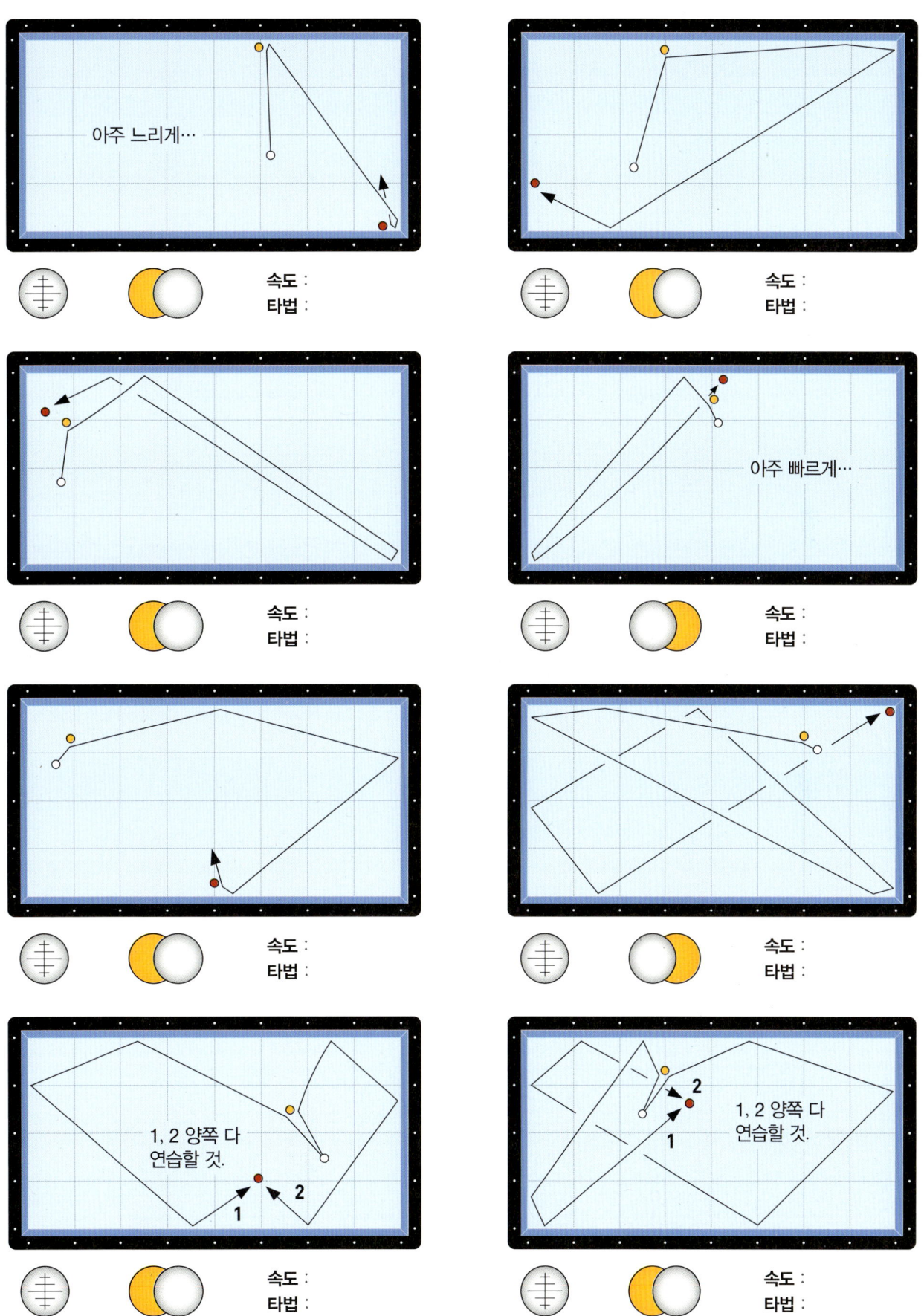

85

옆 돌리기(제각 돌리기) 23

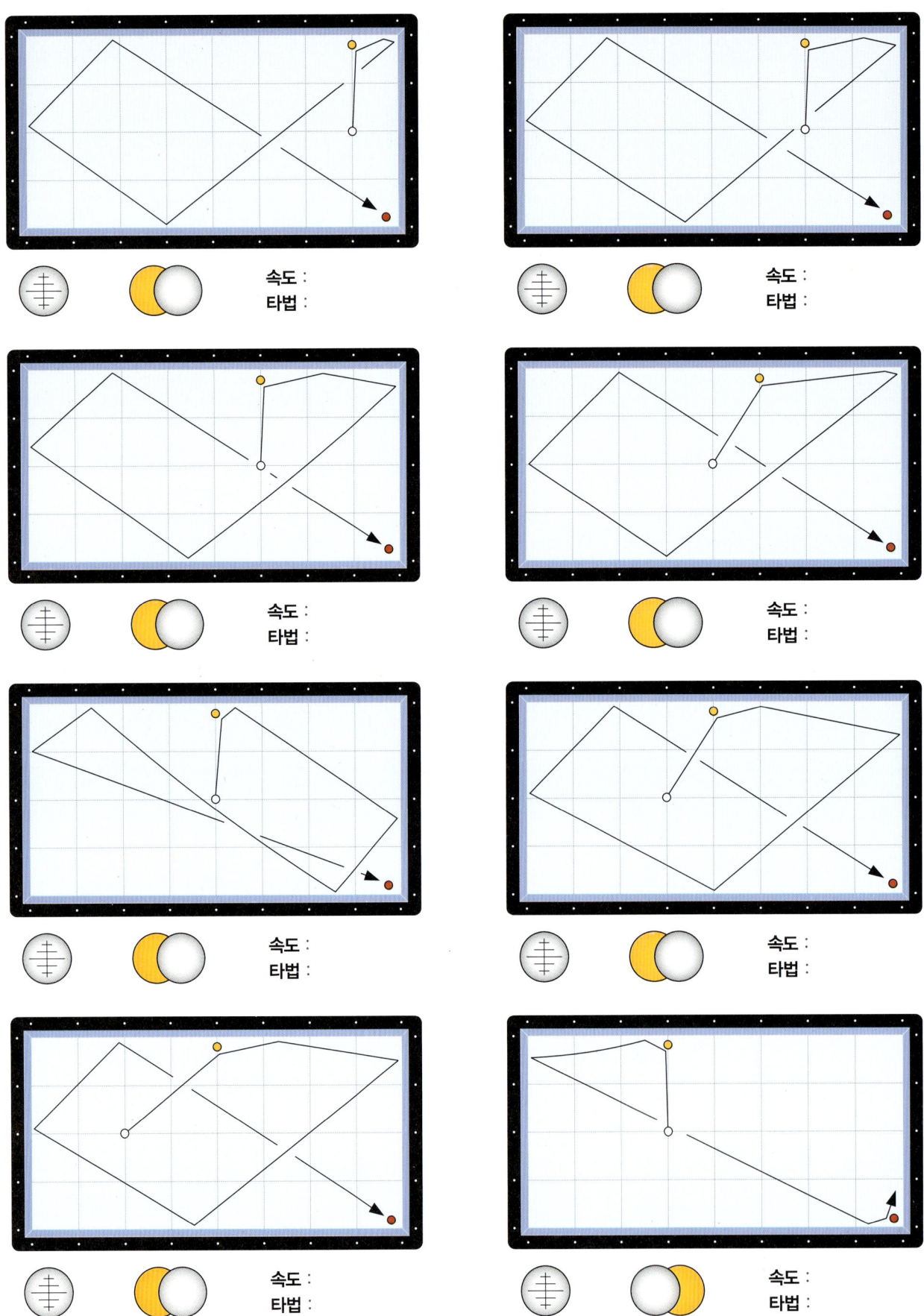

속도 :
타법 :

86 • 옆 돌리기(제각 돌리기) 23

옆 돌리기 (제각 돌리기) 24

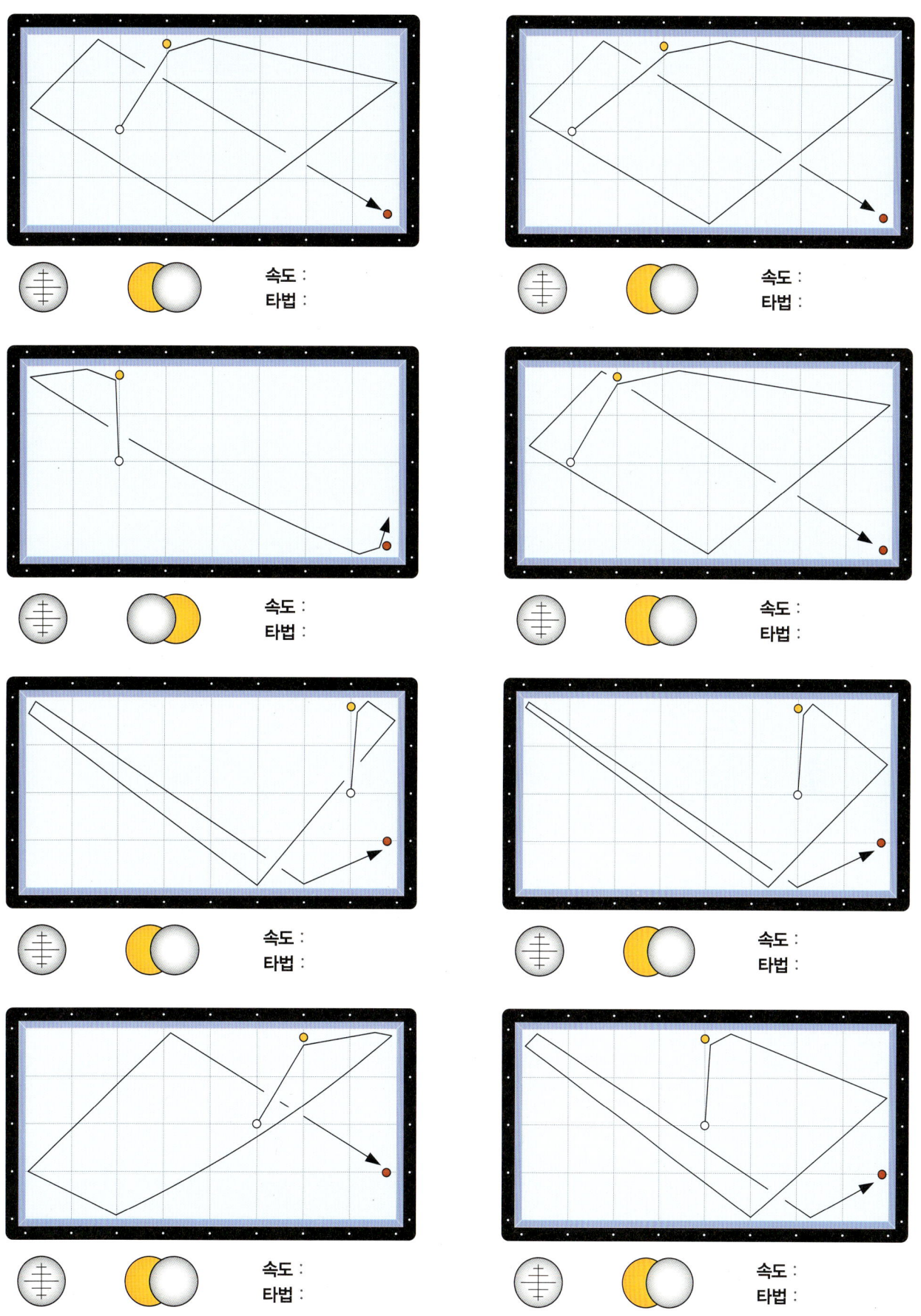

옆 돌리기(제각 돌리기) 25

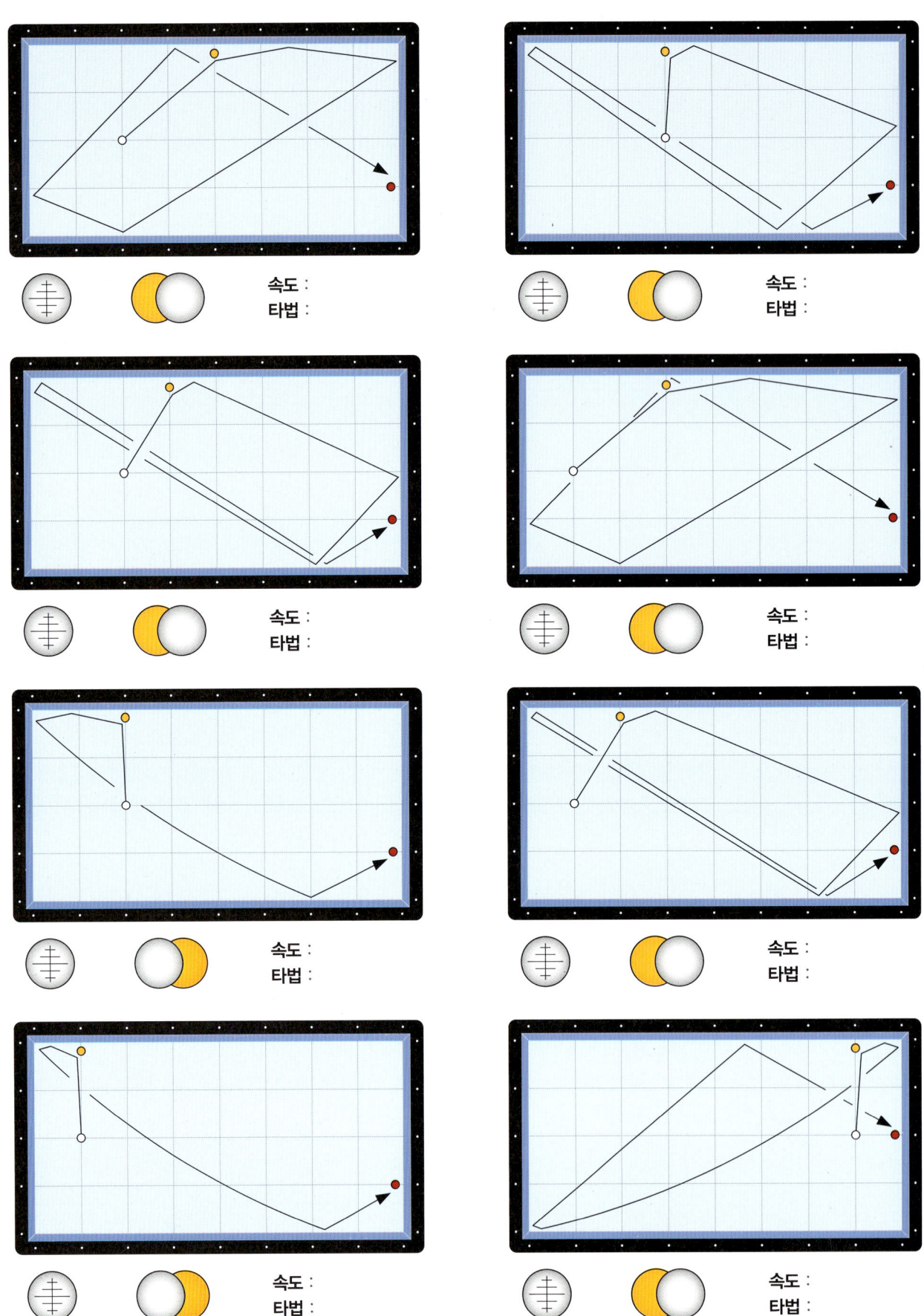

88 • 옆 돌리기(제각 돌리기) 25

옆 돌리기(제각 돌리기) 26

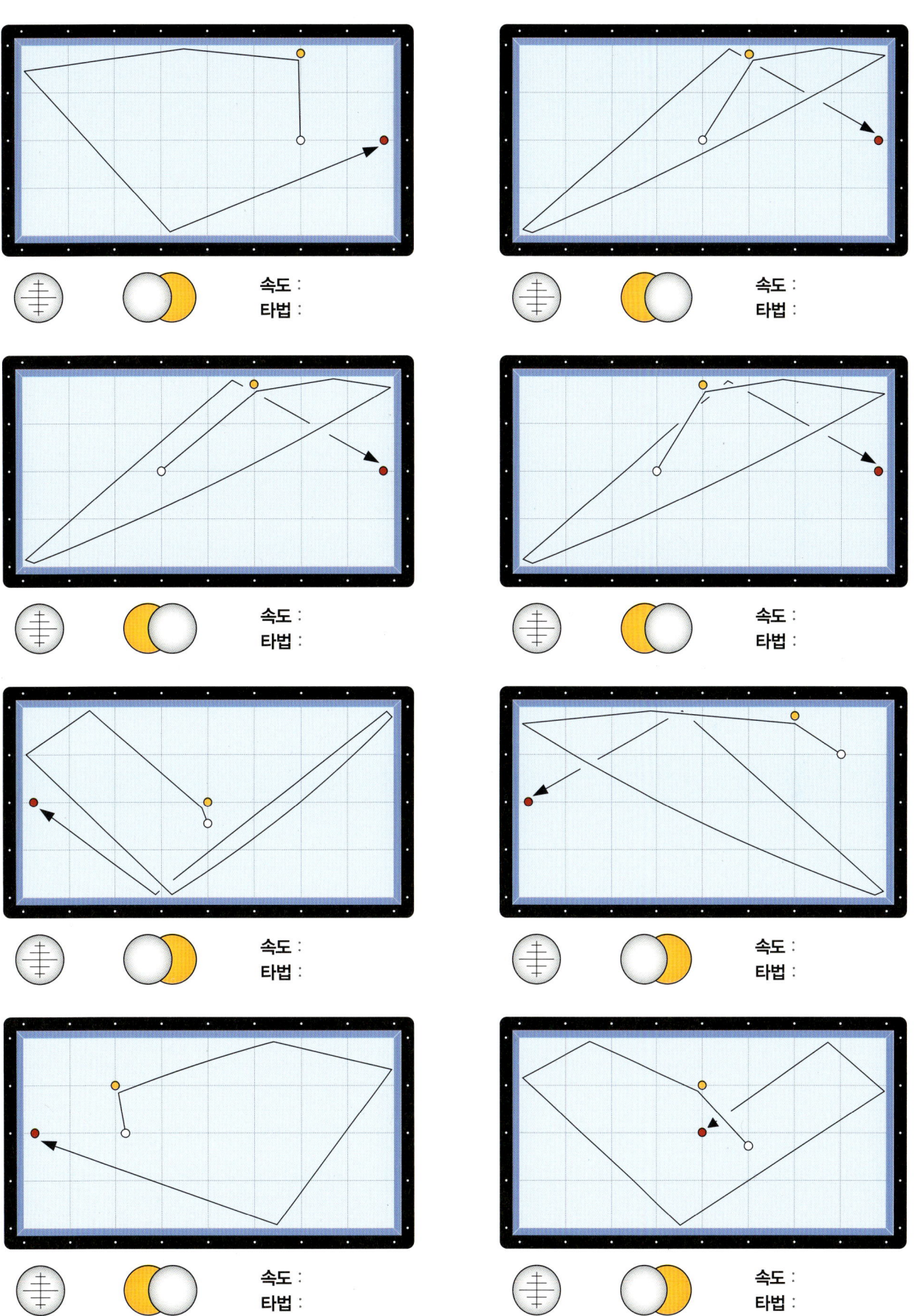

속도 :
타법 :

앞 돌리기(안 돌리기) ❶

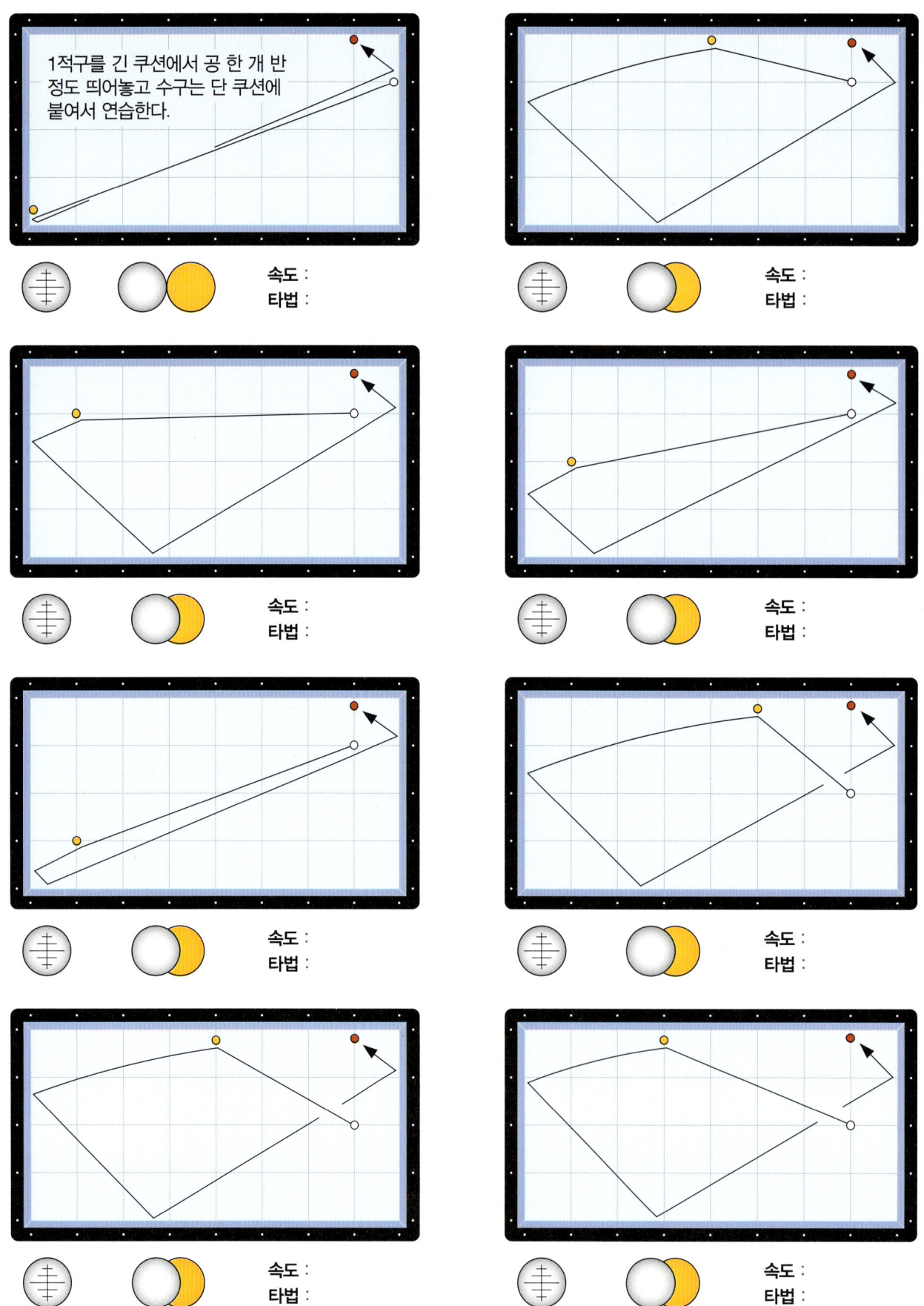

앞 돌리기(안 돌리기) ❷

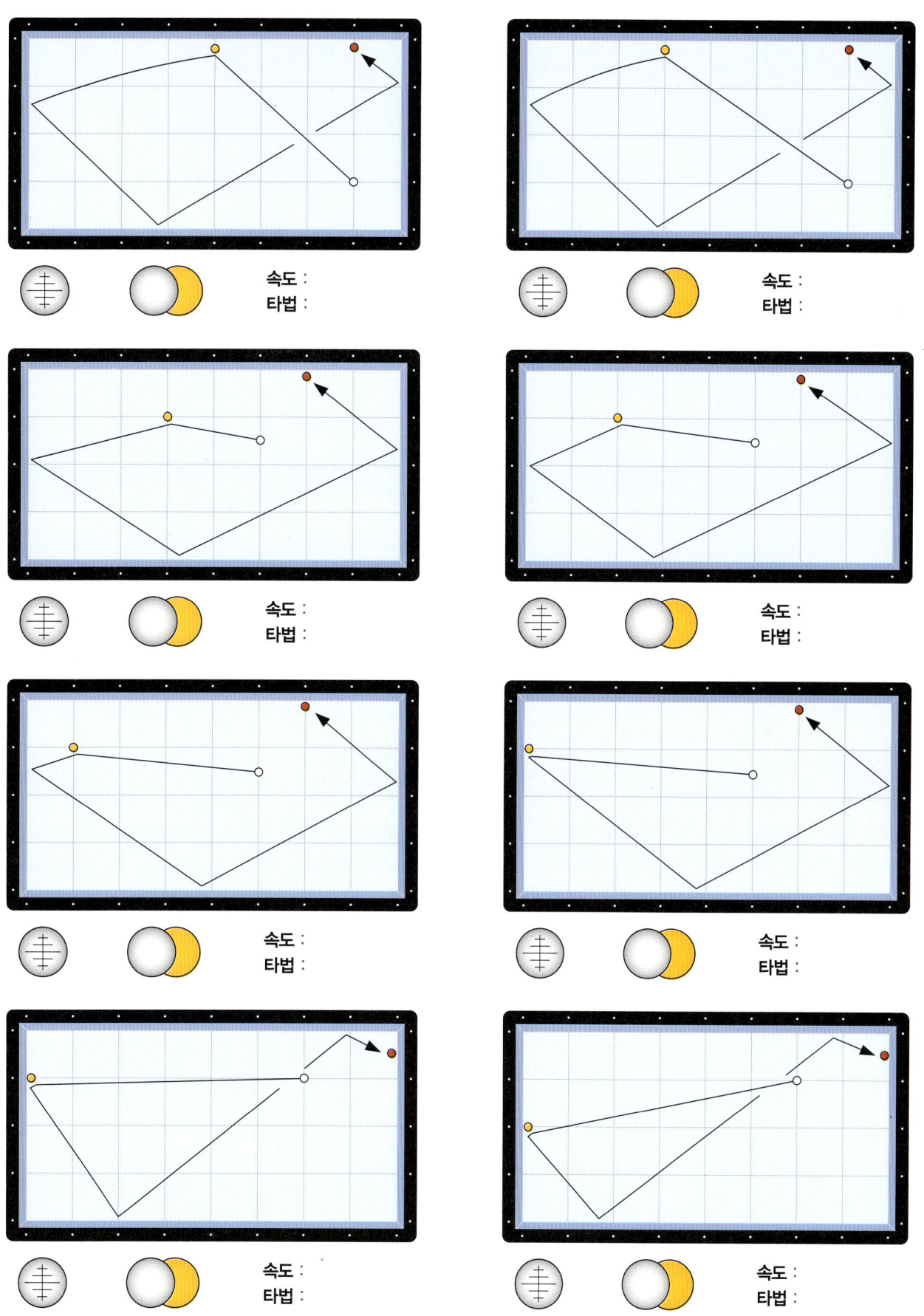

앞 돌리기(안 돌리기) ③

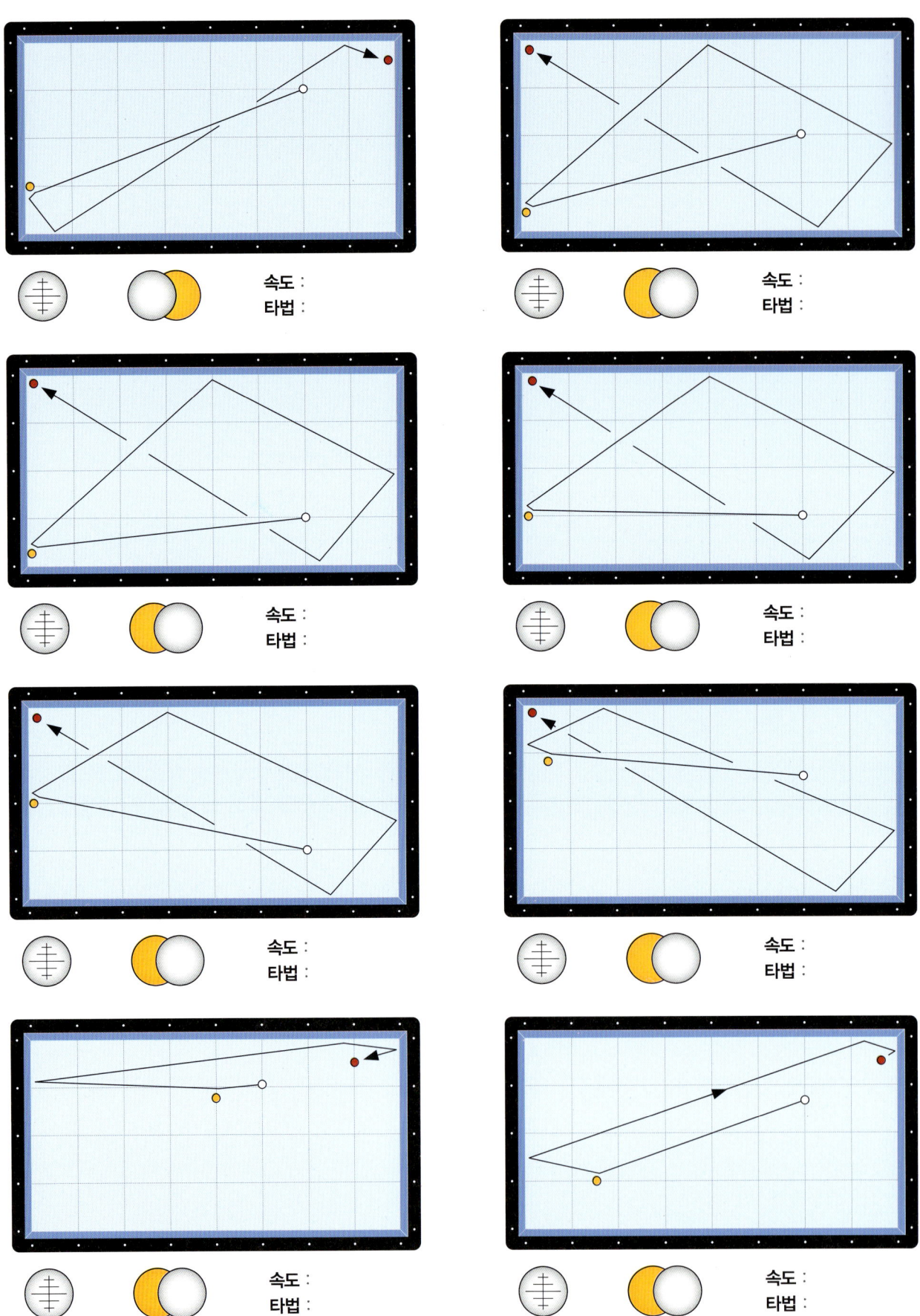

앞 돌리기(안 돌리기) ❹

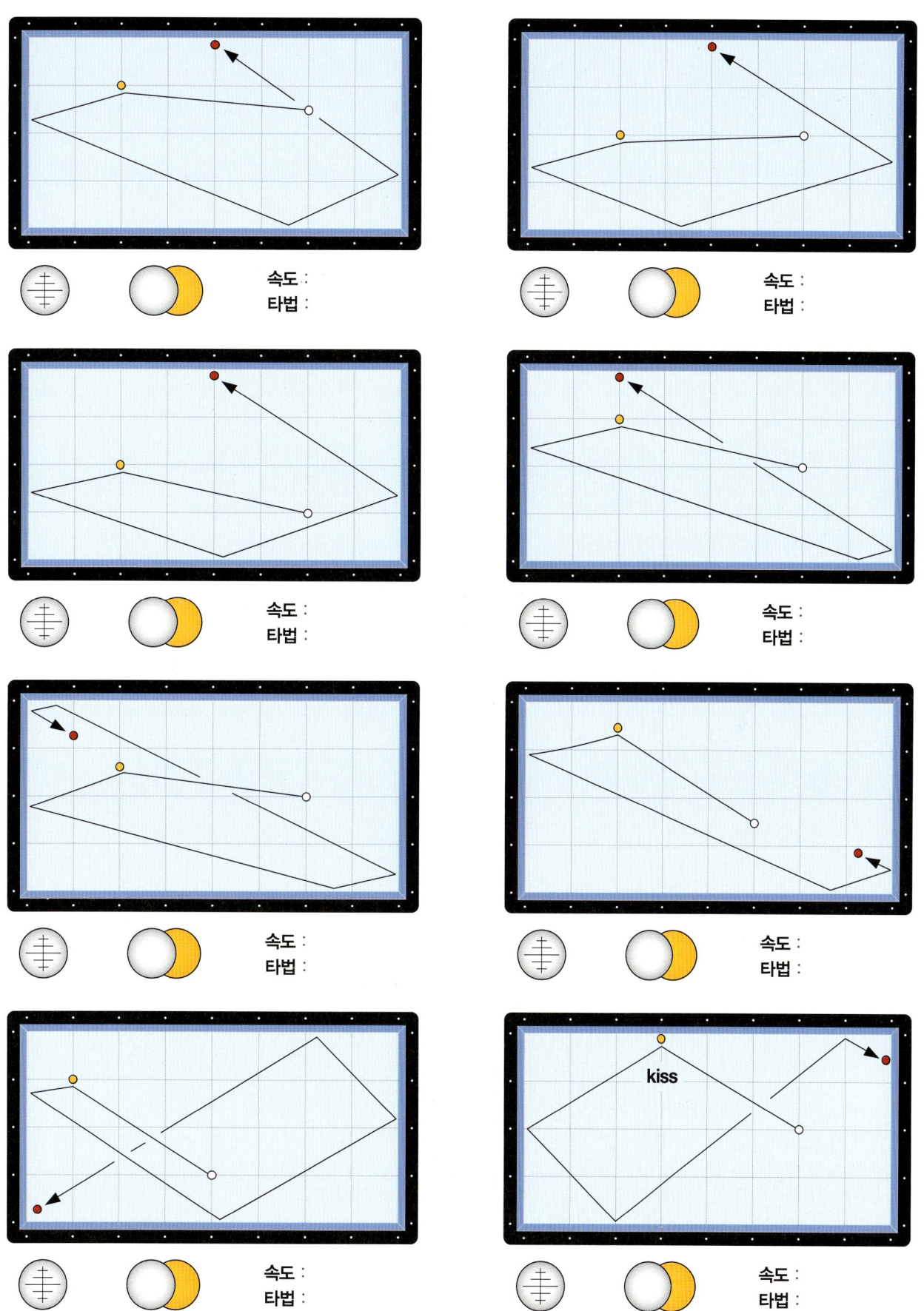

앞 돌리기(안 돌리기) 4 • 93

앞 돌리기(안 돌리기) ⑤

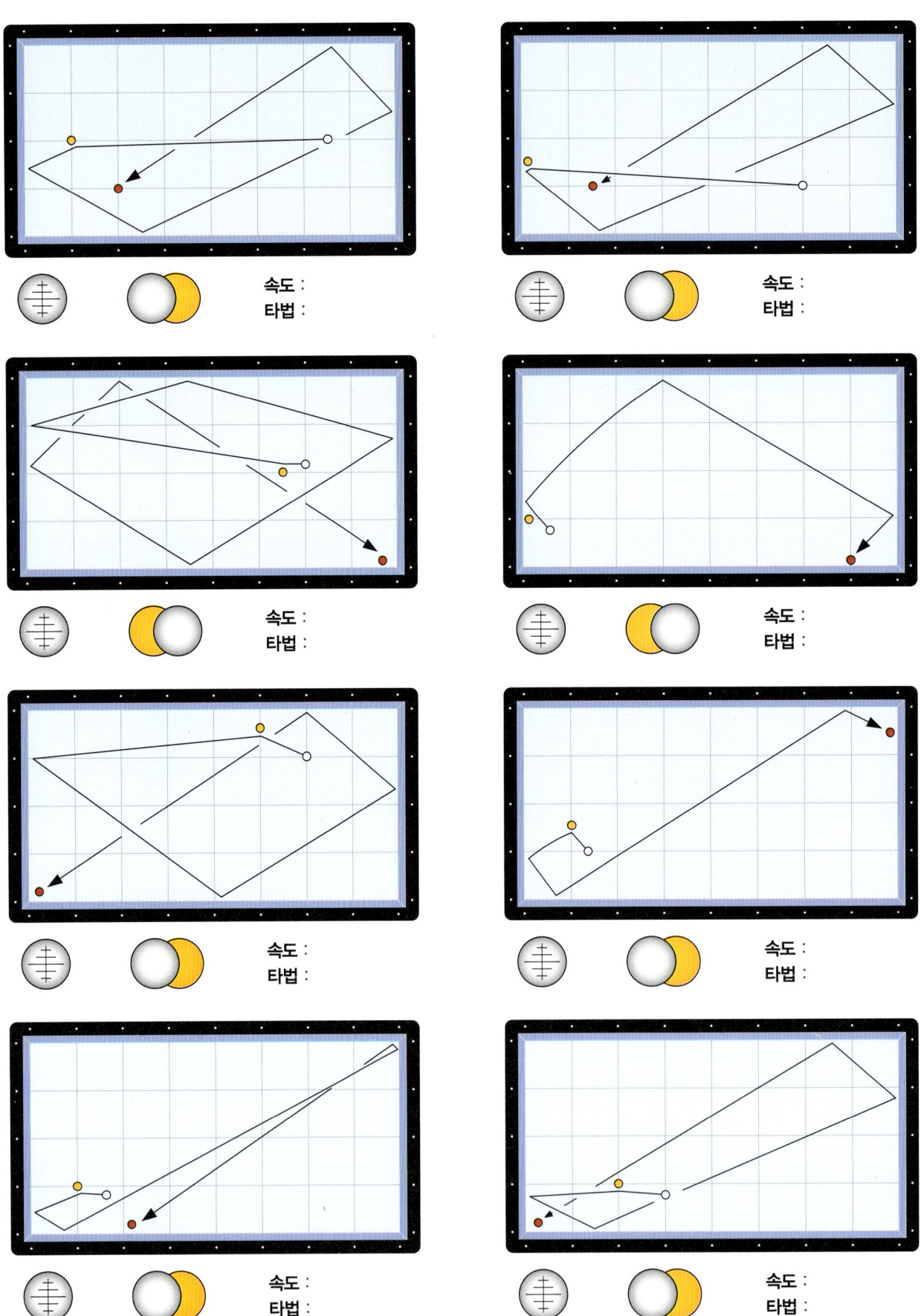

앞 돌리기(안 돌리기) ❻

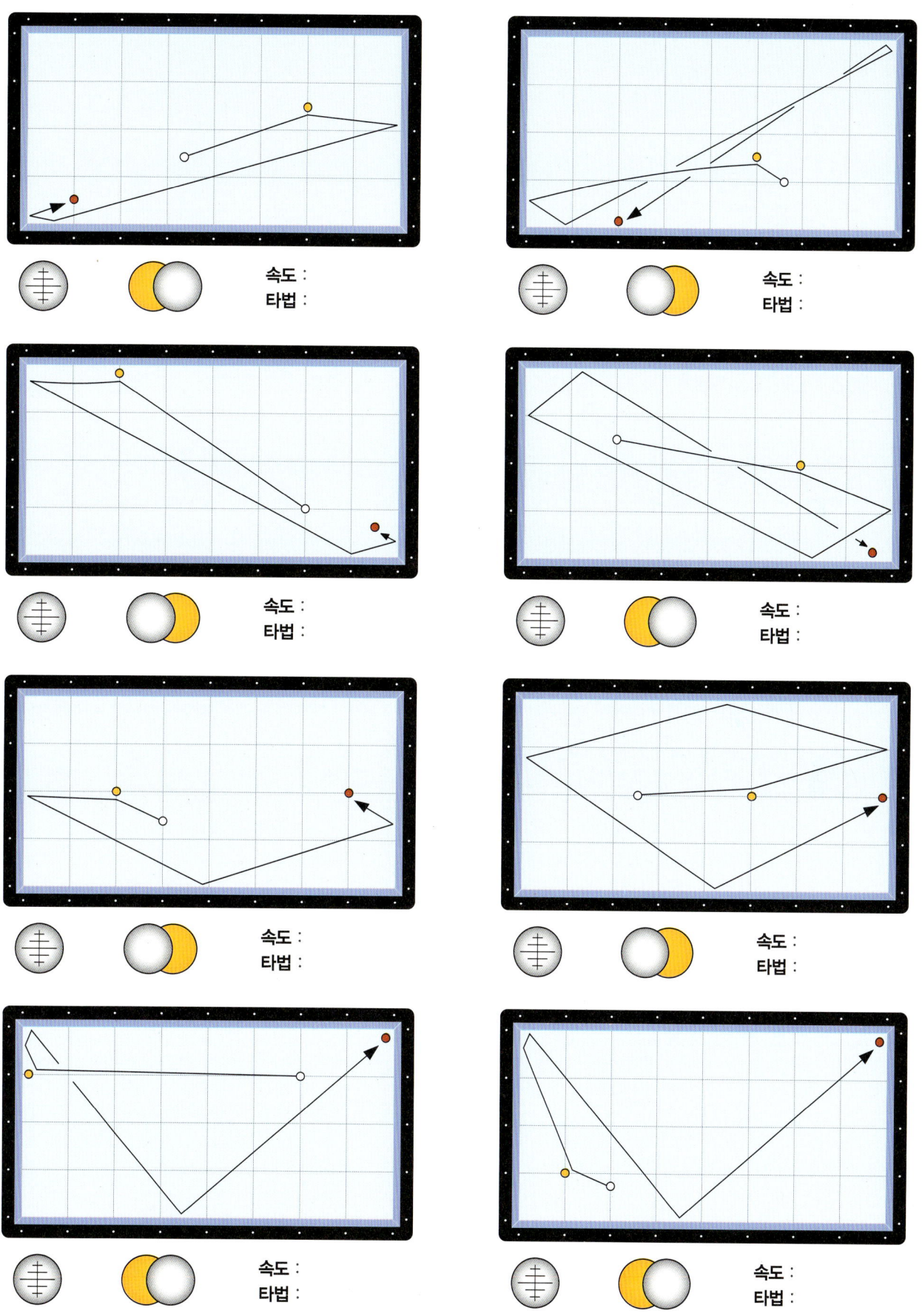

앞 돌리기(안 돌리기) 7

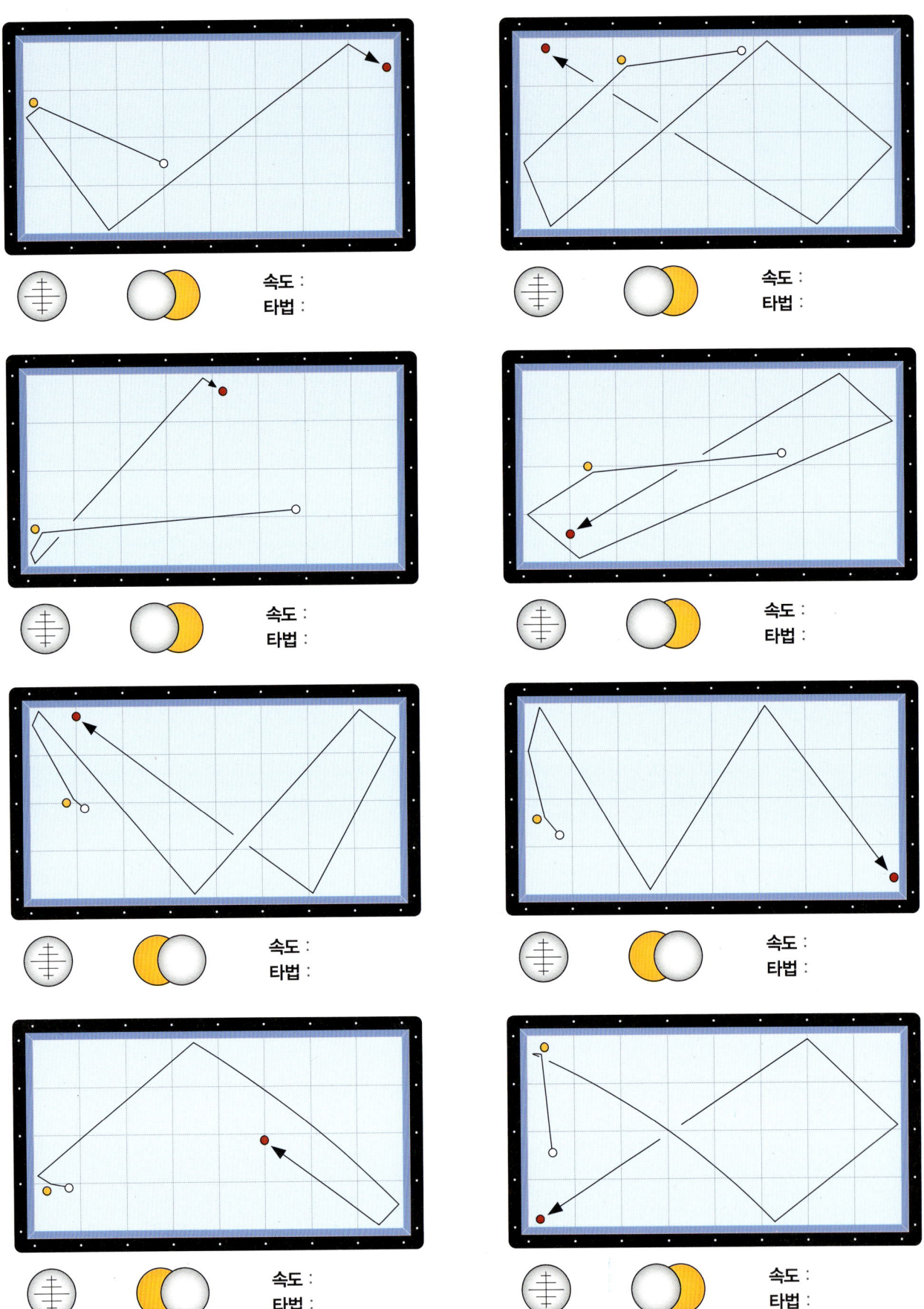

96 • 앞 돌리기(안 돌리기) 7

앞 돌리기(안 돌리기) ❽

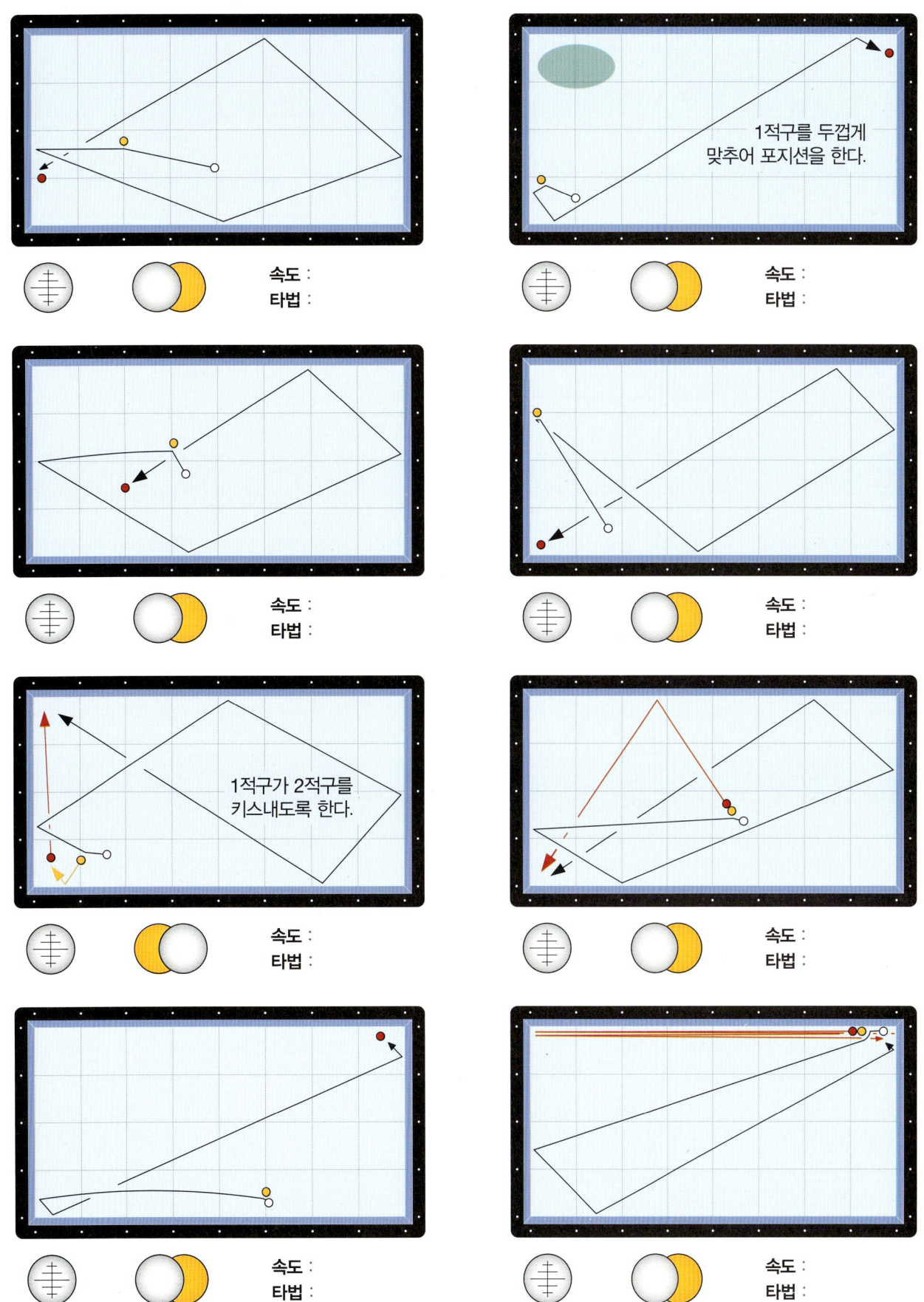

1적구를 두껍게 맞추어 포지션을 한다.

1적구가 2적구를 키스내도록 한다.

비껴 뒤 돌리기 ①

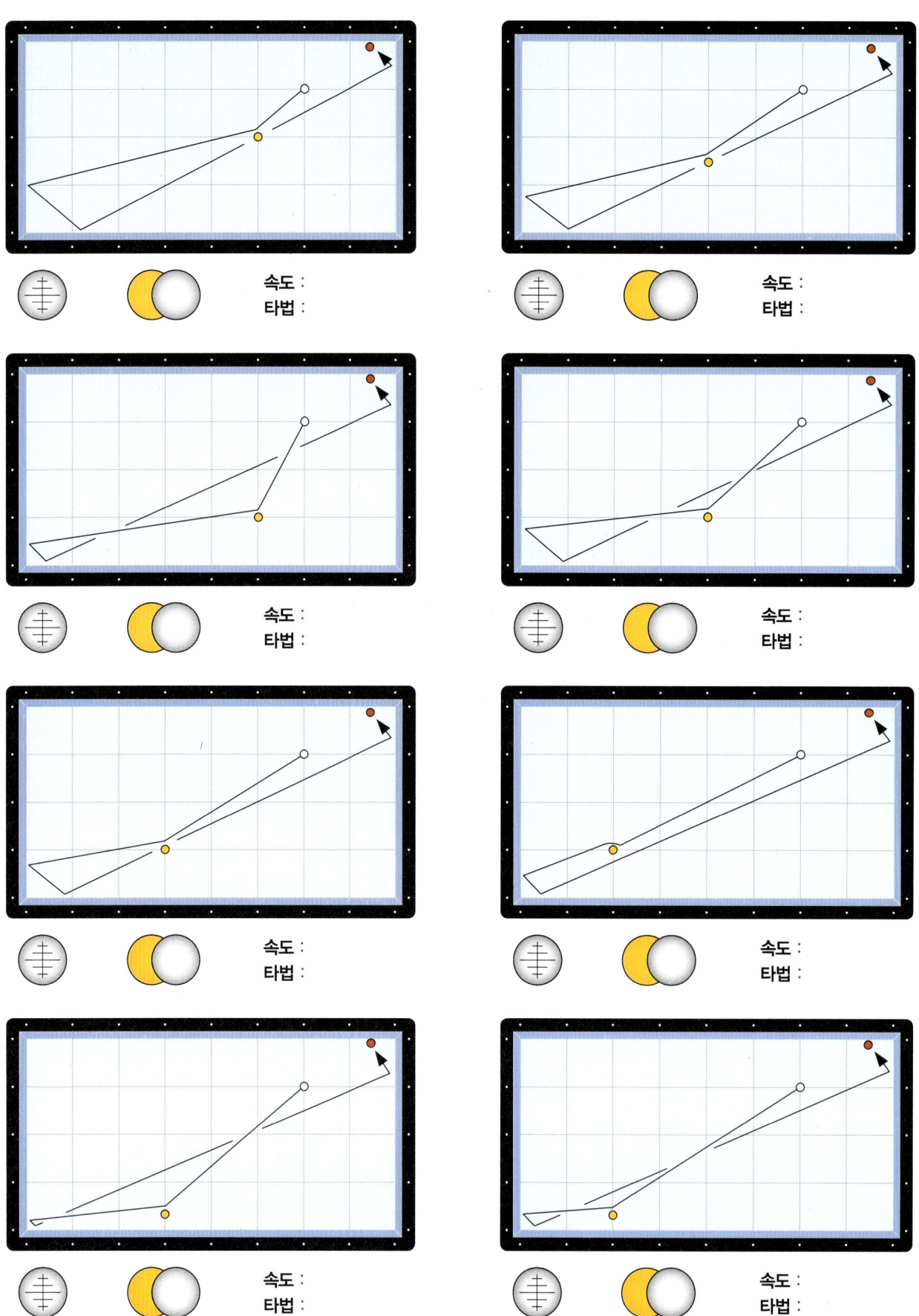

비껴 뒤 돌리기 ❷

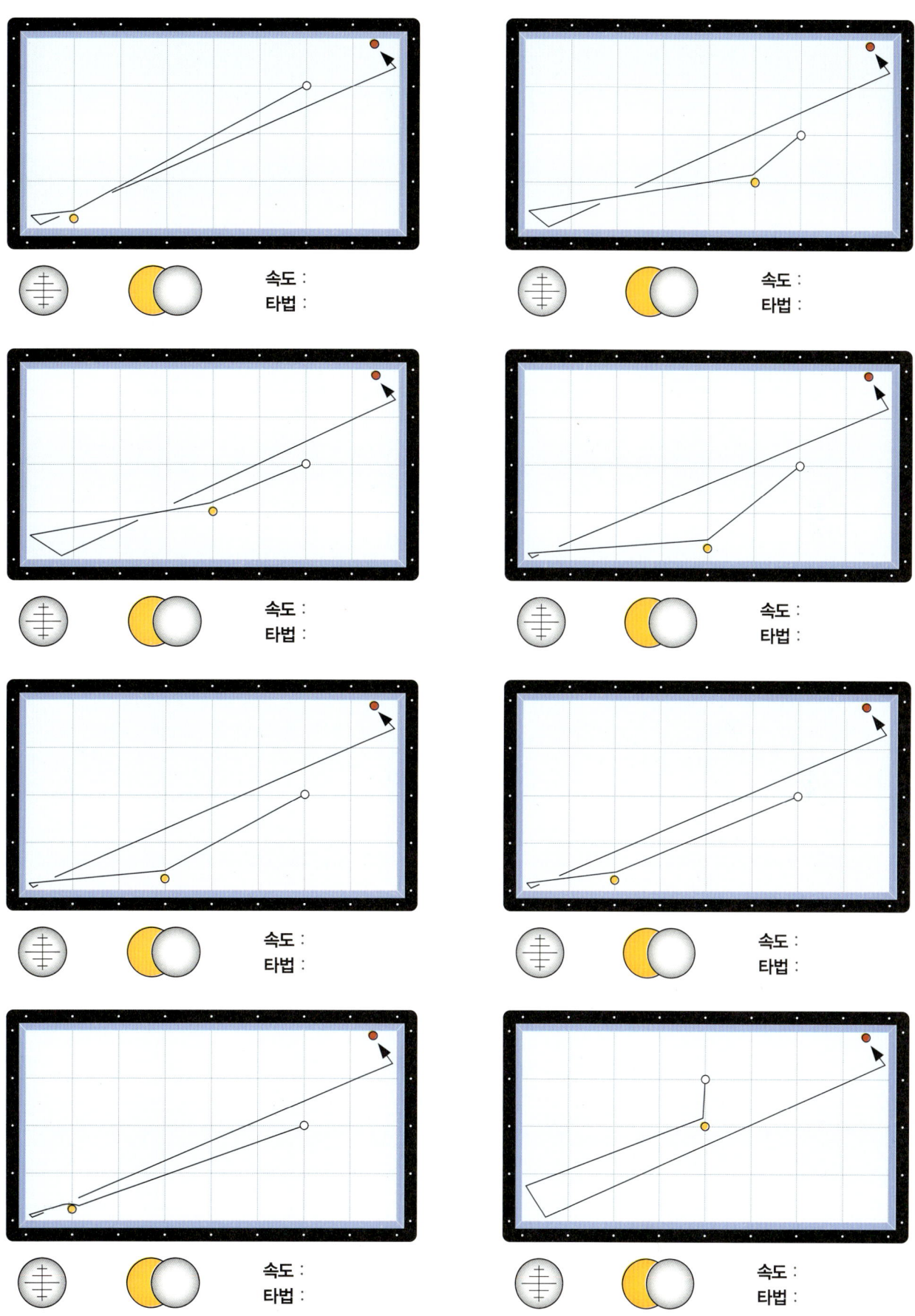

비껴 뒤 돌리기 ❸

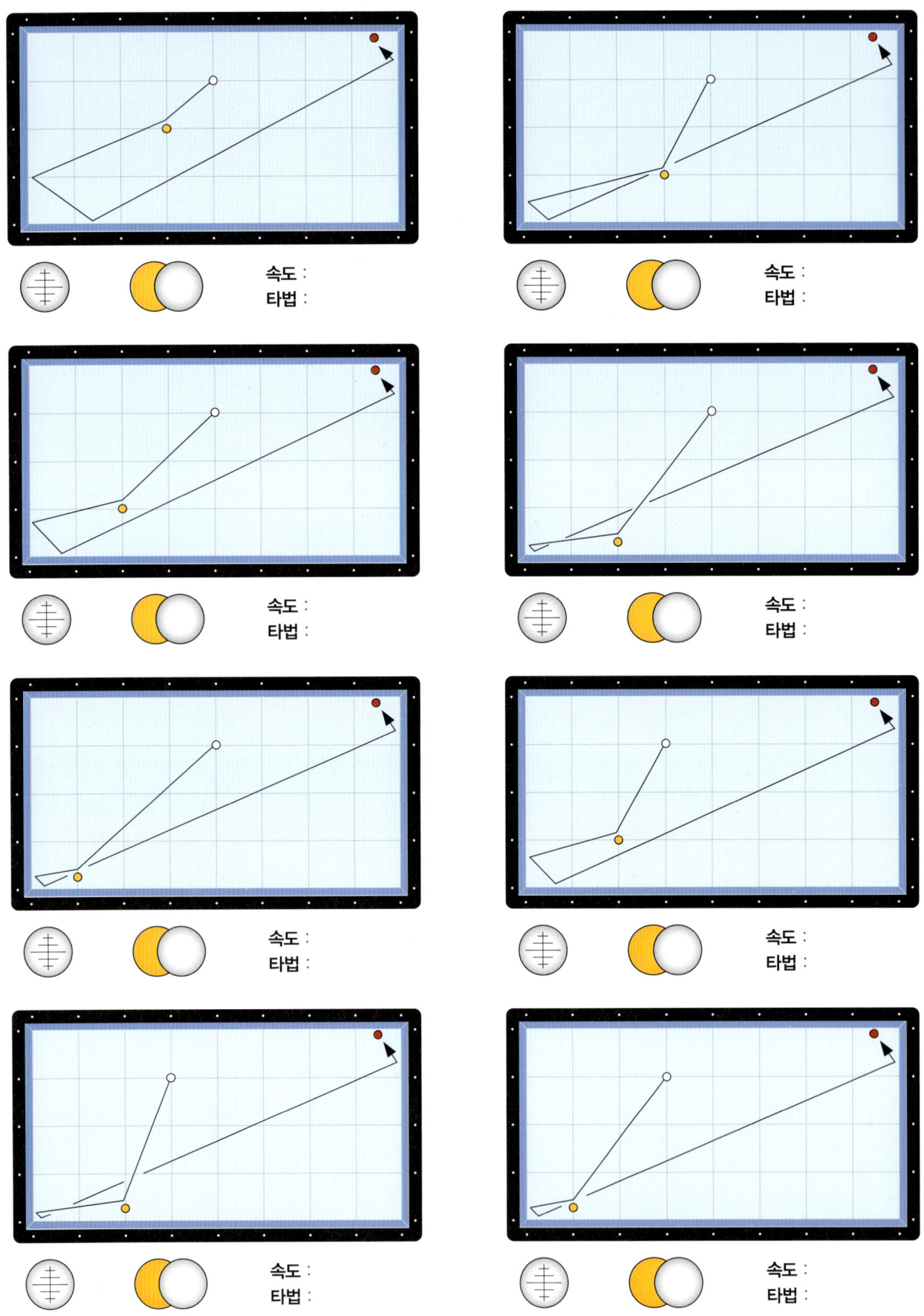

100 • 비껴 뒤 돌리기 3

비껴 뒤 돌리기 ❹

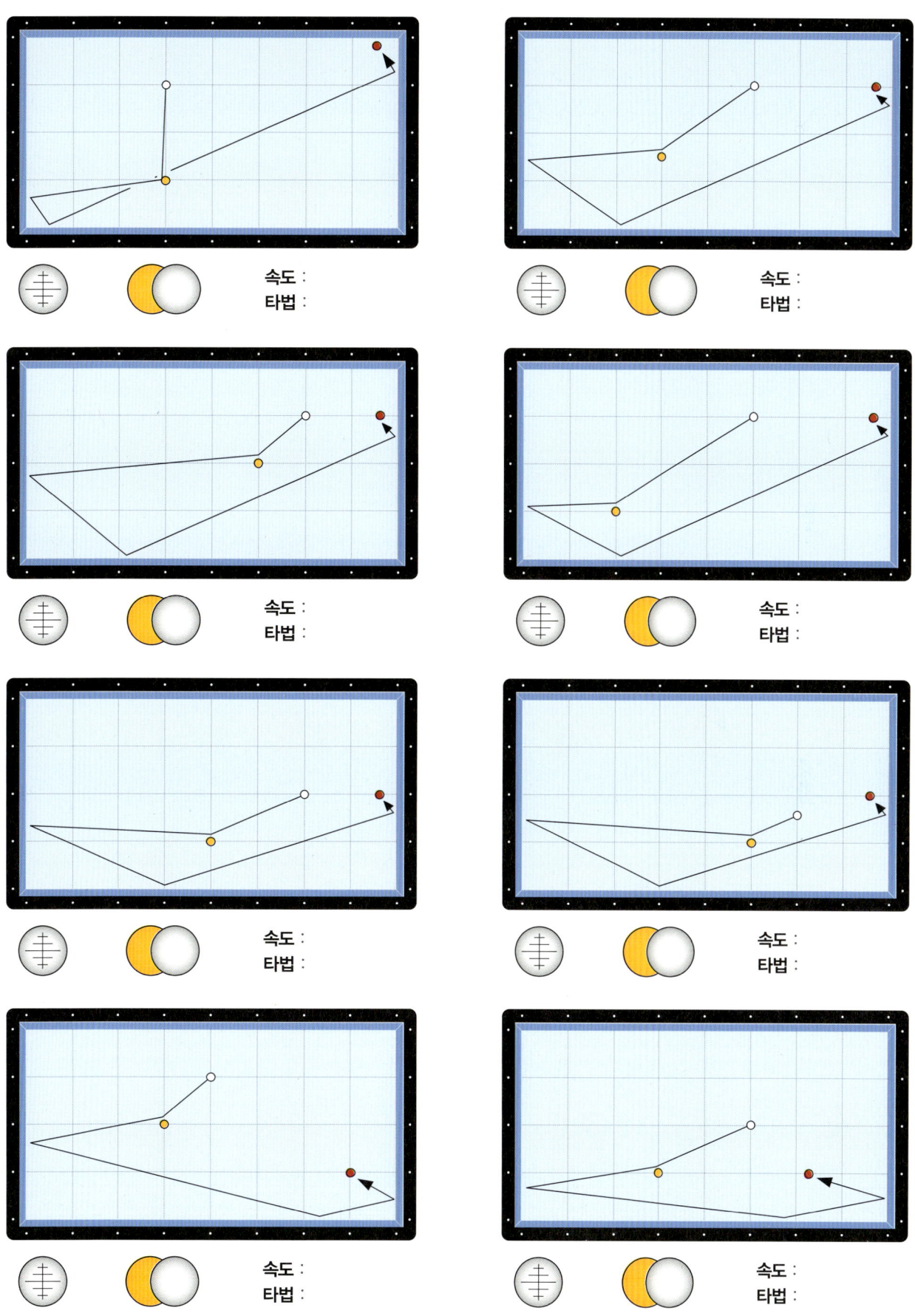

101

비껴 뒤 돌리기 ⑤

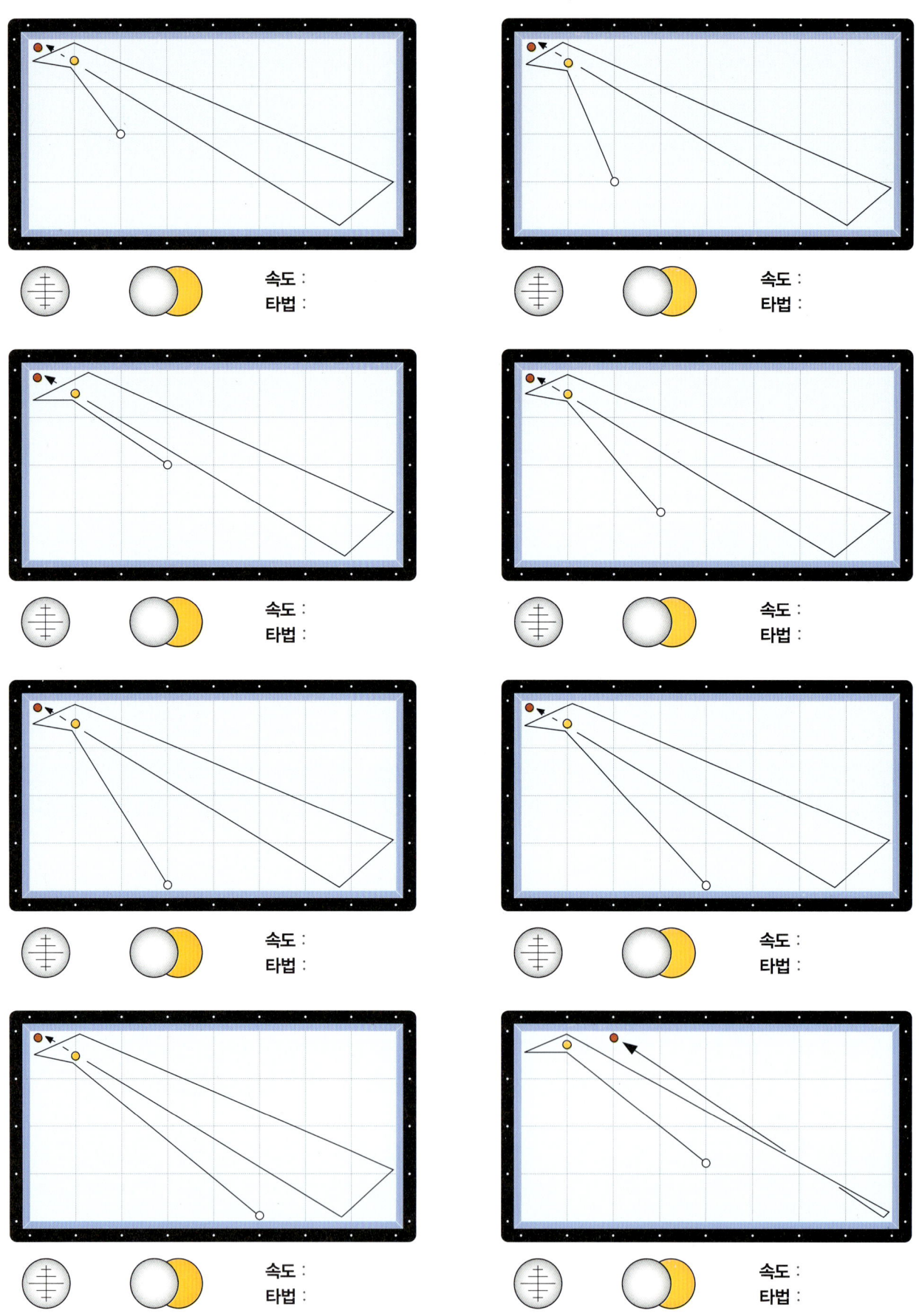

102 • 비껴 뒤 돌리기 5

비껴 뒤 돌리기 6

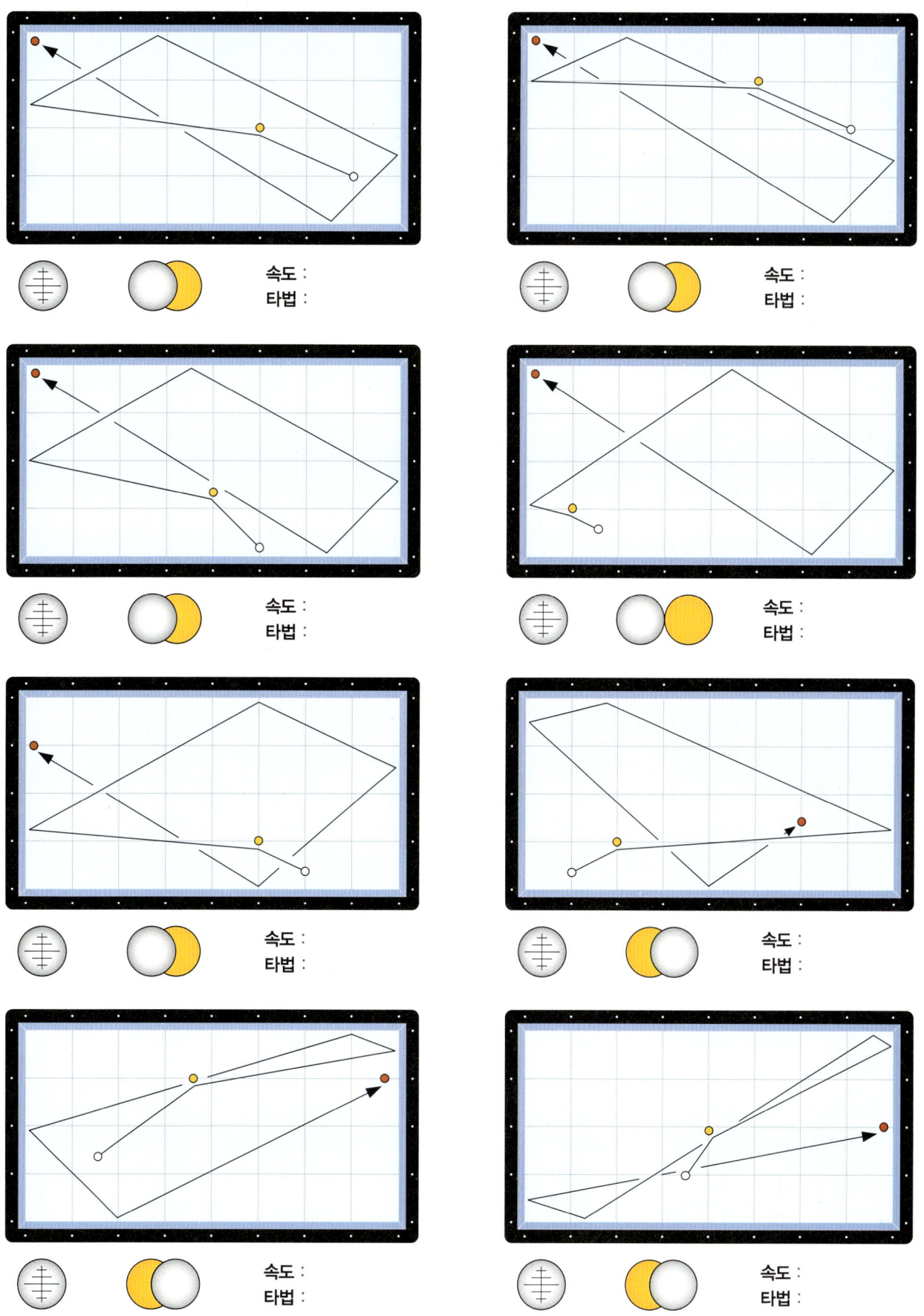

비껴 뒤 돌리기 ❼

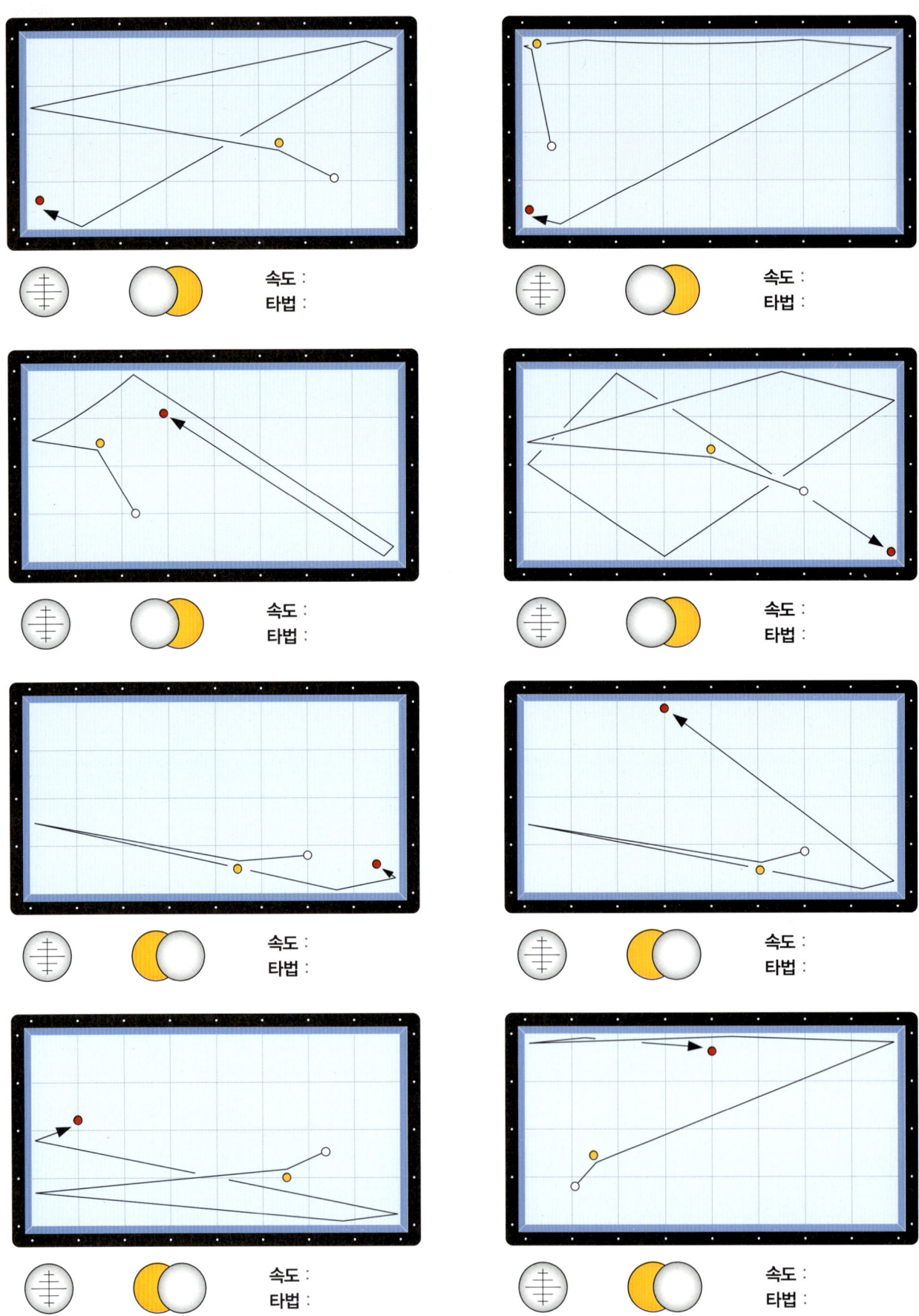

104 • 비껴 뒤 돌리기 7

비껴 앞 돌리기 ❶

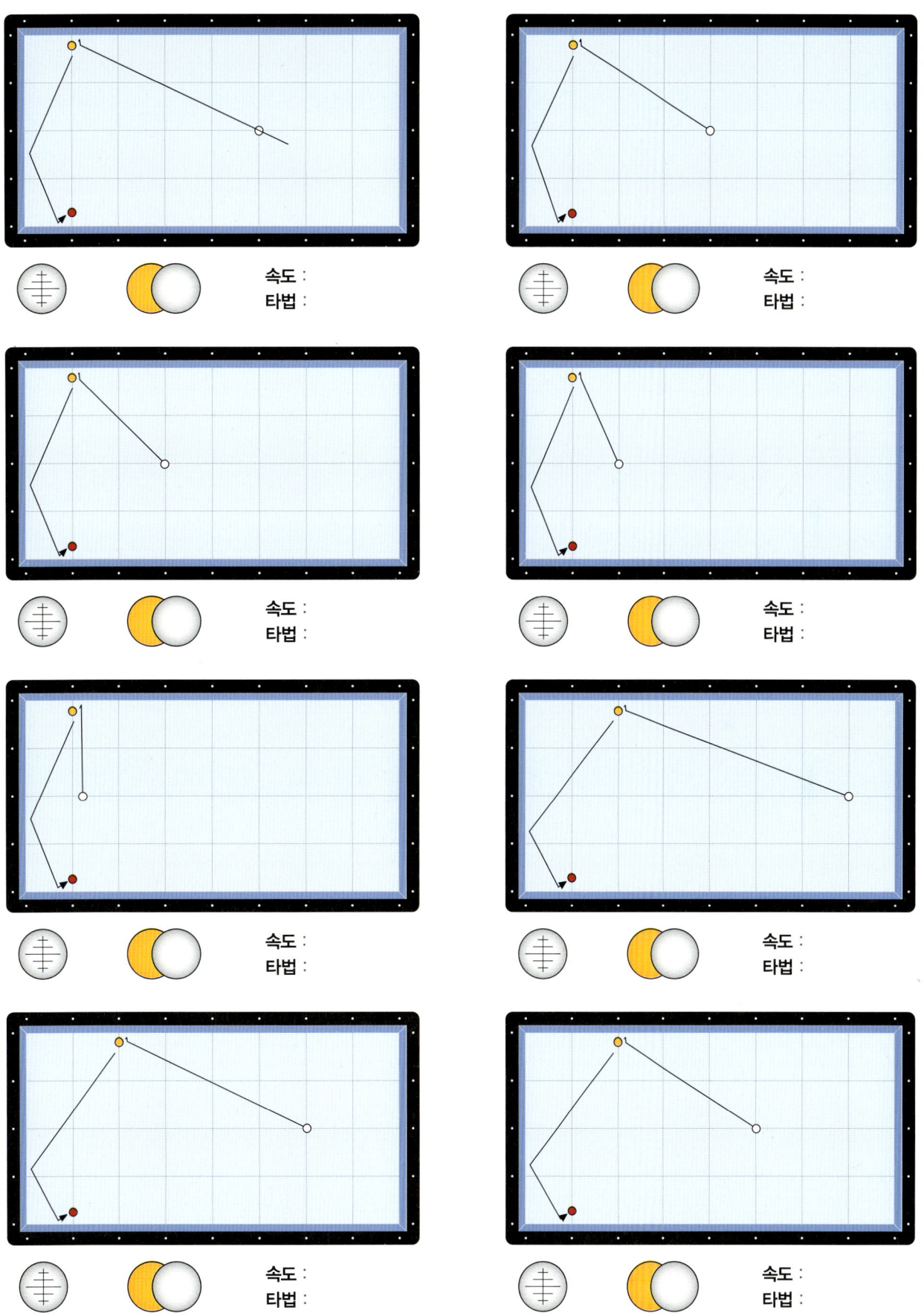

속도 :
타법 :

비껴 앞 돌리기 ❷

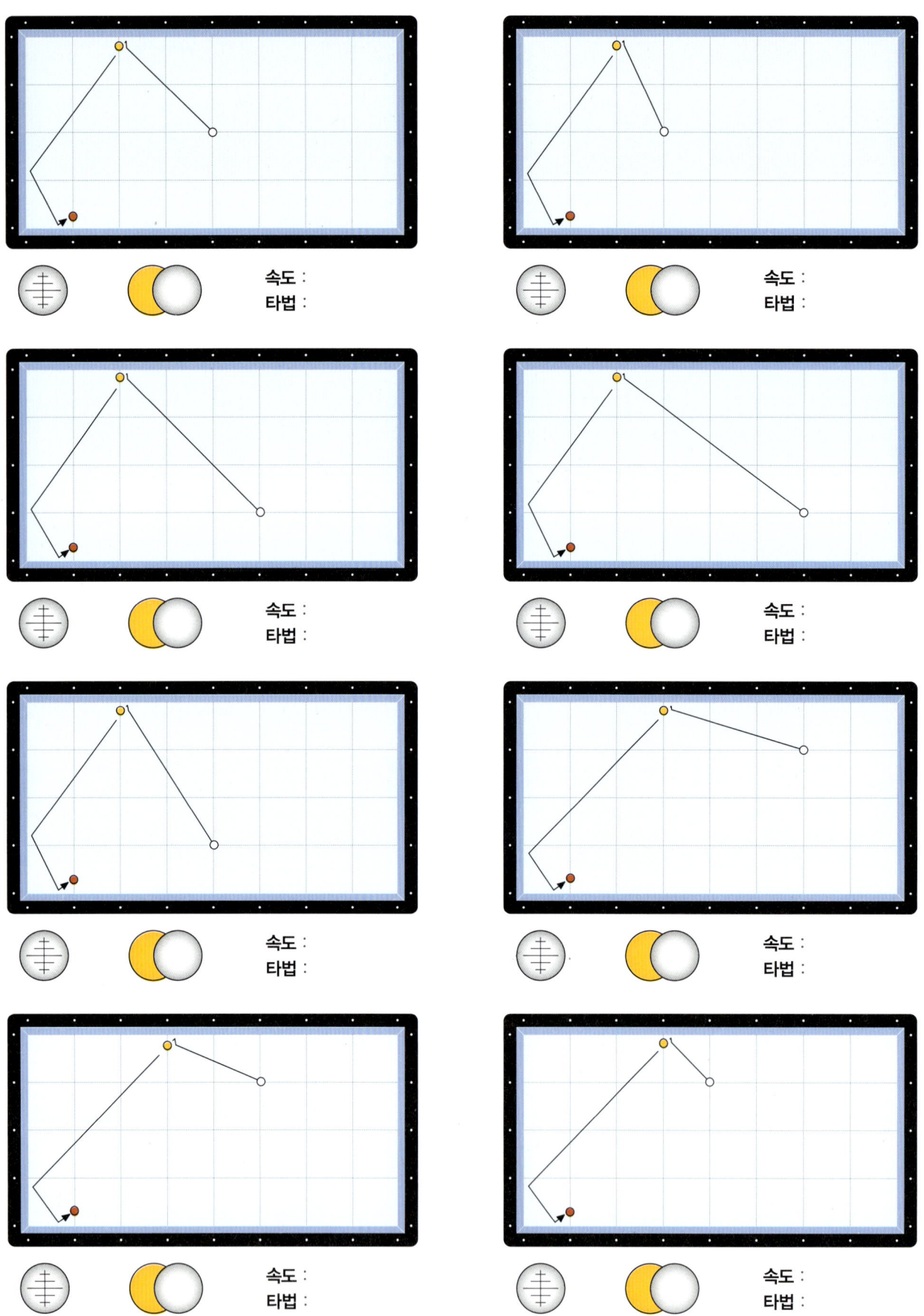

속도 :
타법 :

106 • 비껴 뒤 돌리기 2

비껴 앞 돌리기 ③

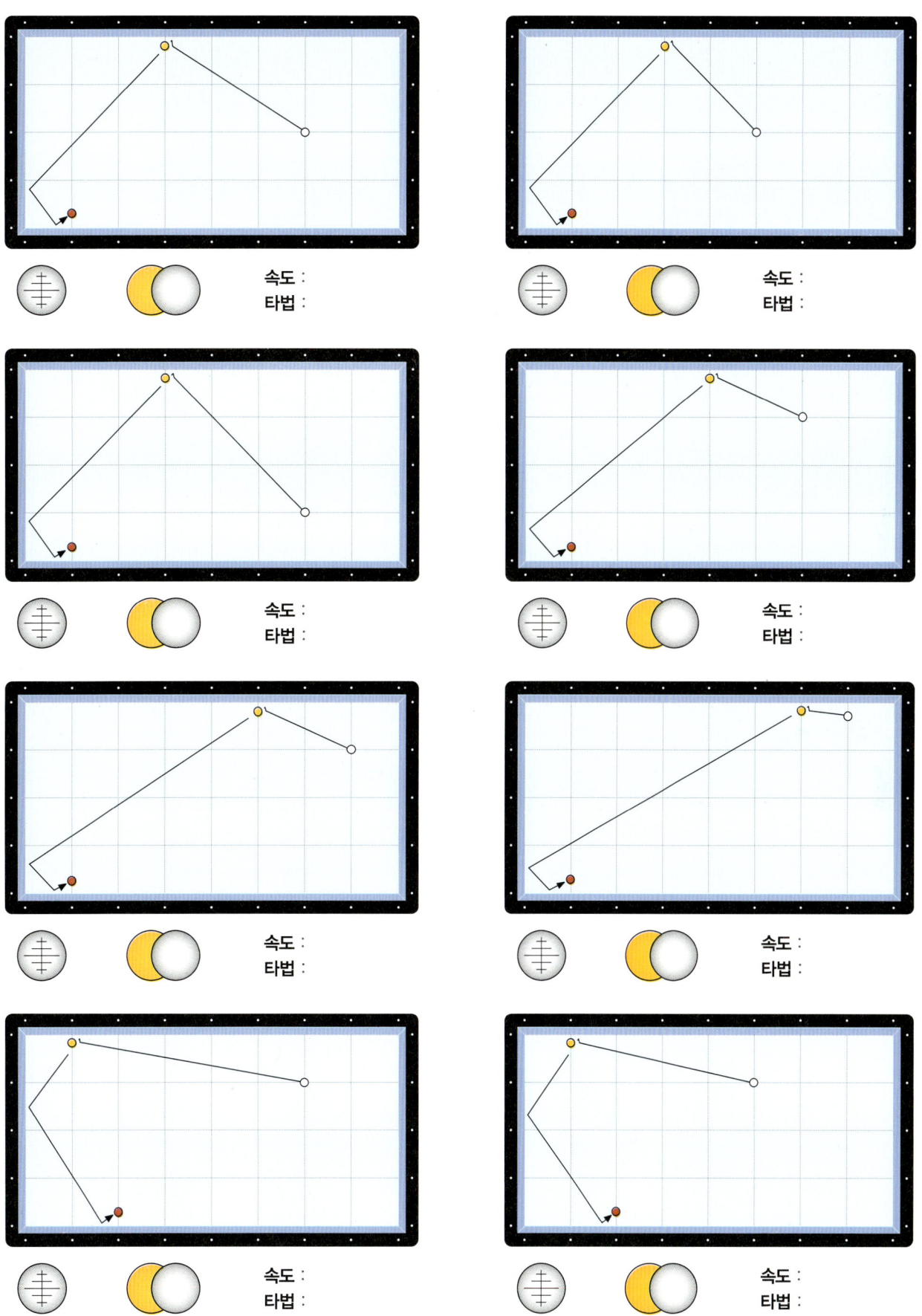

비껴 앞 돌리기 ❹

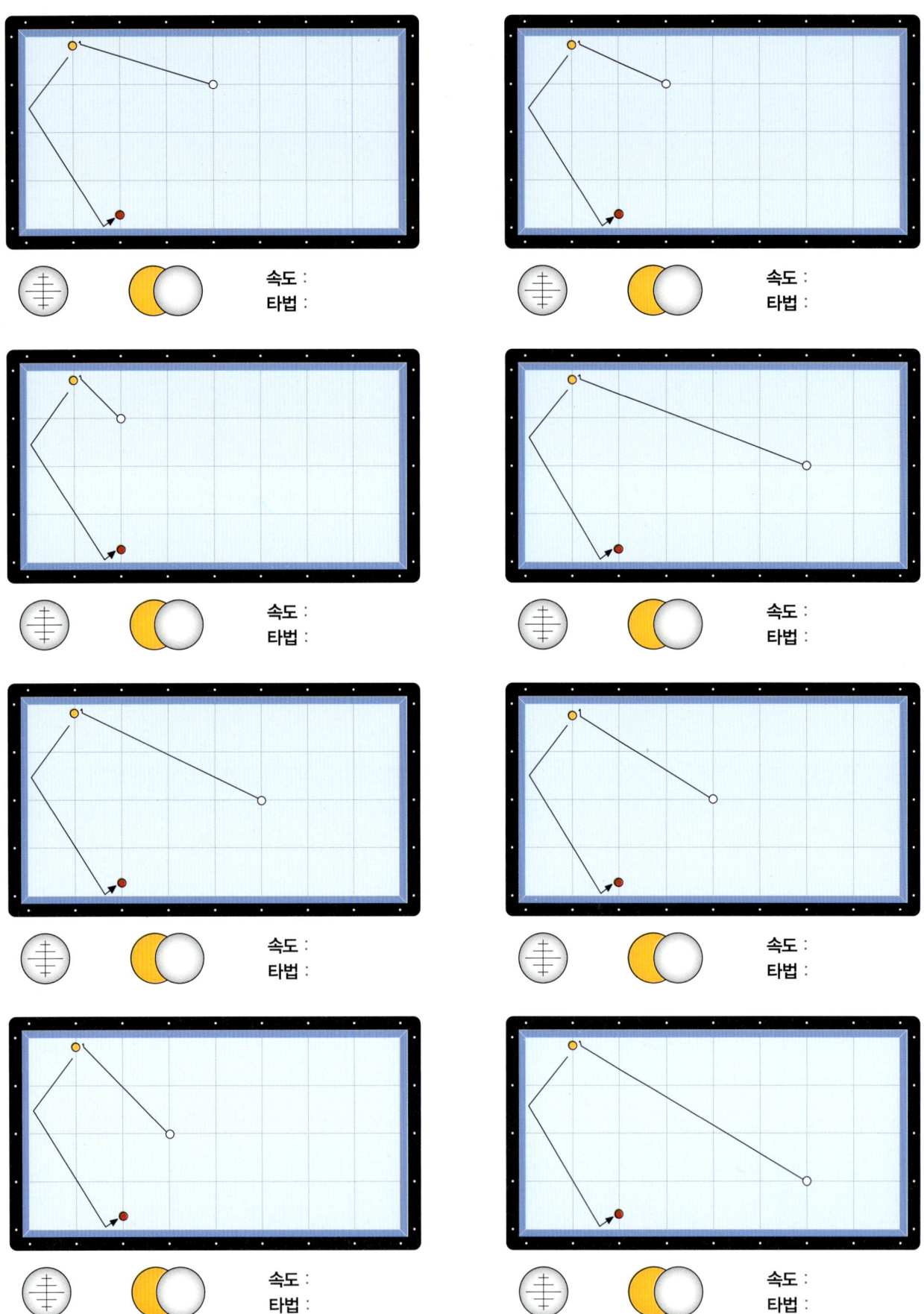

108 • 비껴 앞 돌리기 4

비껴 앞 돌리기 ⑤

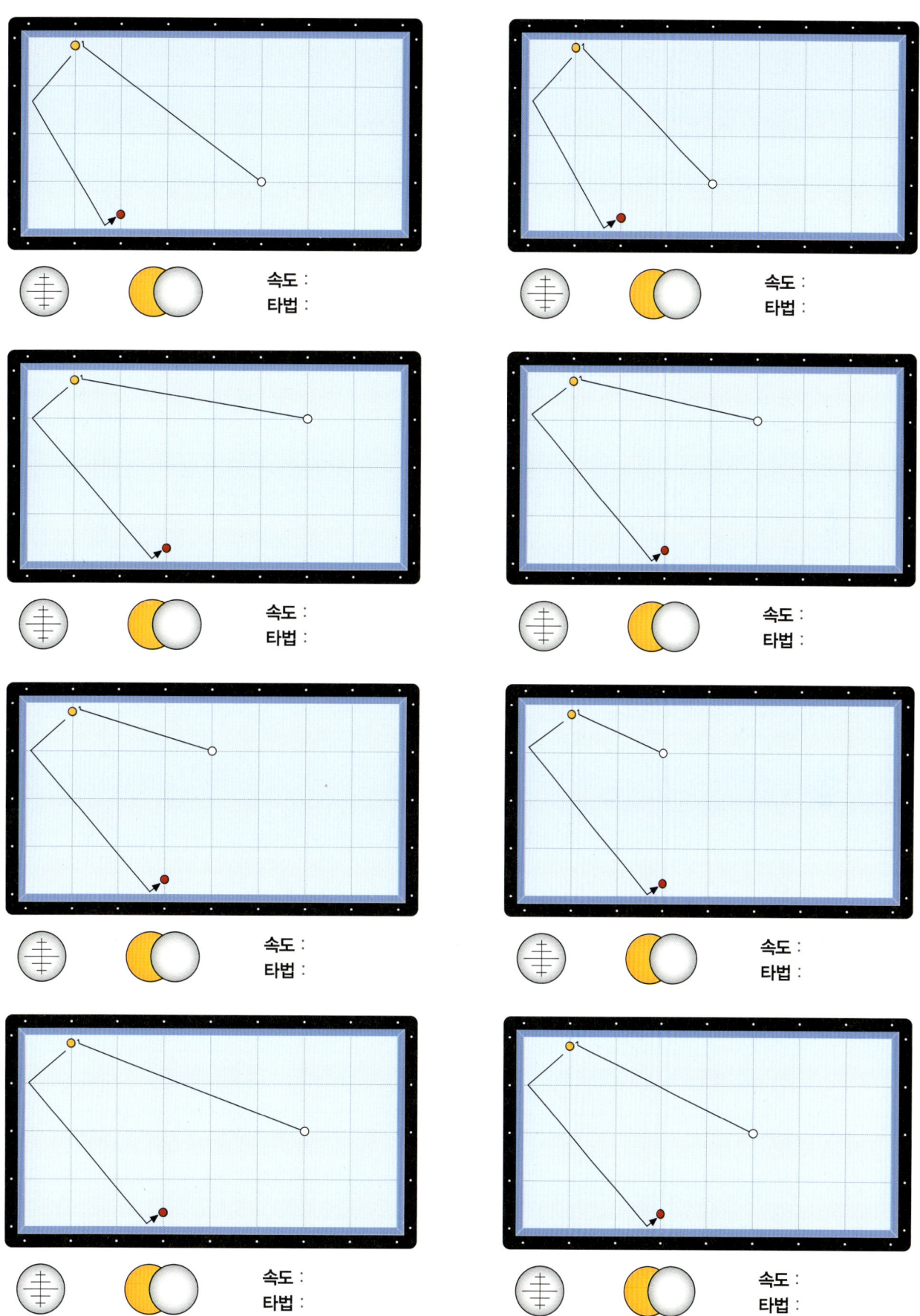

비껴 앞 돌리기 ❻

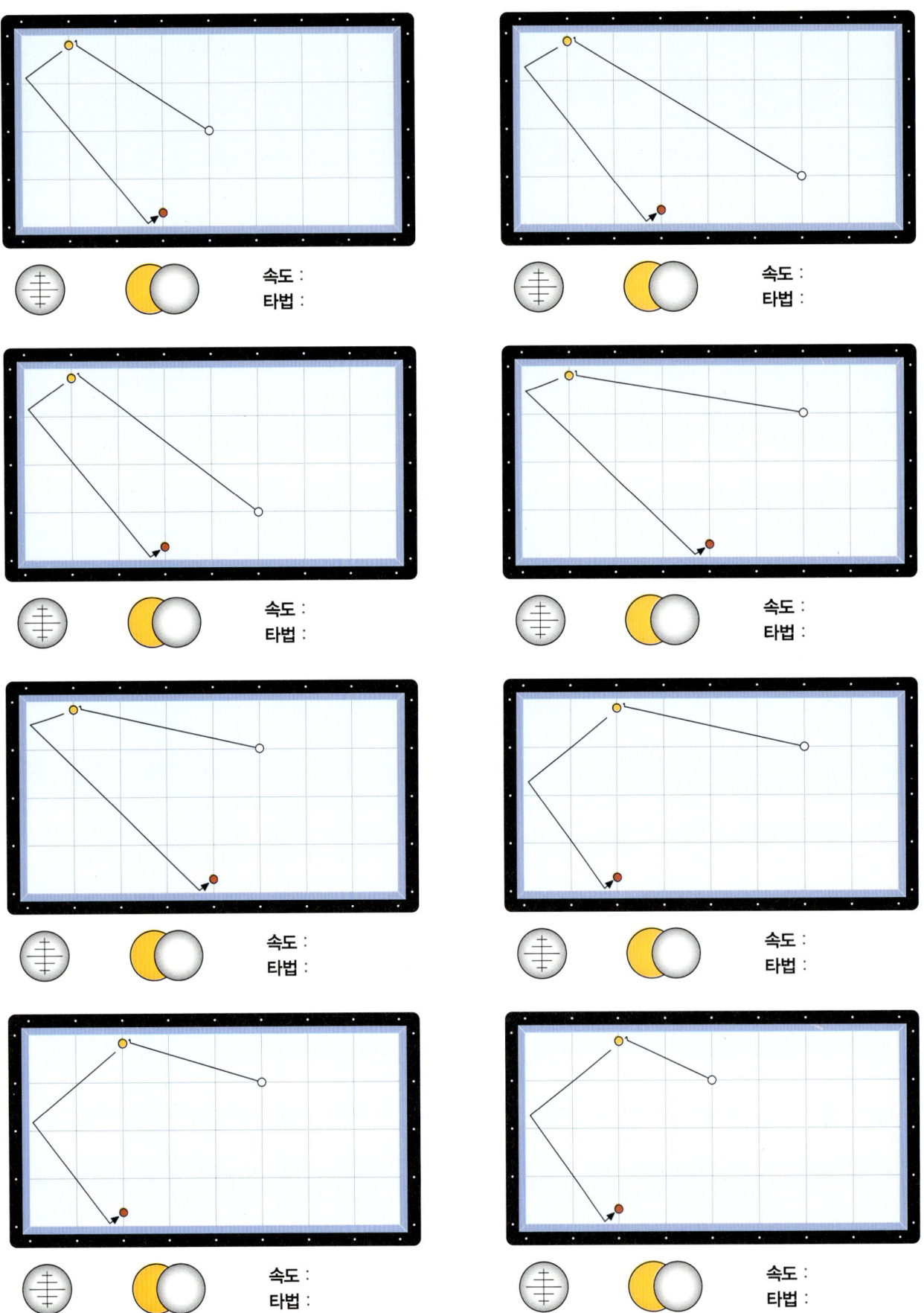

110 • 비껴 앞 돌리기 6

비껴 앞 돌리기 ❼

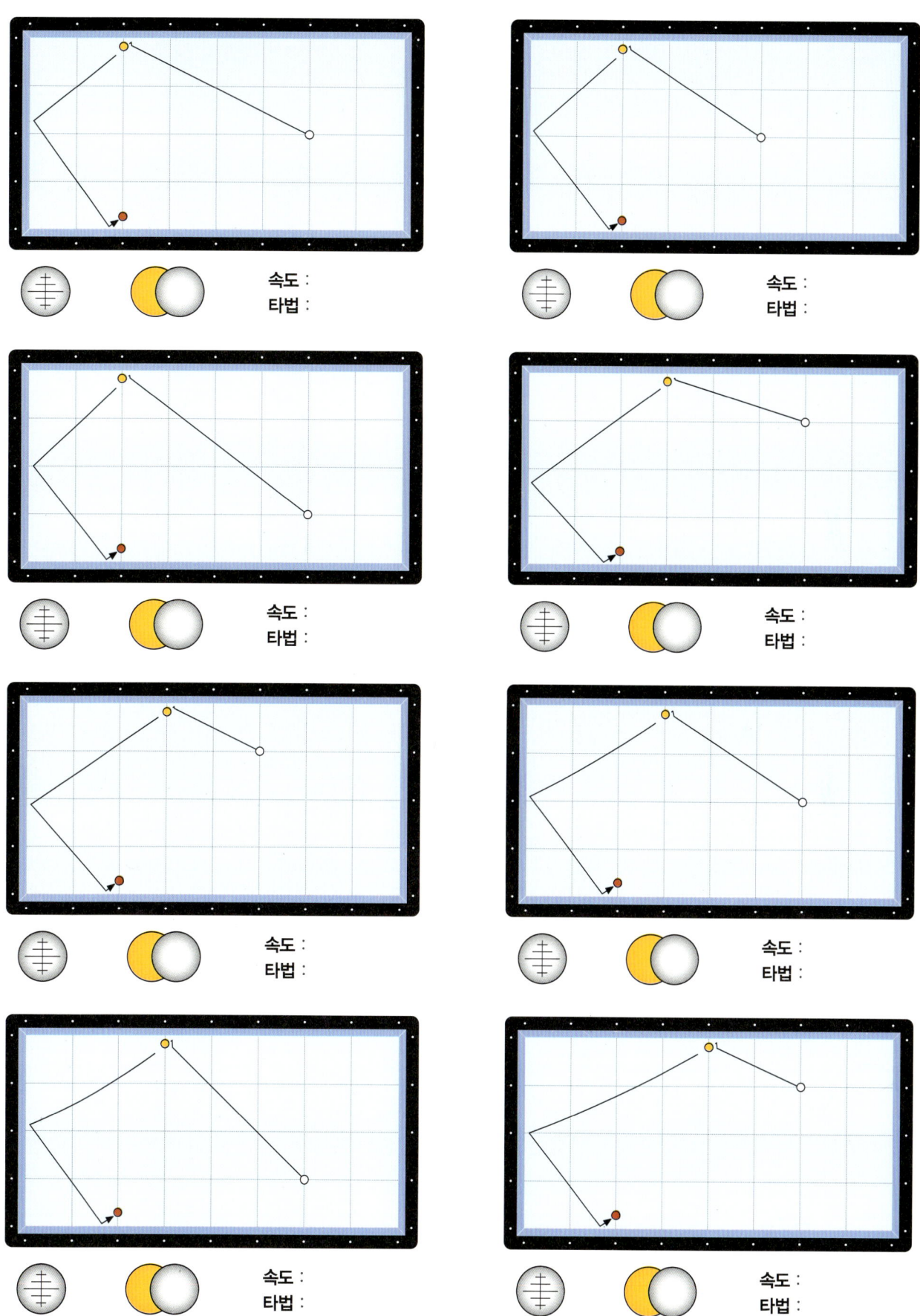

비껴 앞 돌리기 ⑧

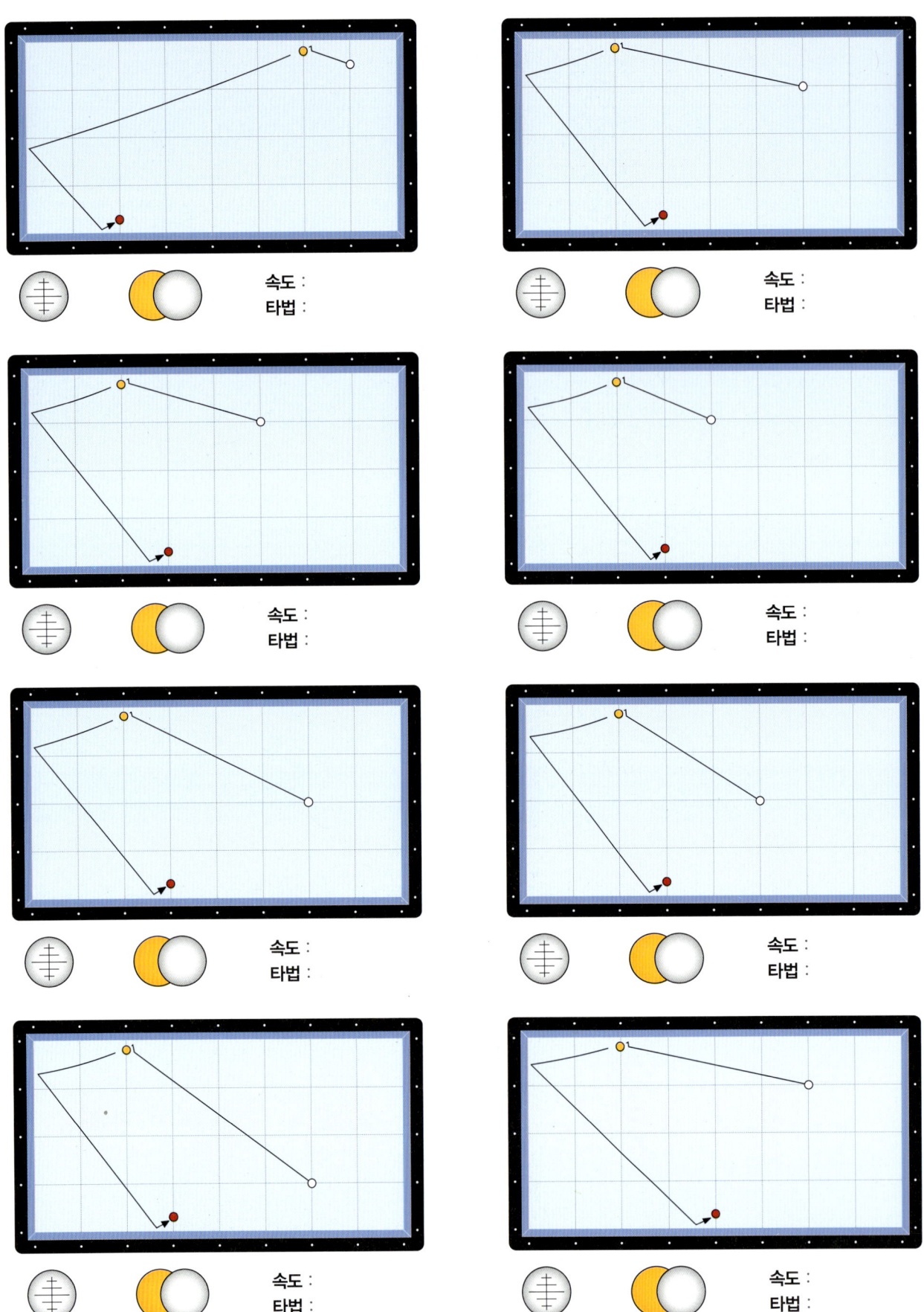

비껴 앞 돌리기 ❾

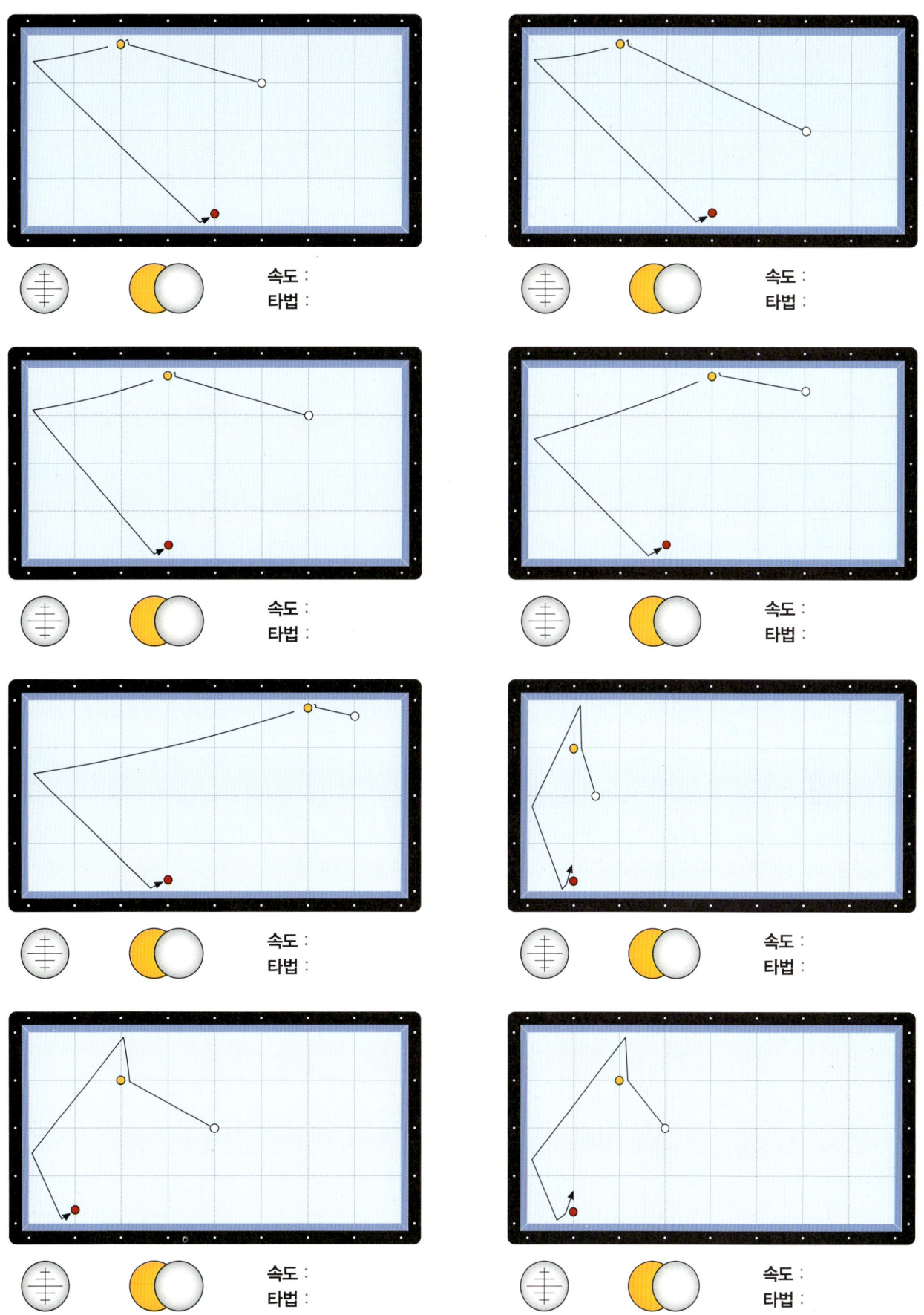

비껴 앞 돌리기 ⑩

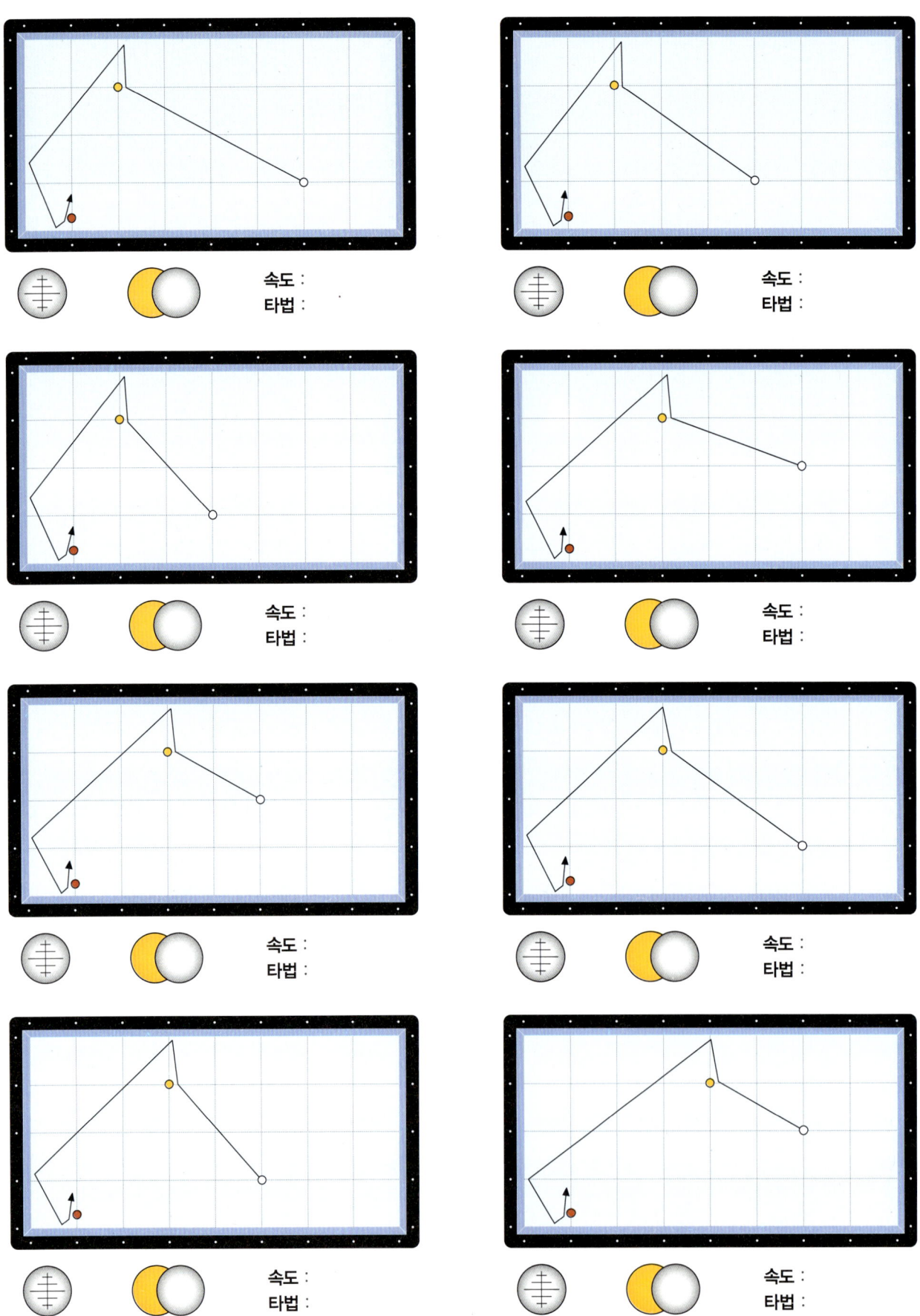

114 • 비껴 앞 돌리기 10

비껴 앞 돌리기 ⑪

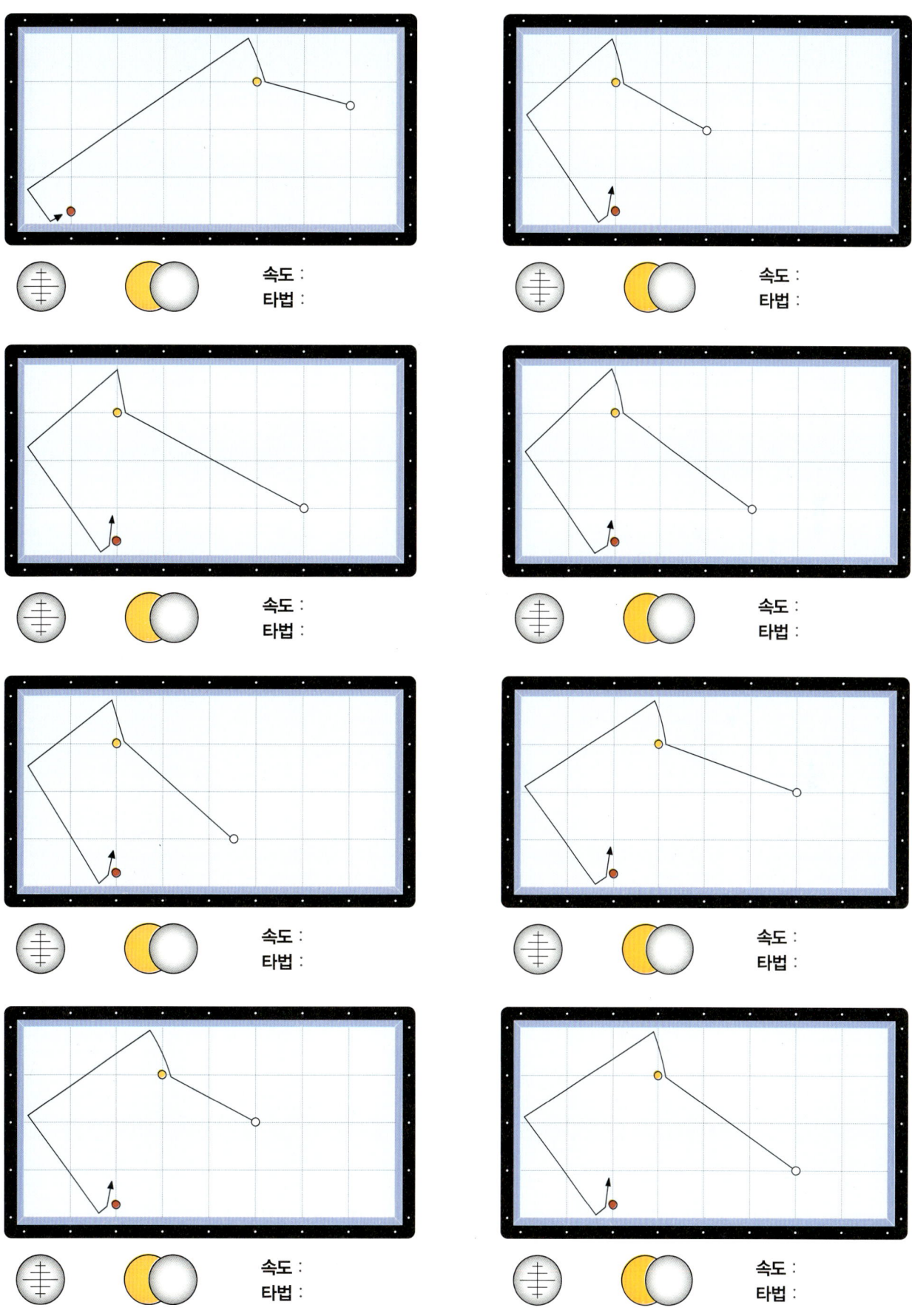

비껴 앞 돌리기 ⑫

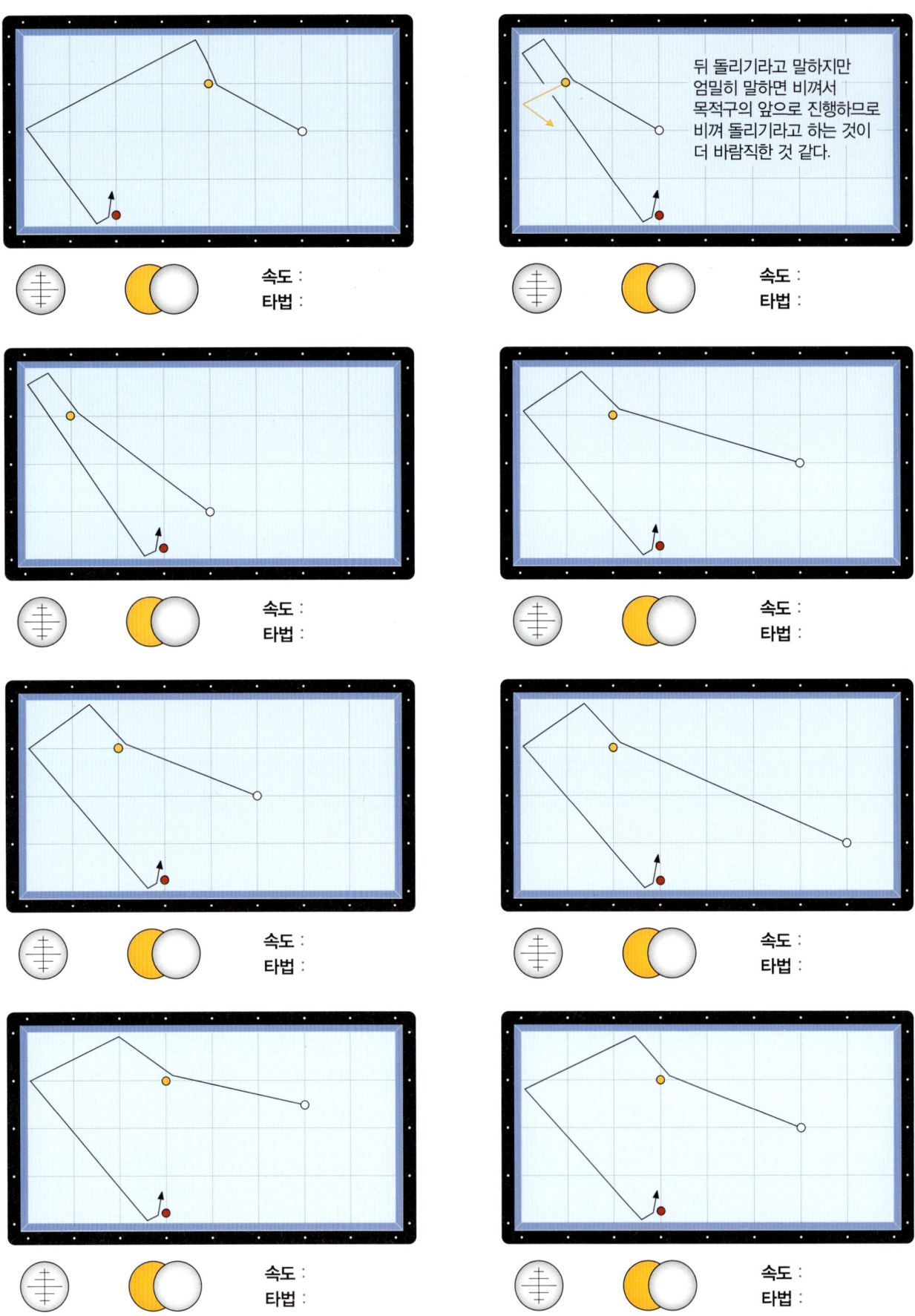

116 • 비껴 앞 돌리기 12

비껴 앞 돌리기 ⑬

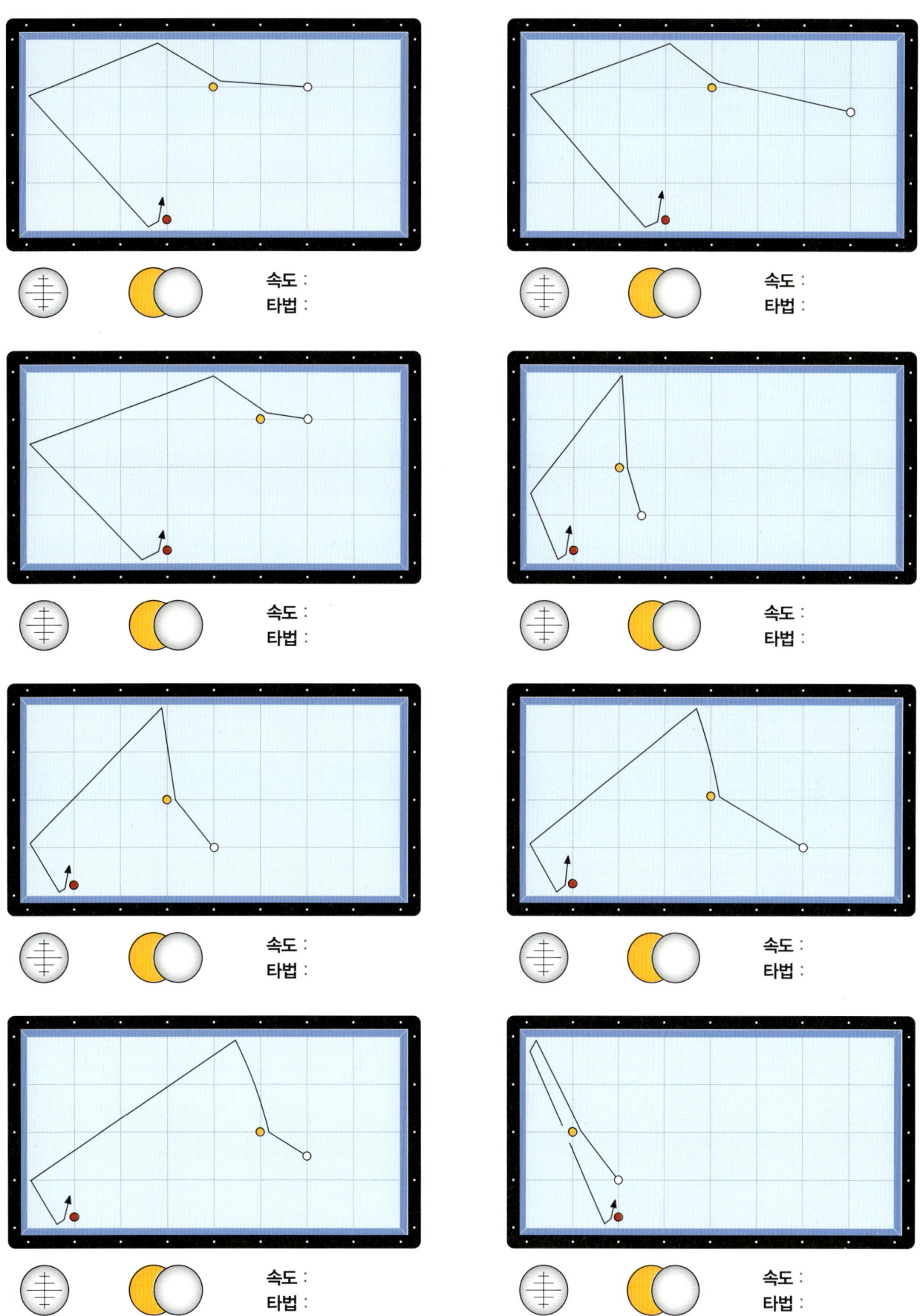

속도 :
타법 :

비껴 앞 돌리기 ⑭

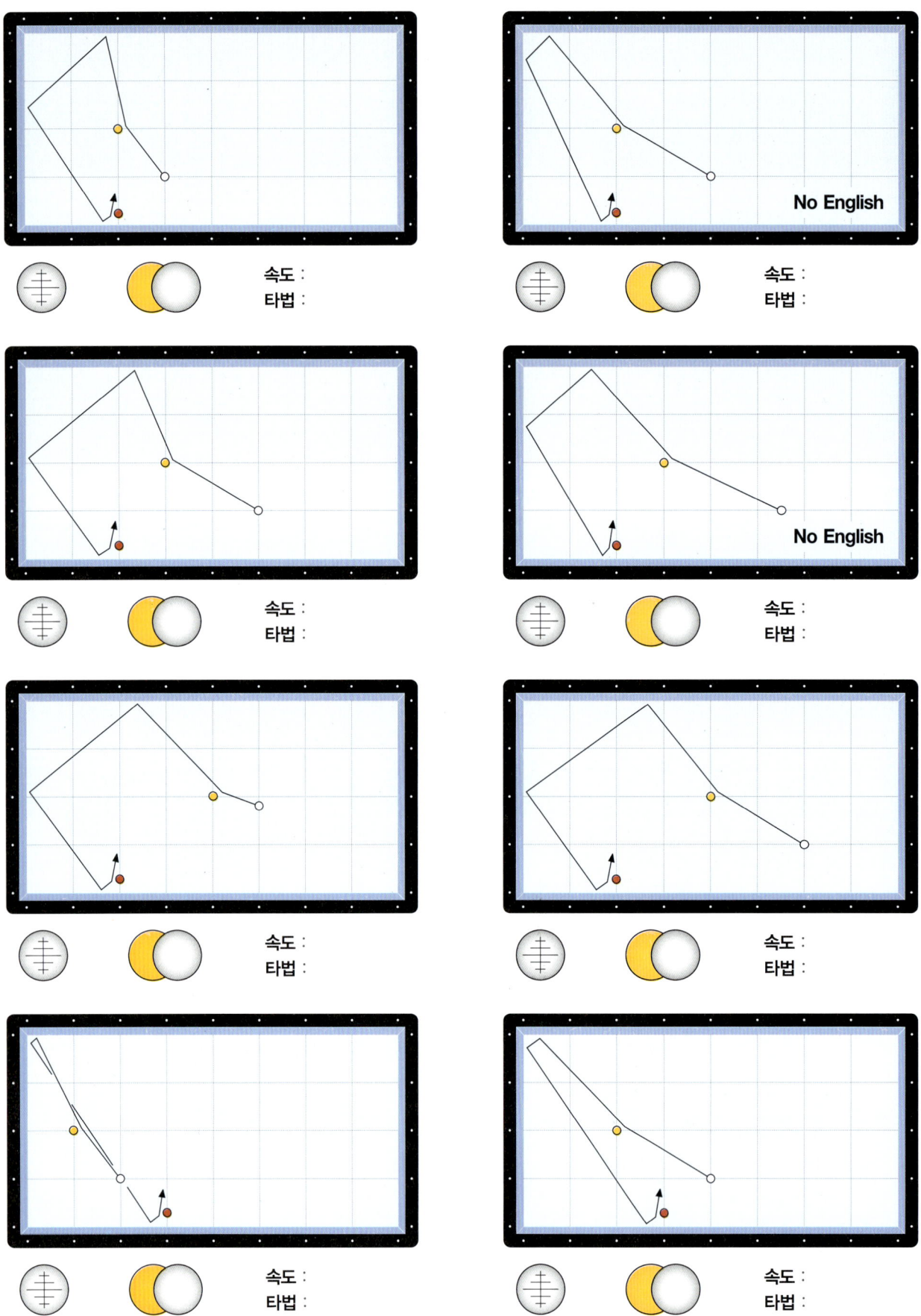

118 • 비껴 앞 돌리기 14

비껴 앞 돌리기 ⑮

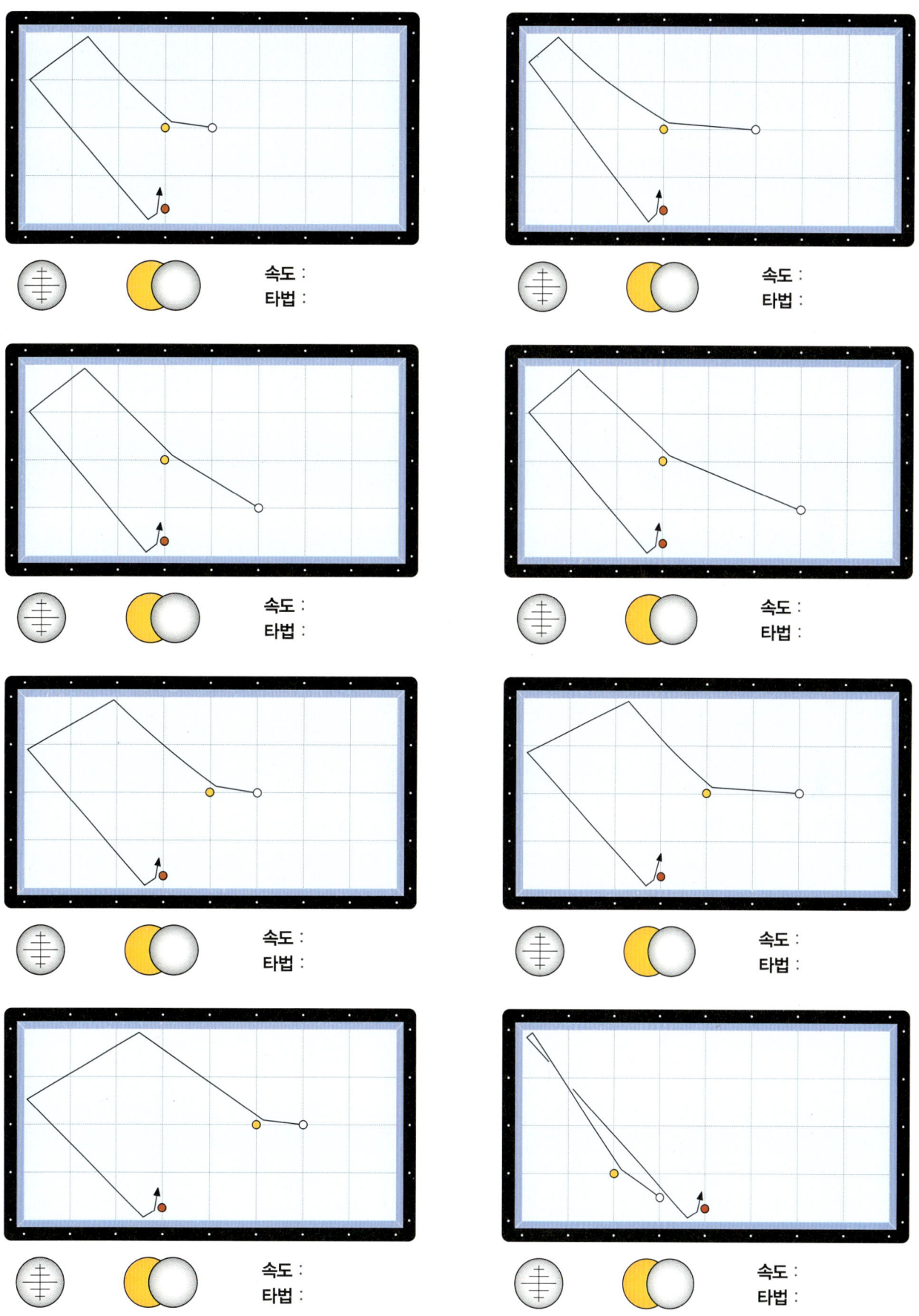

비껴 앞 돌리기 16

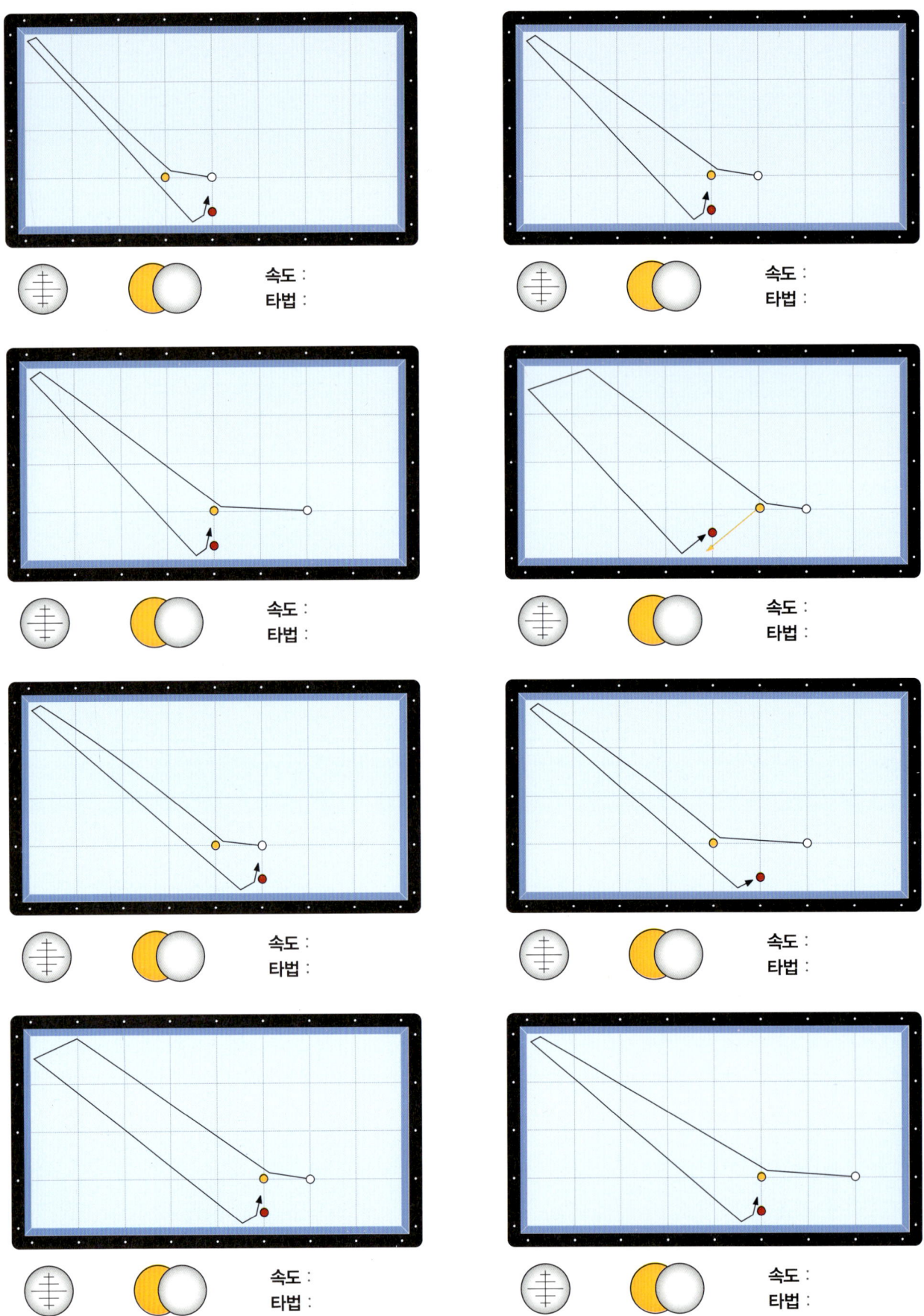

120 비껴 앞 돌리기 16

비껴 앞 돌리기 17

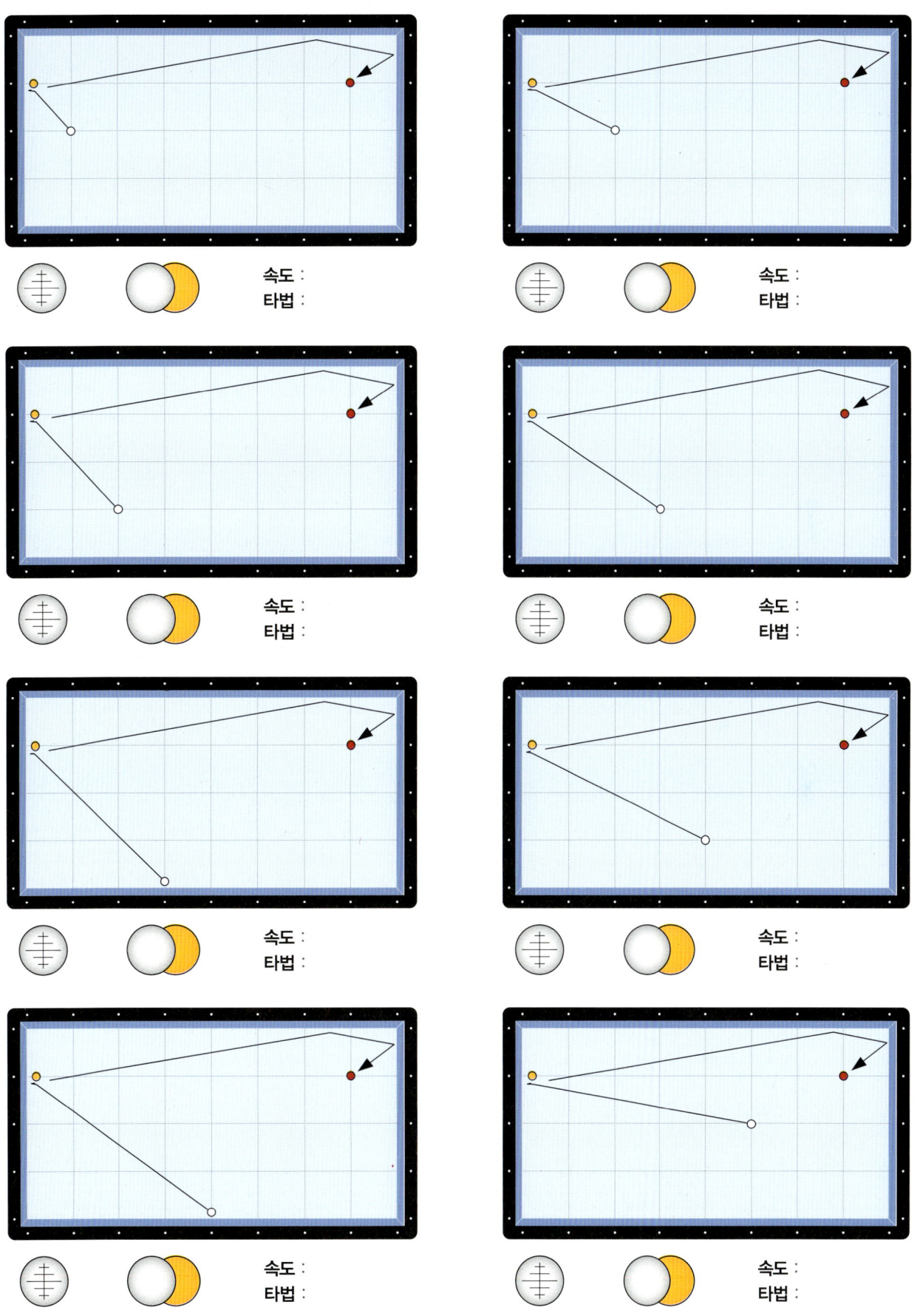

121

비껴 앞 돌리기 ⑱

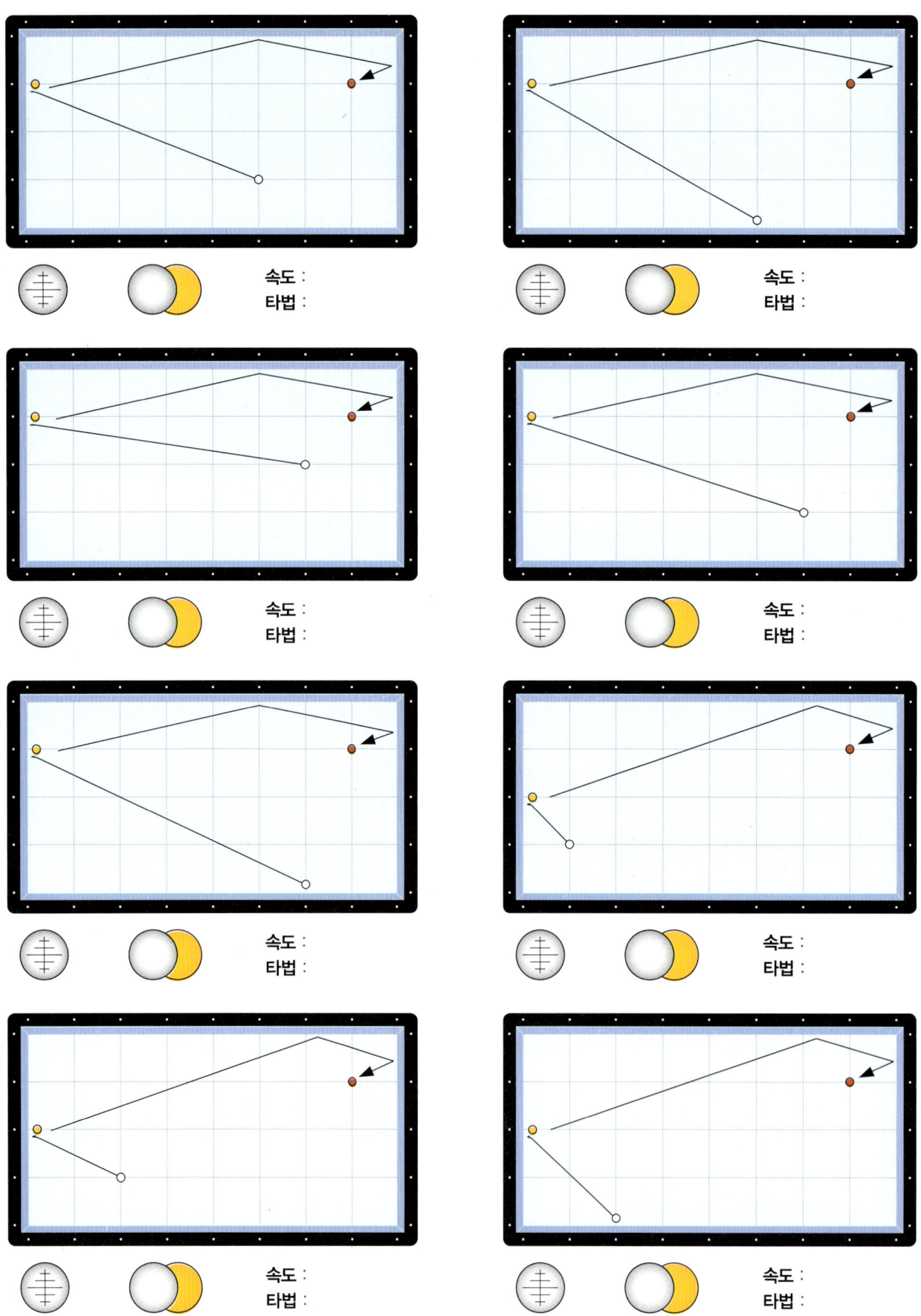

122 • 비껴 앞 돌리기 18

비껴 앞 돌리기 ⑲

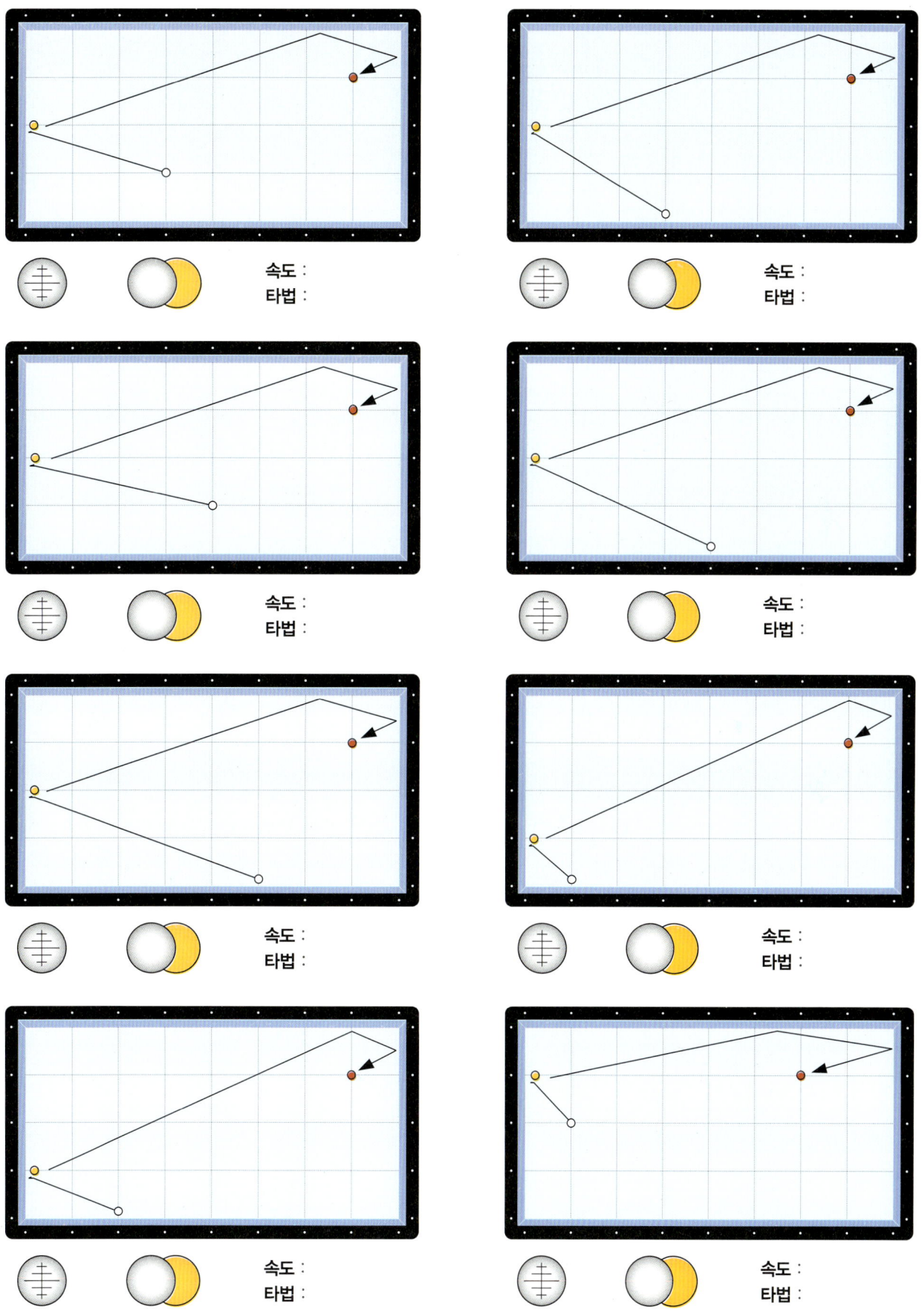

비껴 앞 돌리기 ⑳

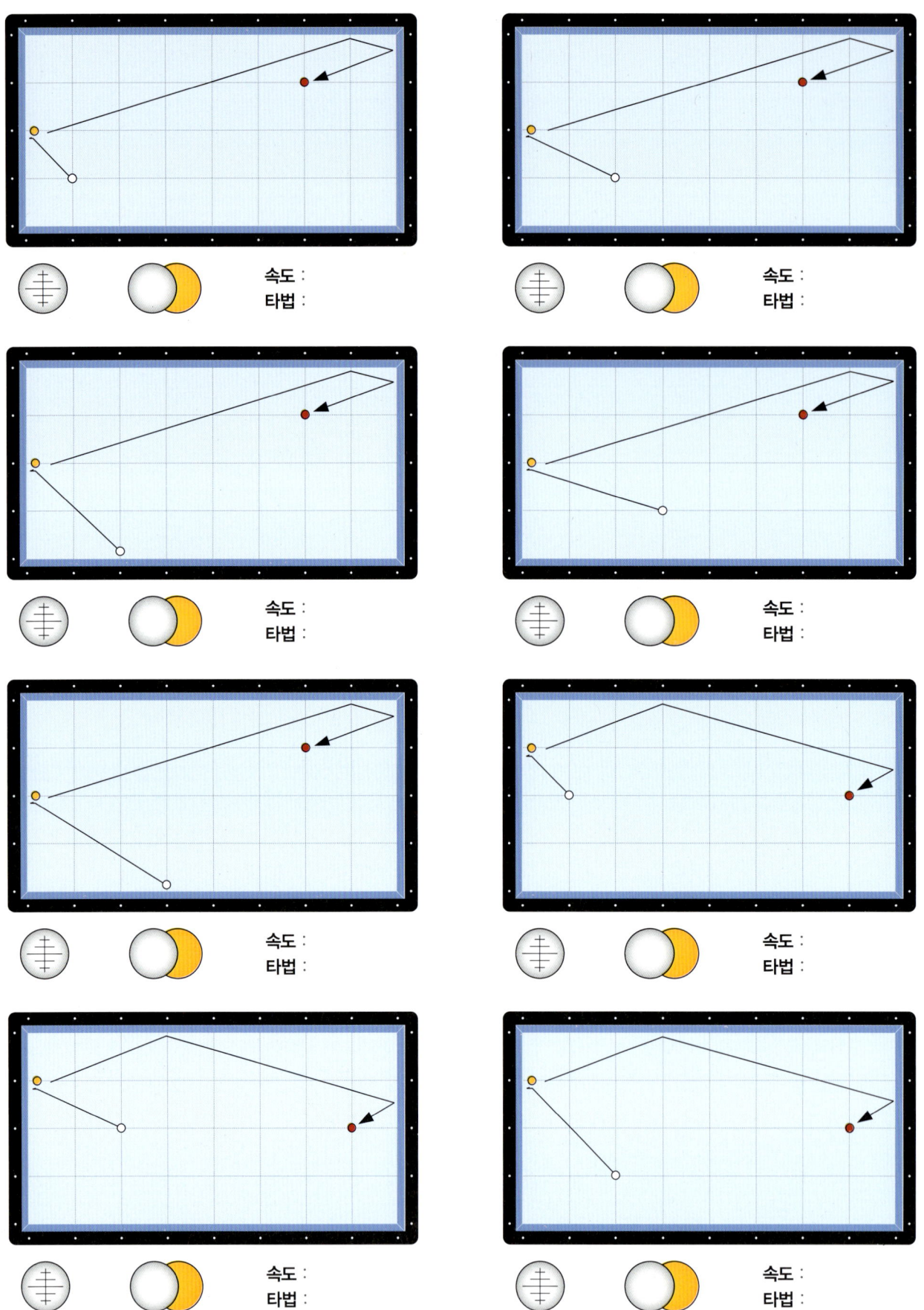

비껴 앞 돌리기 21

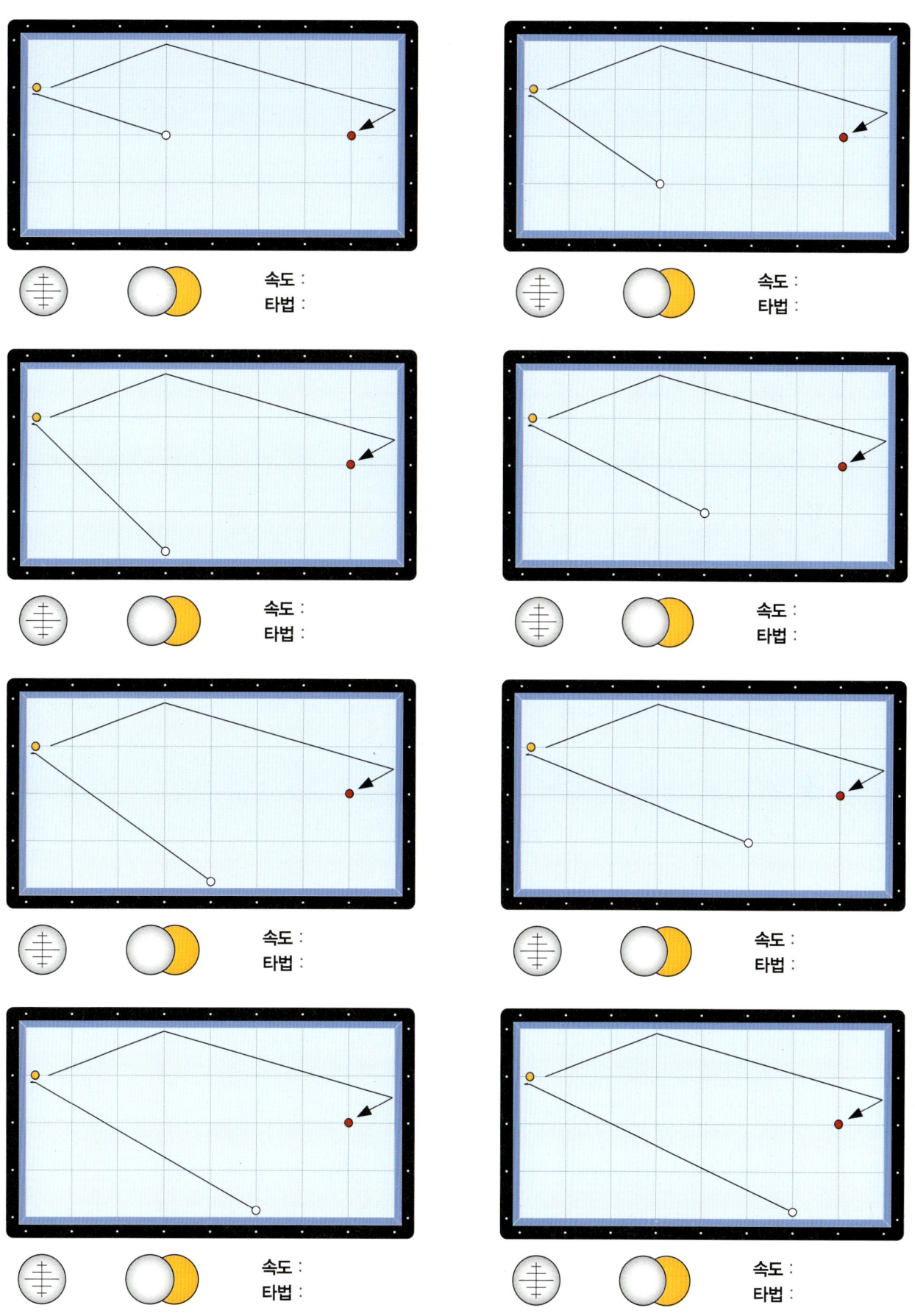

비껴 앞 돌리기 22

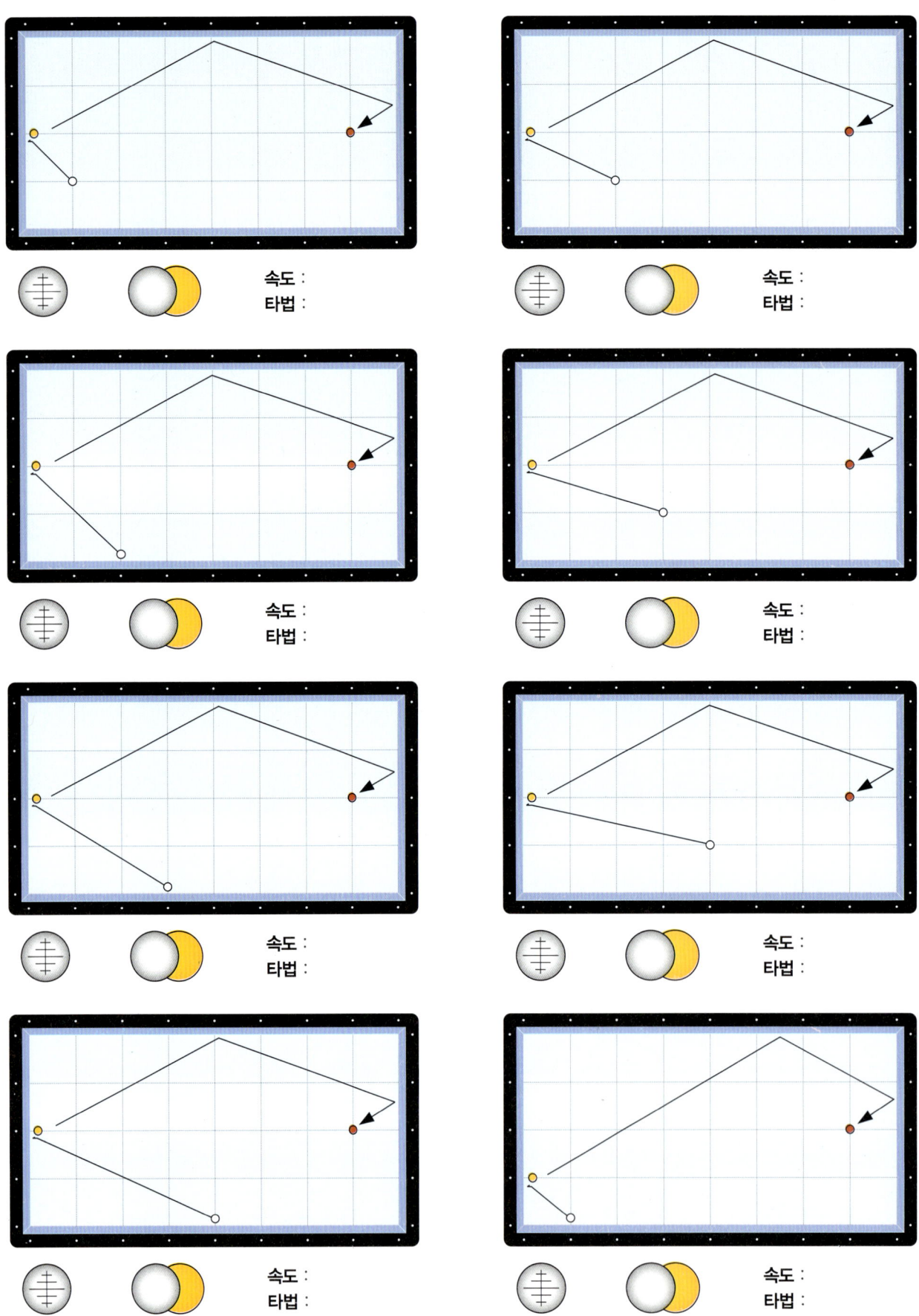

126 • 비껴 앞 돌리기 22

비껴 앞 돌리기 23

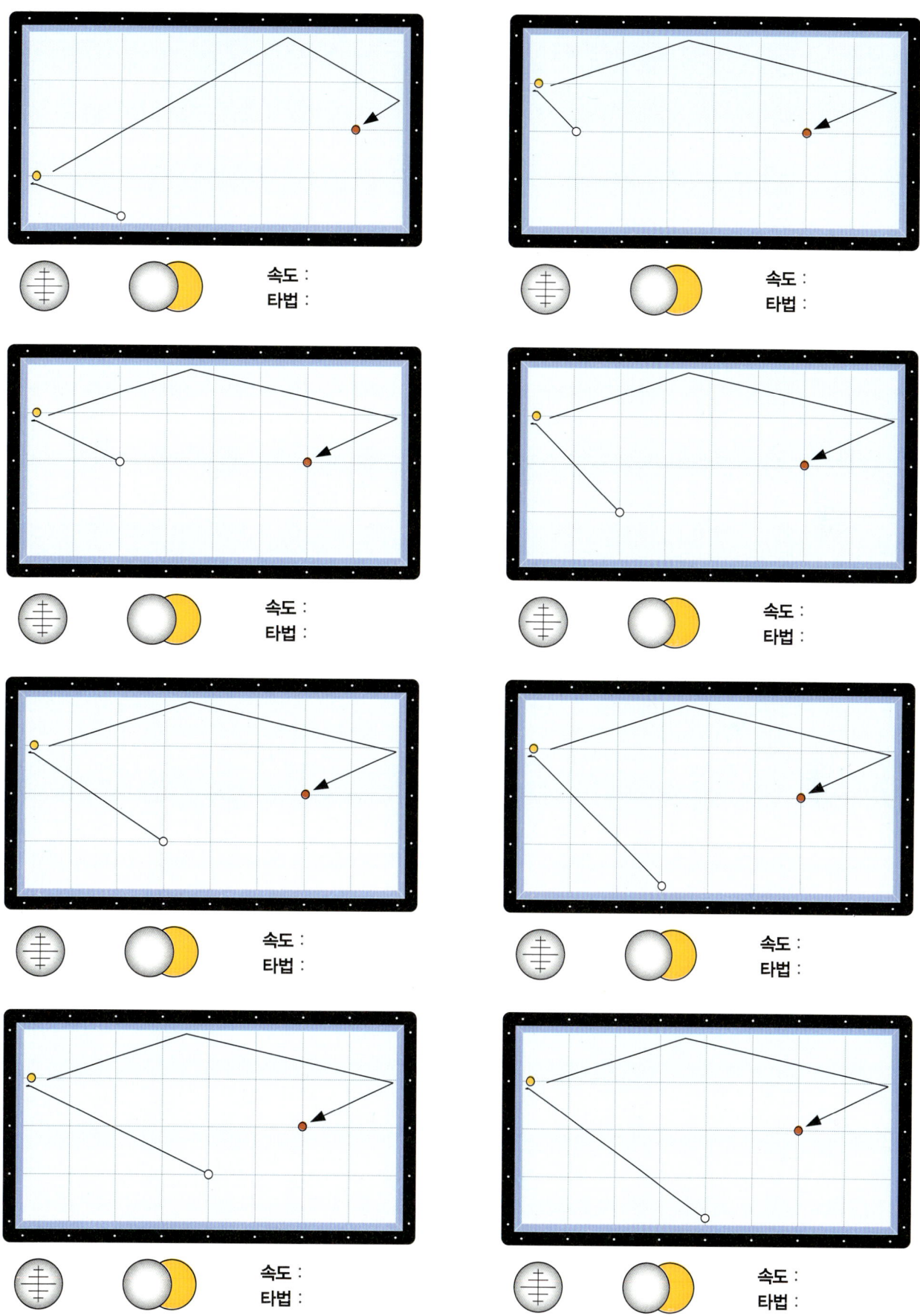

비껴 앞 돌리기 24

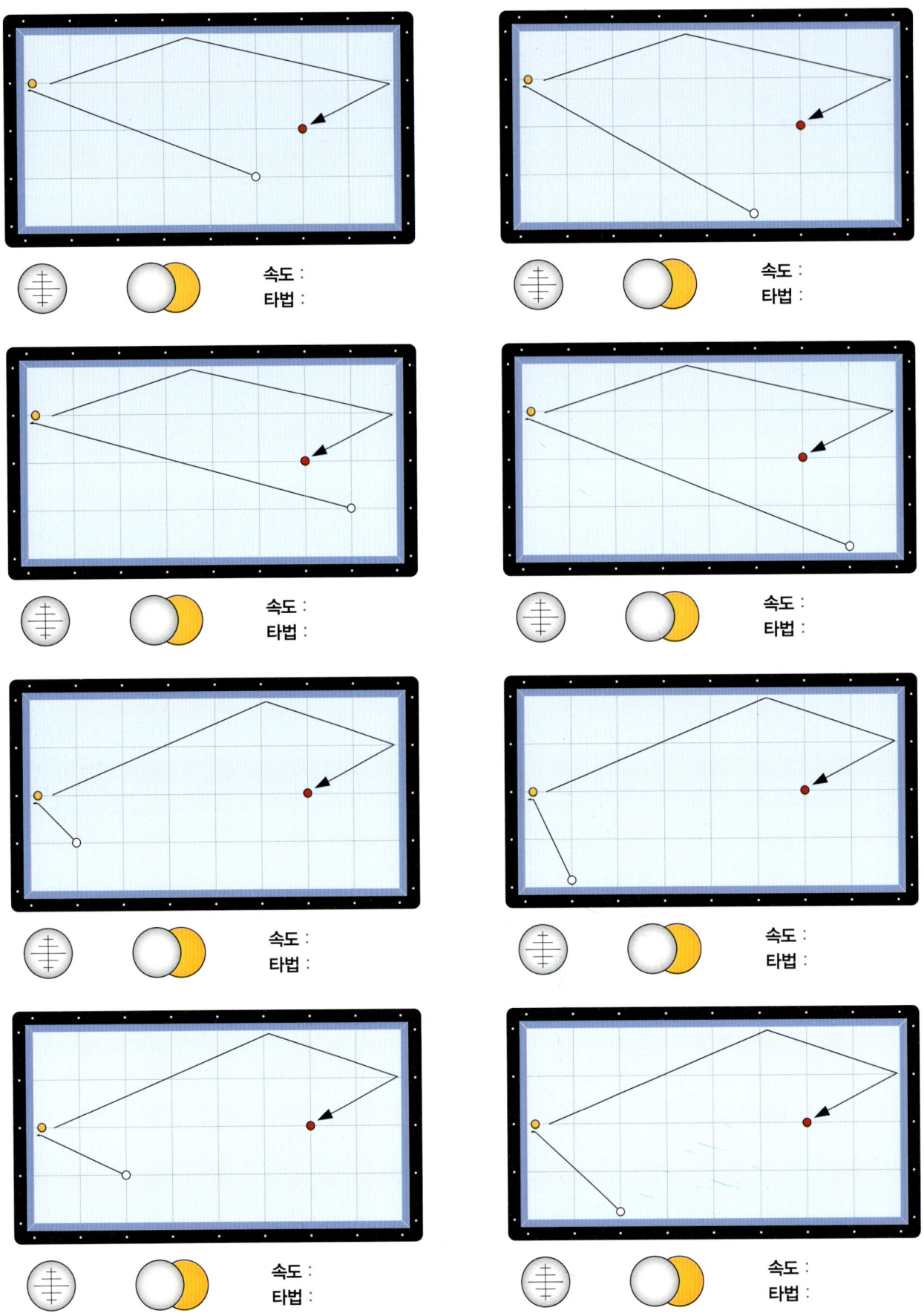

128 • 비껴 앞 돌리기 24

비껴 앞 돌리기 25

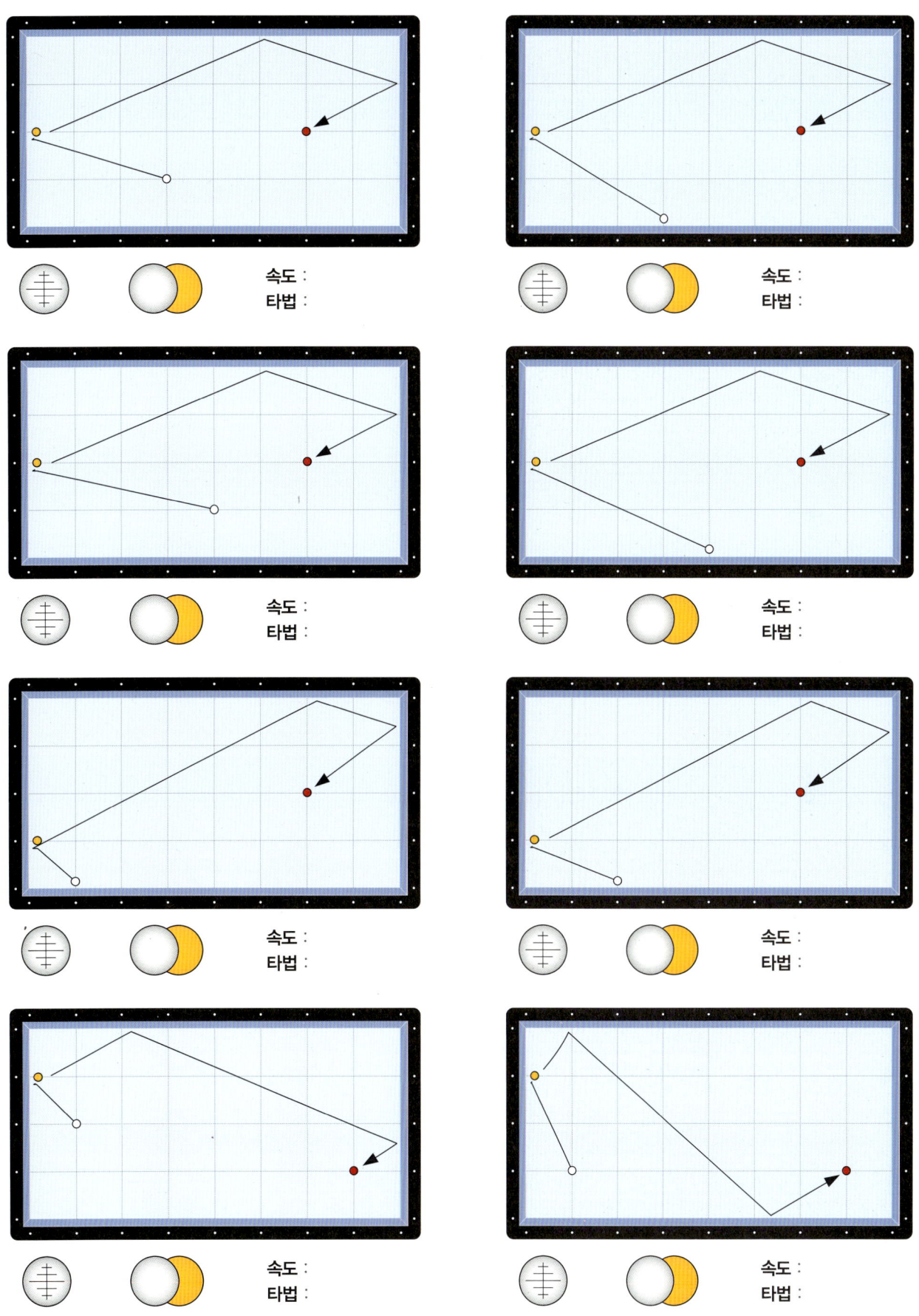

비껴 앞 돌리기 26

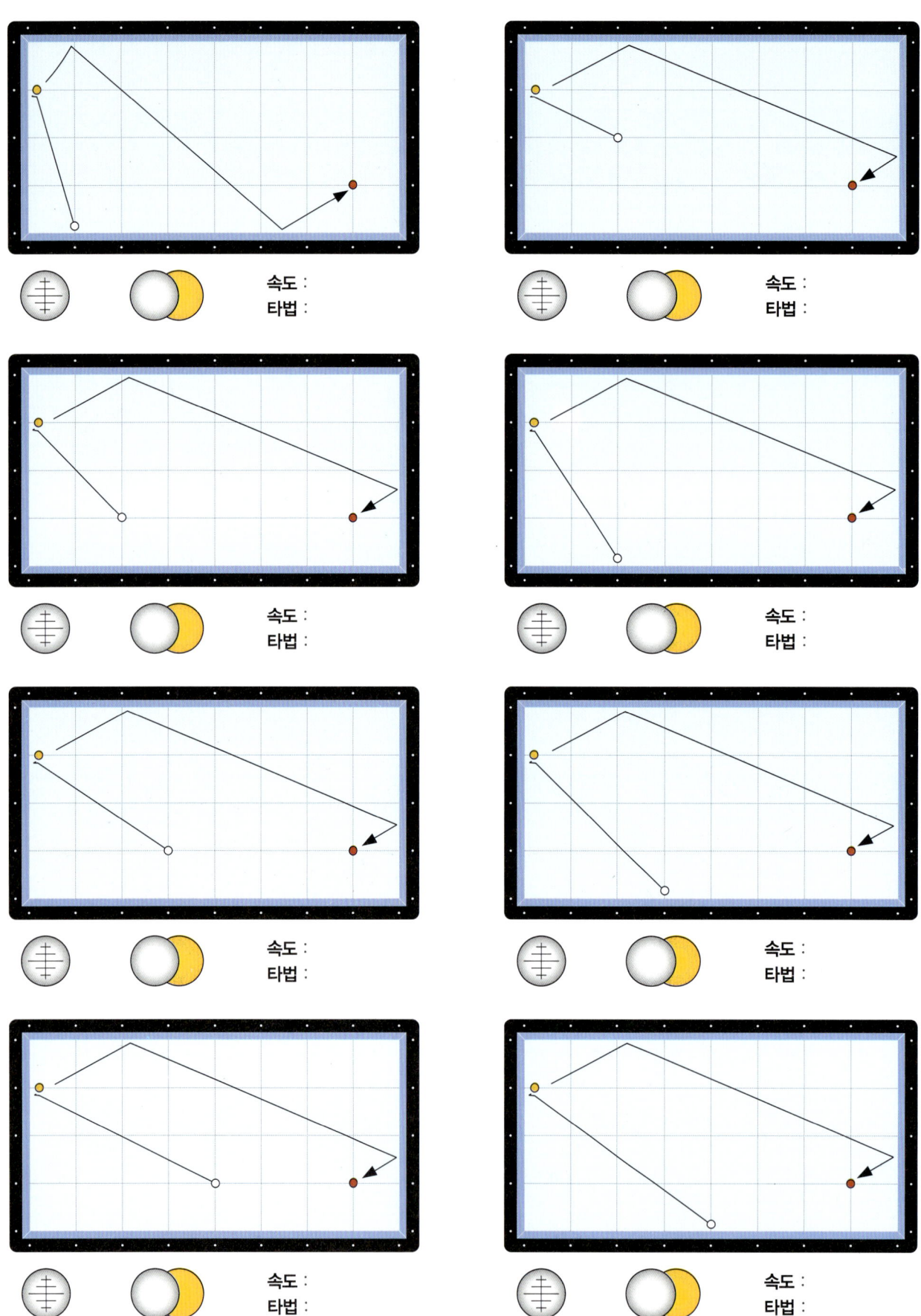

130 • 비껴 앞 돌리기 26

비껴 앞 돌리기 27

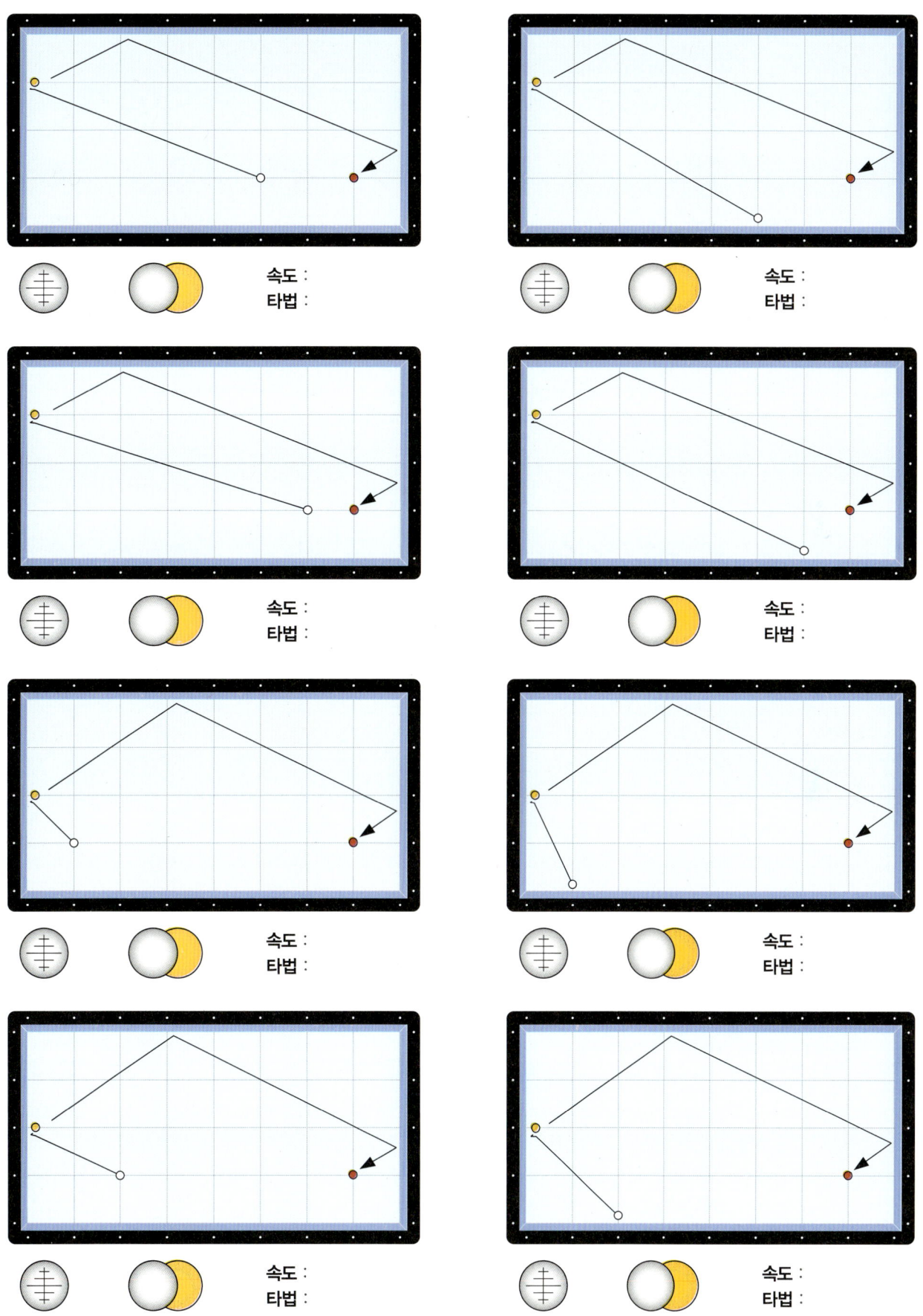

비껴 앞 돌리기 28

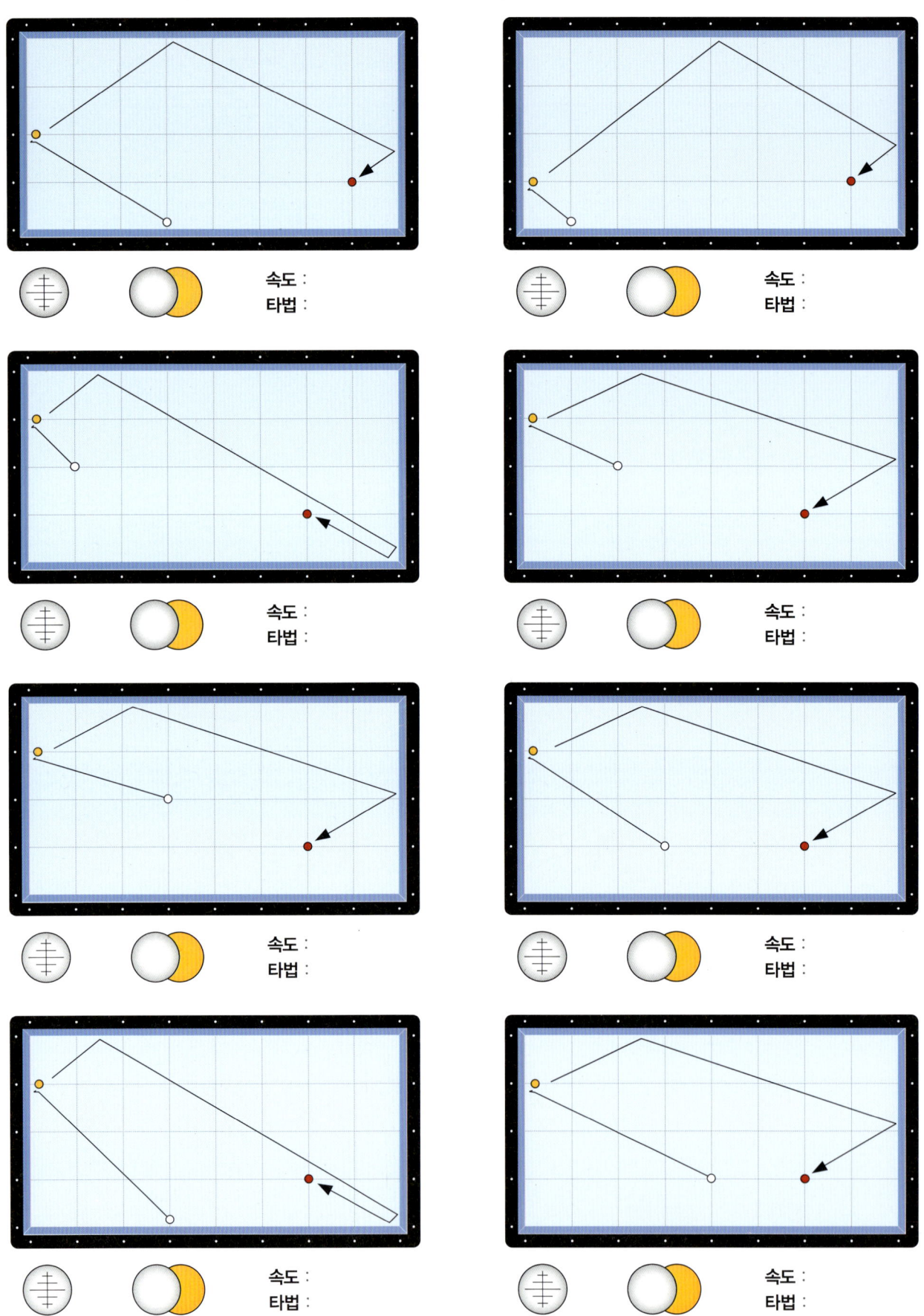

132 • 비껴 앞 돌리기 28

비껴 앞 돌리기 29

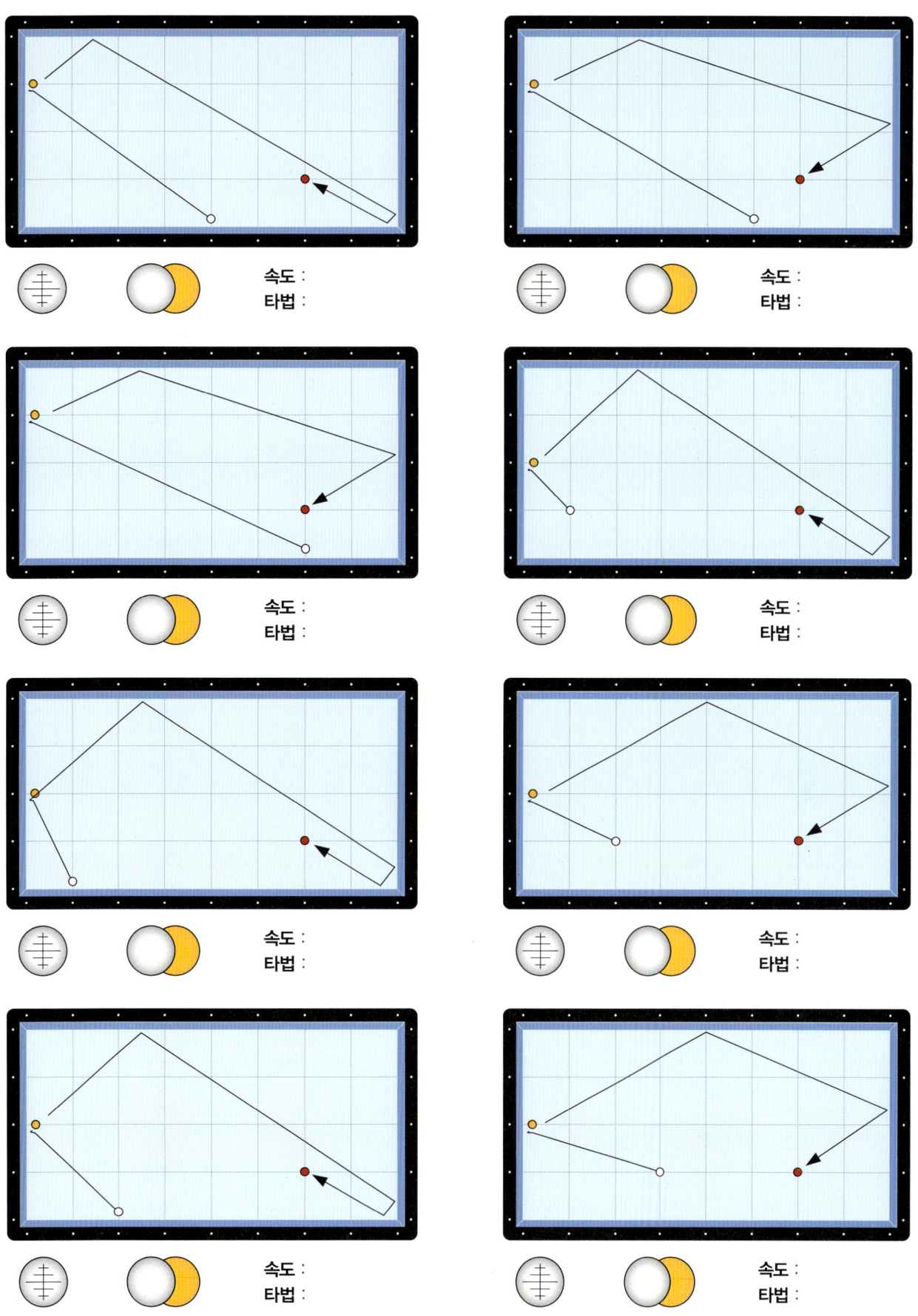

속도 :
타법 :

비껴 앞 돌리기 30

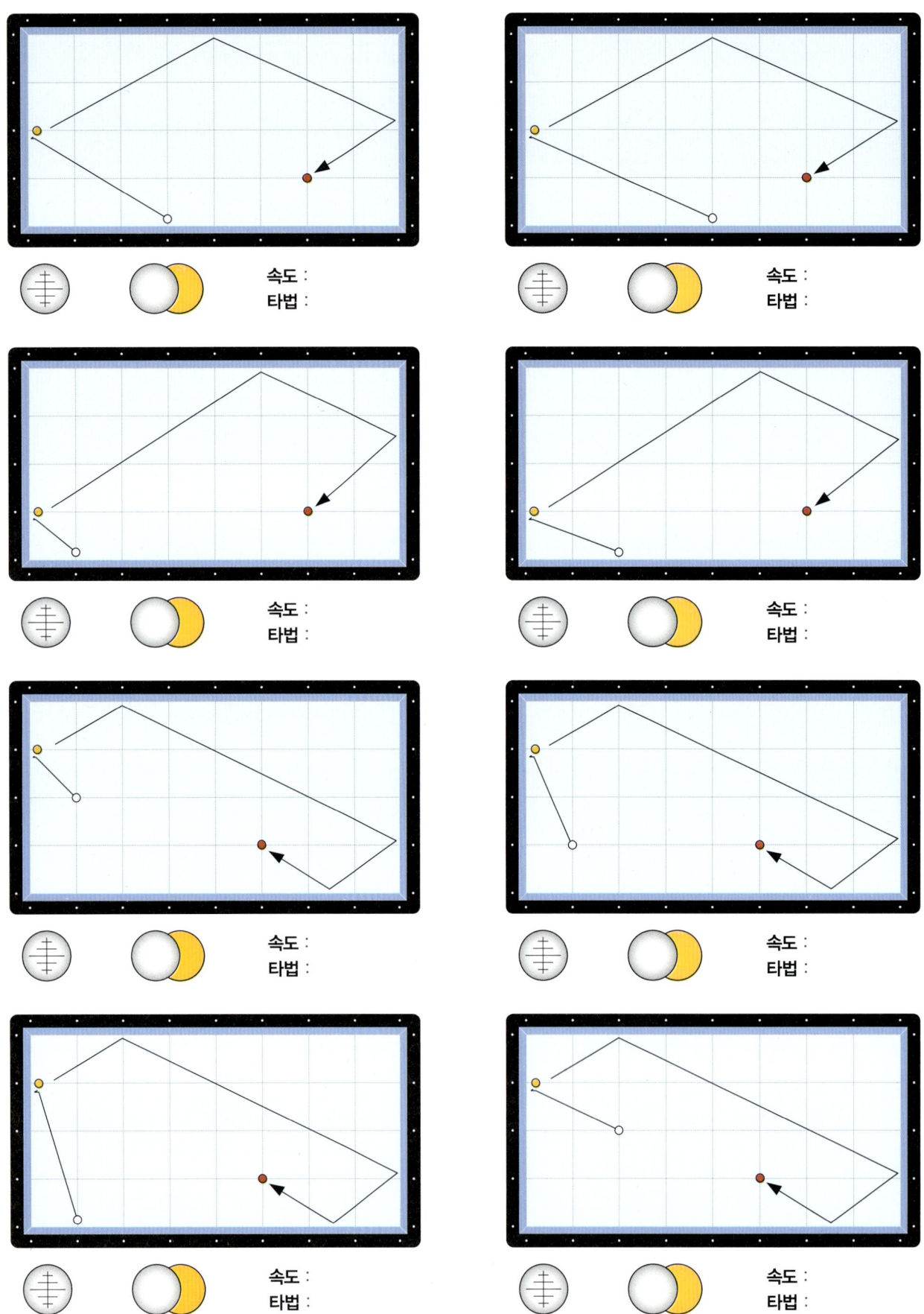

134 • 비껴 앞 돌리기 30

비껴 앞 돌리기 ③

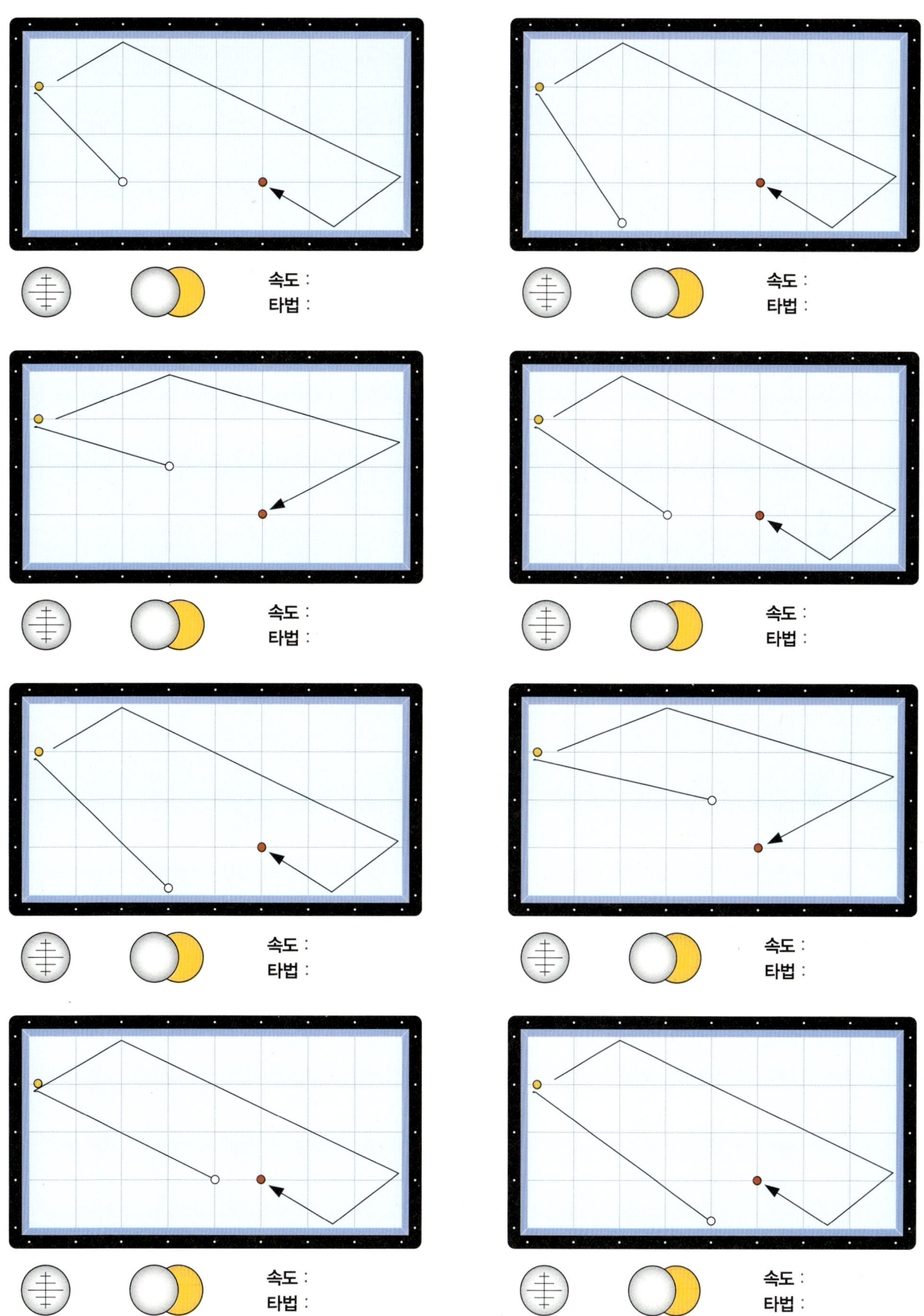

비껴 앞 돌리기 32

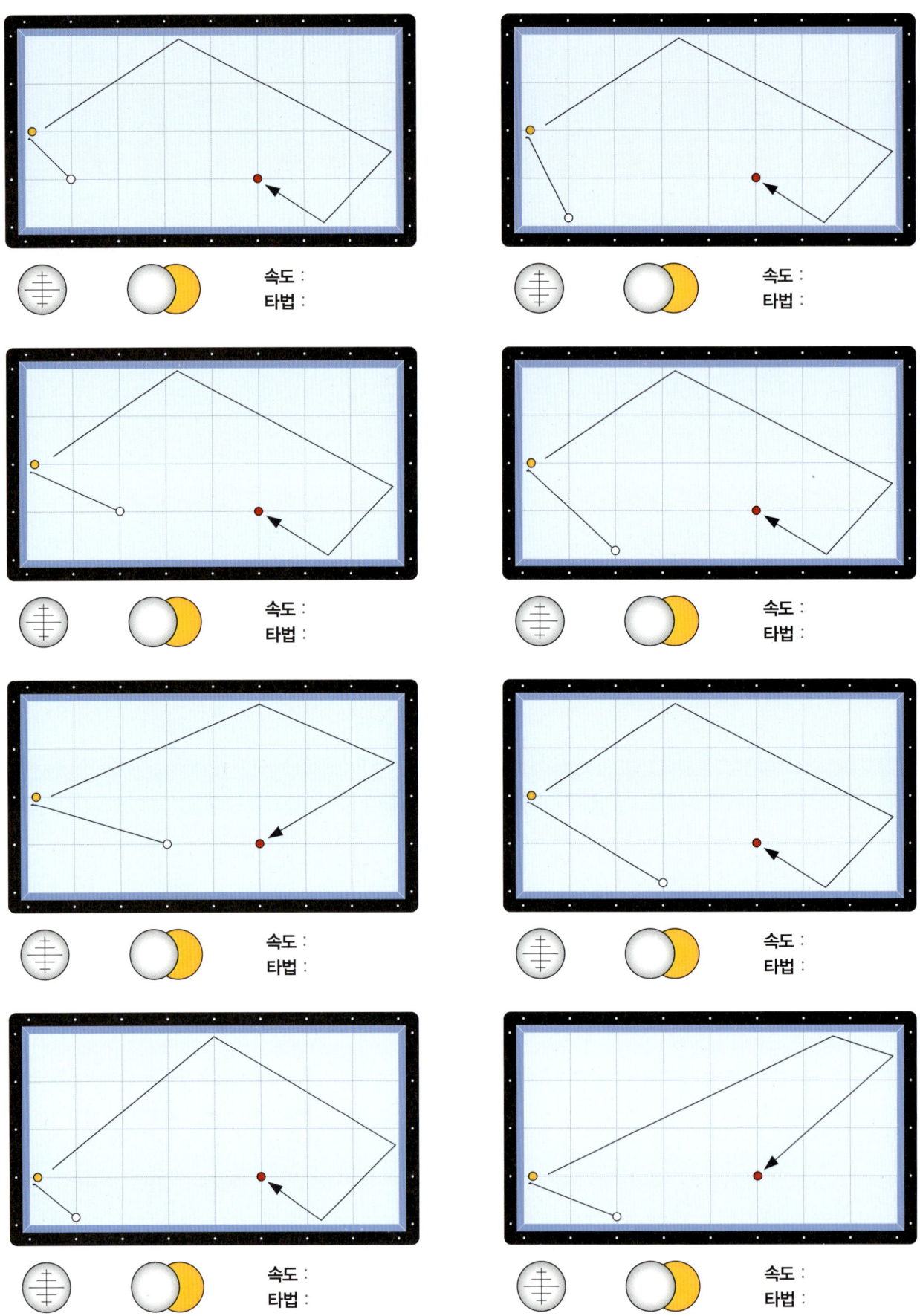

136 · 비껴 앞 돌리기 32

비껴 앞 돌리기 ㉝

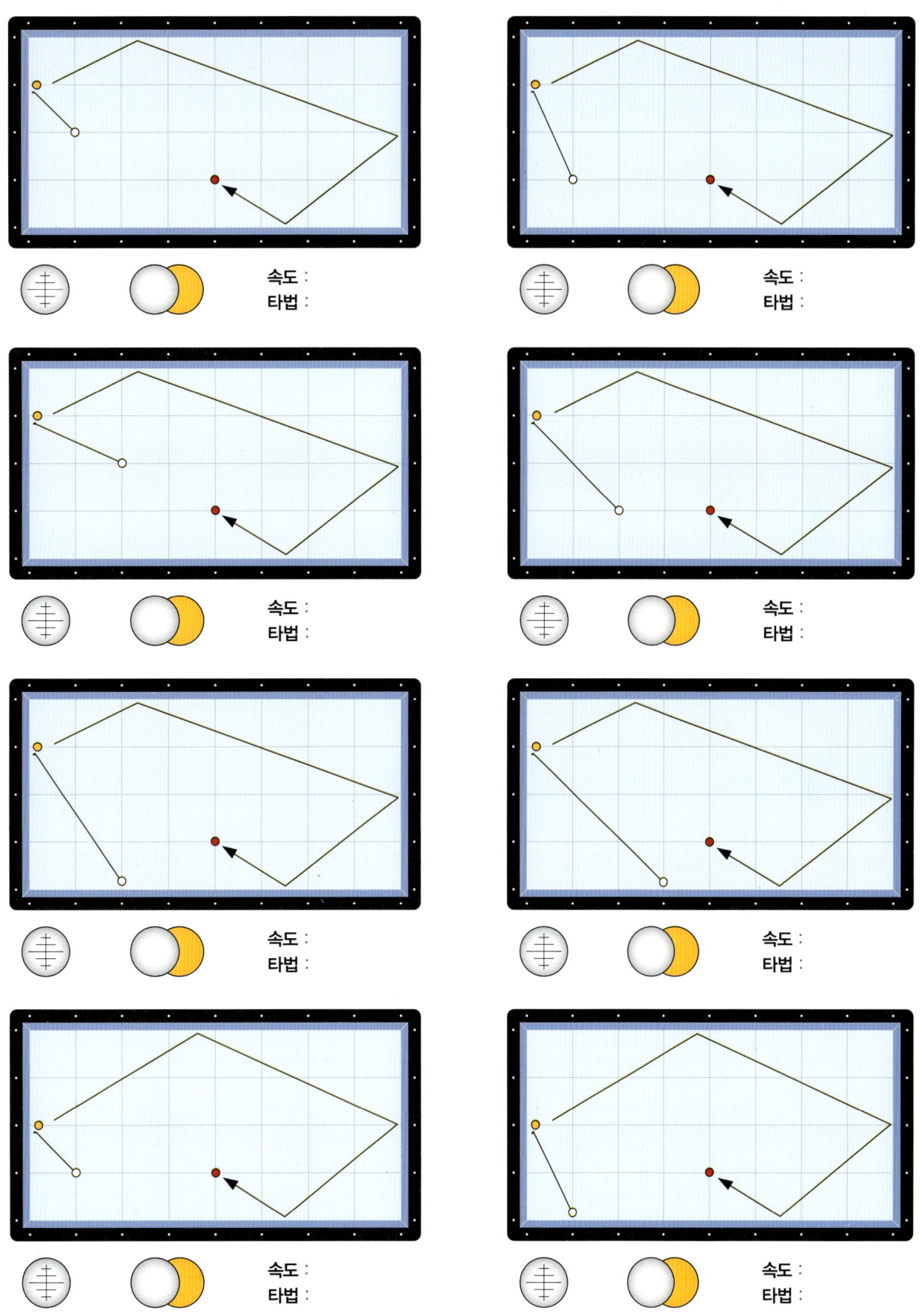

137

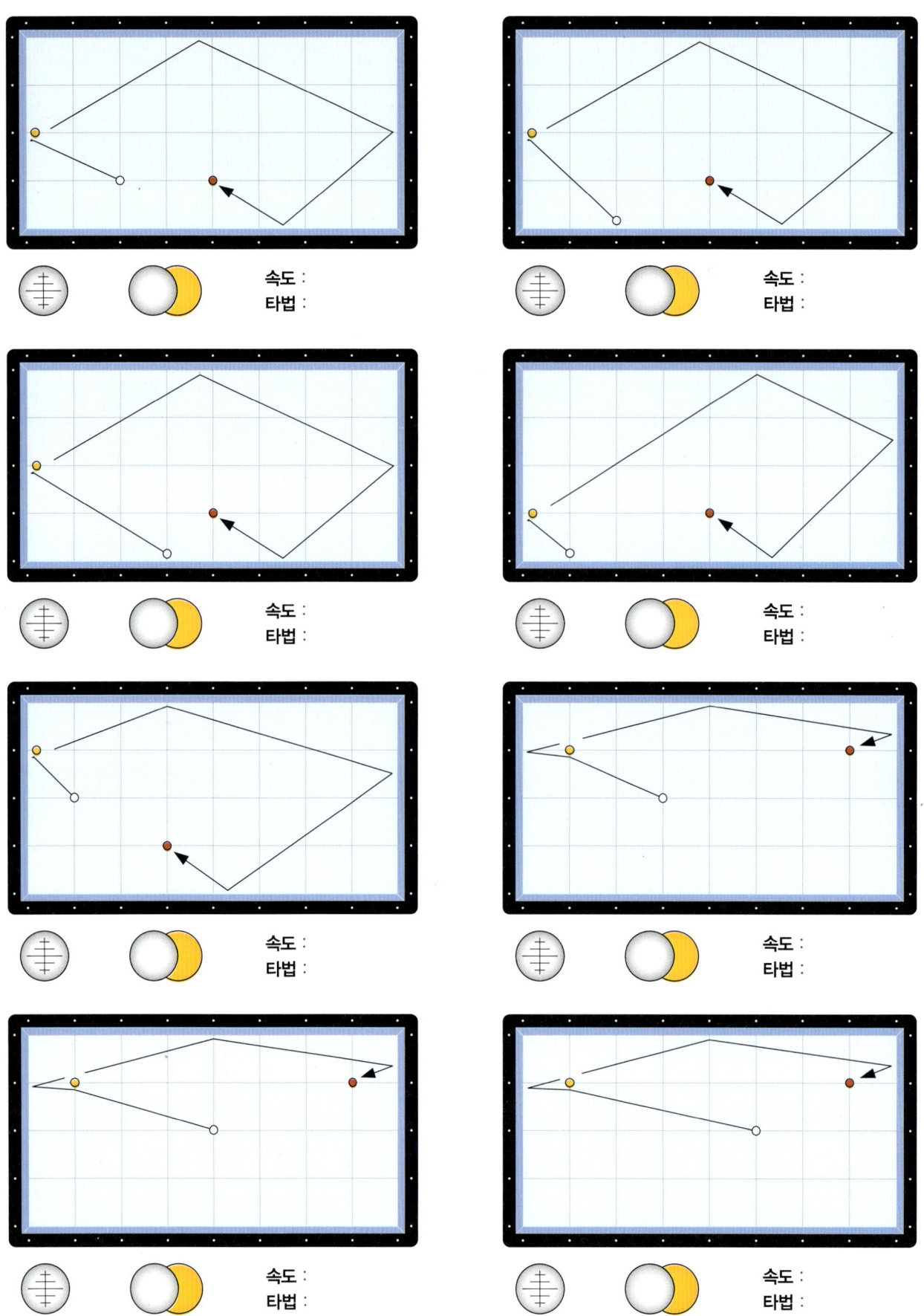

비껴 앞 돌리기 35

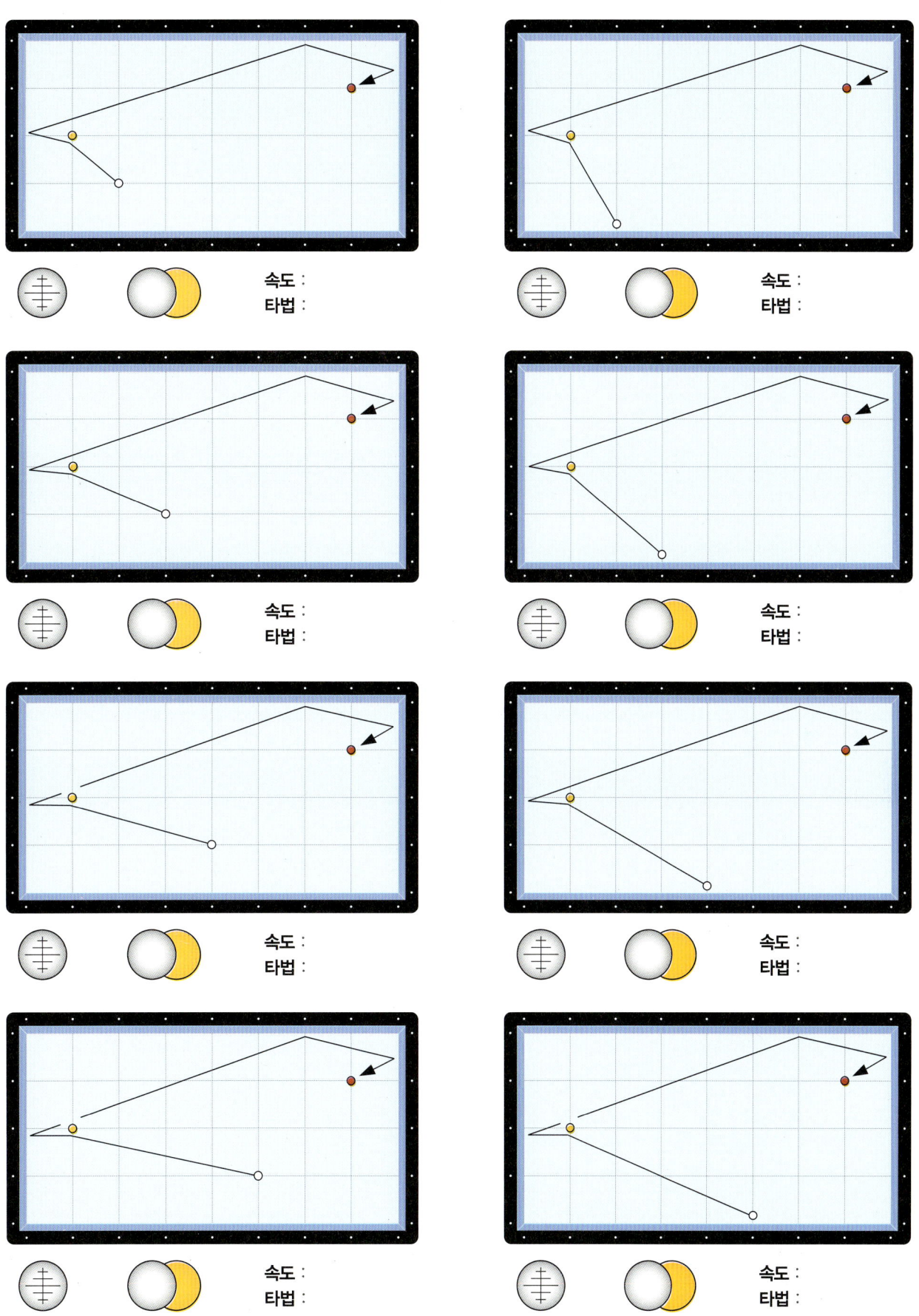

비껴 앞 돌리기 36

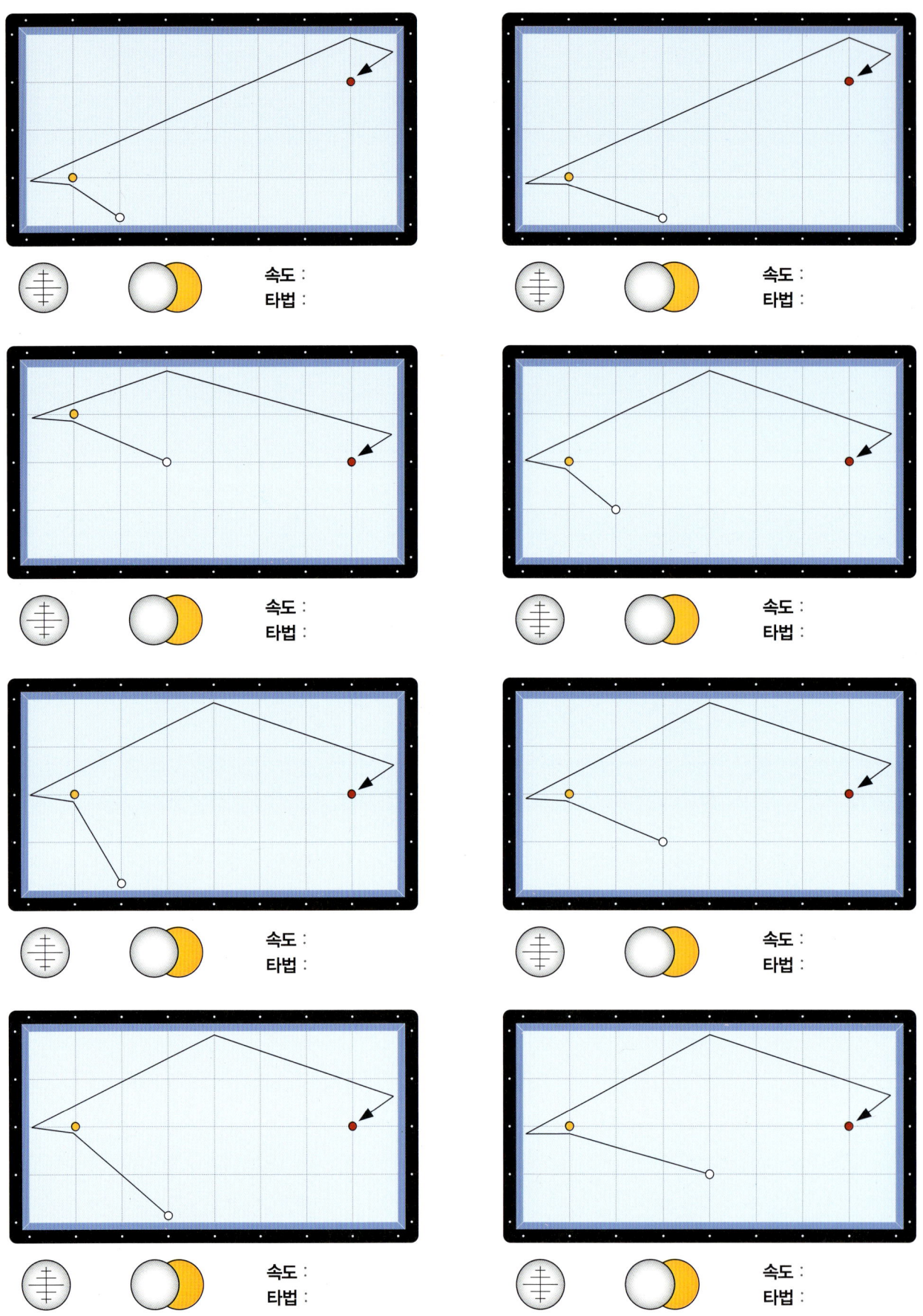

140 • 비껴 앞 돌리기 36

비껴 앞 돌리기 ③

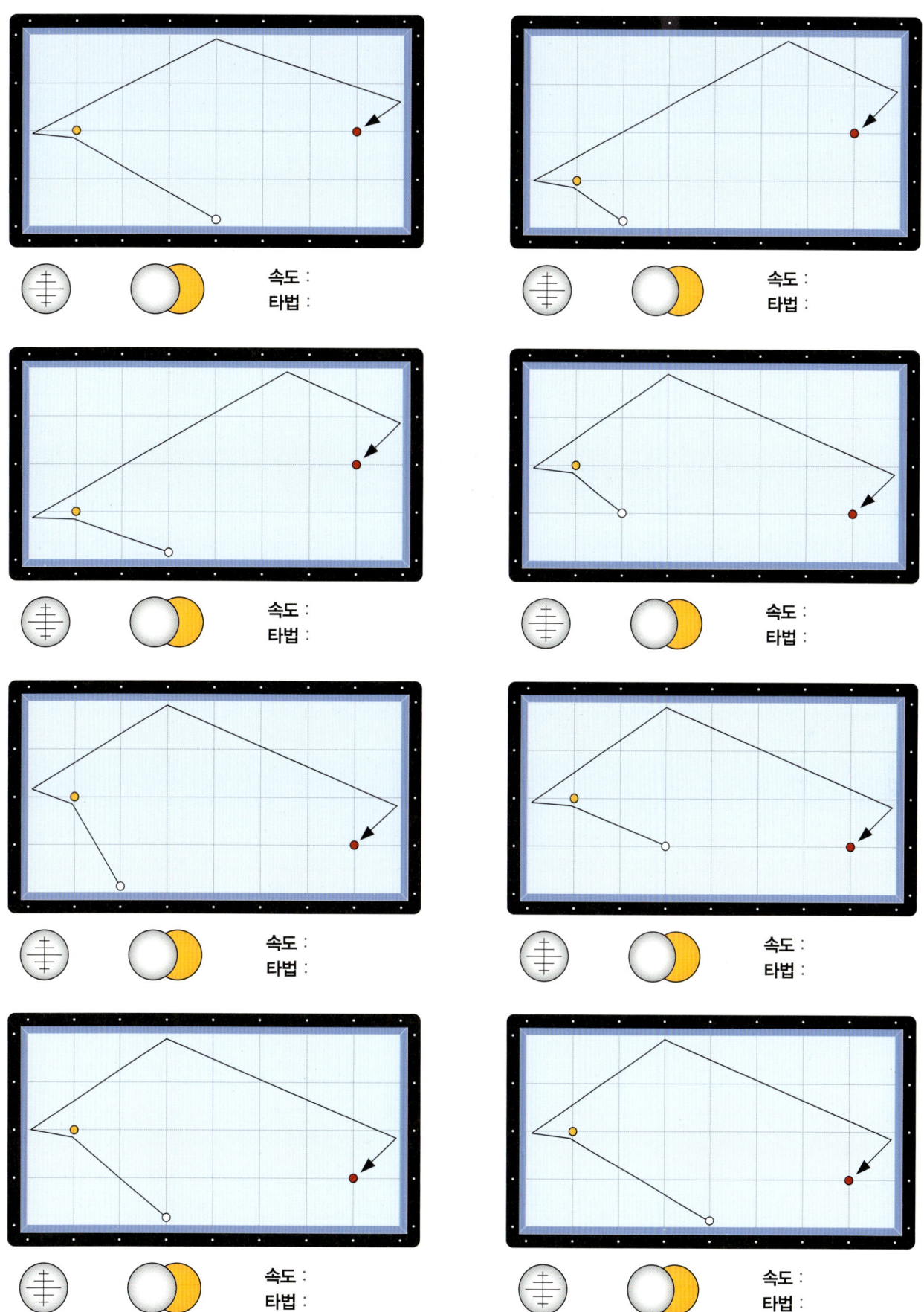

속도 :
타법 :

비껴 앞 돌리기 38

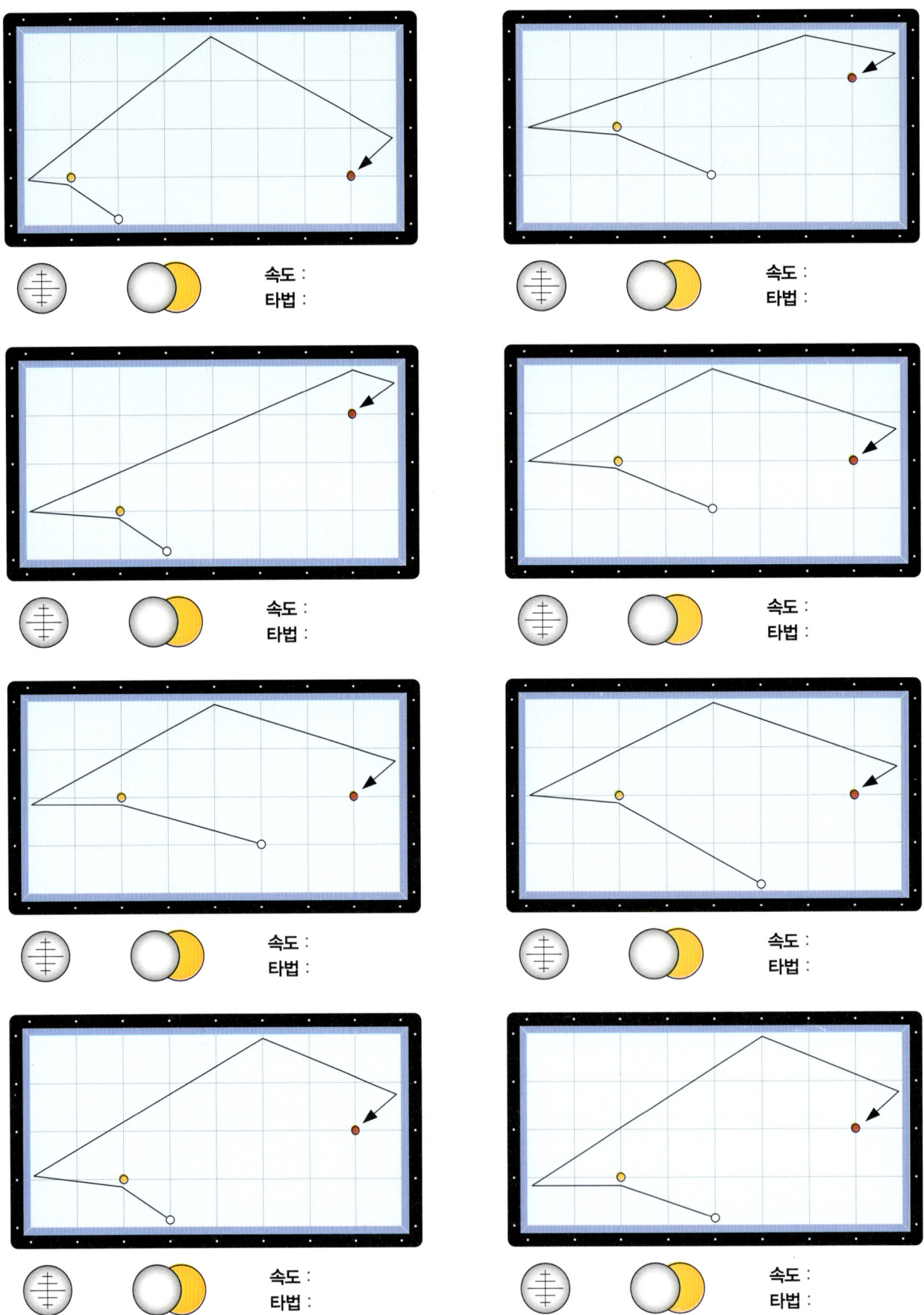

142 • 비껴 앞 돌리기 38

비껴 앞 돌리기 39

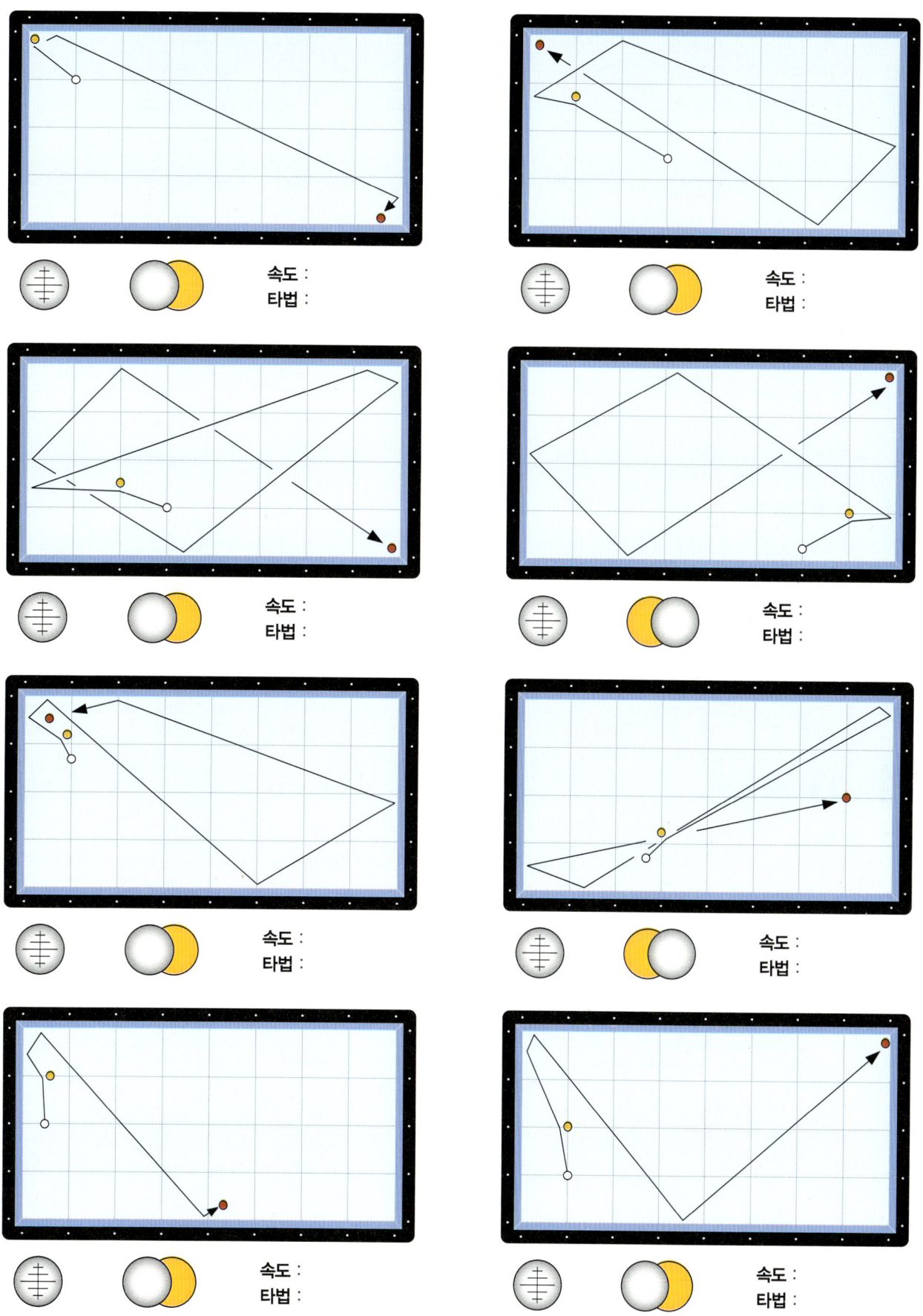

속도 :
타법 :

비껴 앞 돌리기 40

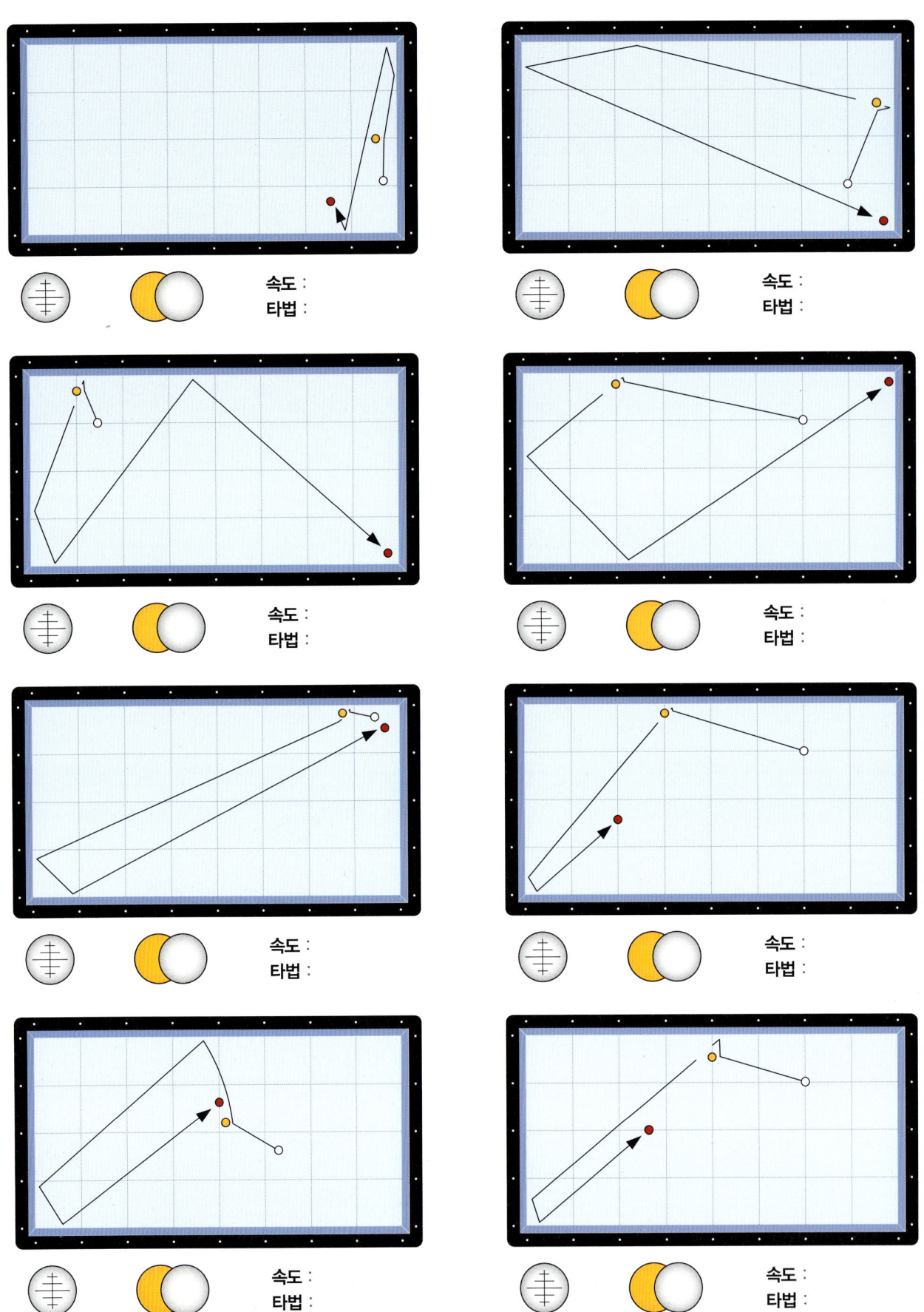

속도 :
타법 :

144 • 비껴 앞 돌리기 40

더블 쿠션 암기

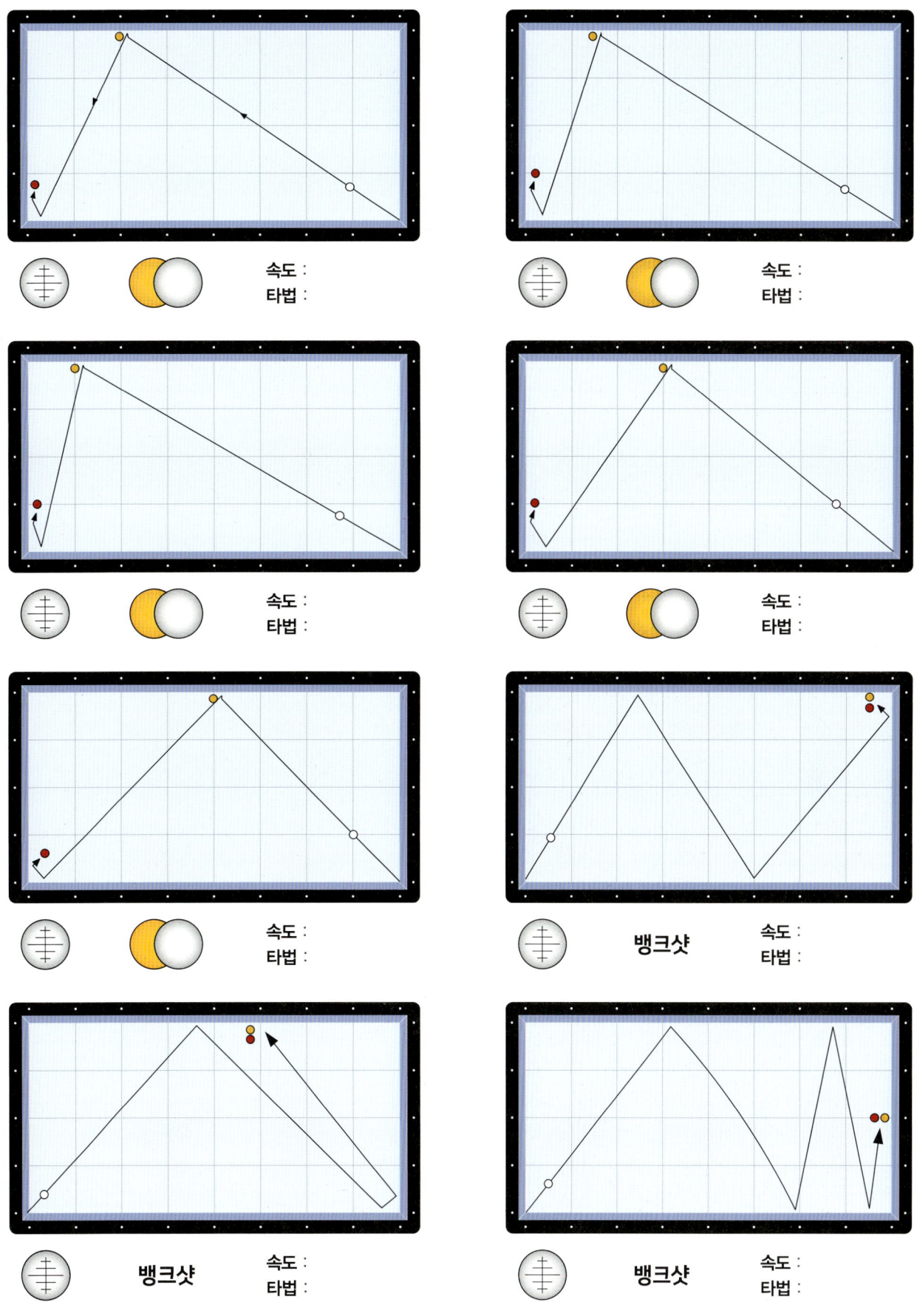

더블 쿠션 ①

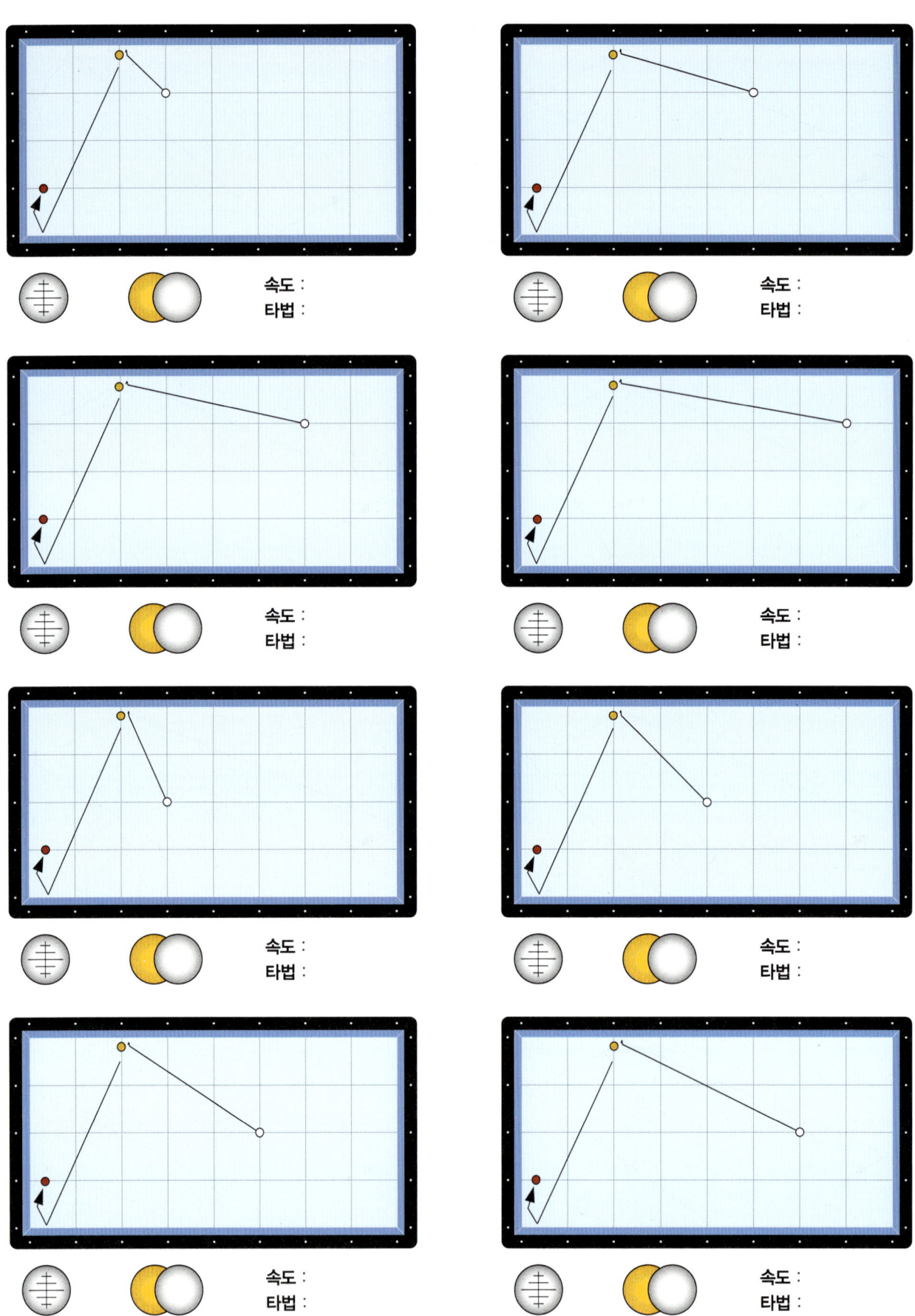

146 • 비껴 앞 돌리기 1

더블 쿠션 ②

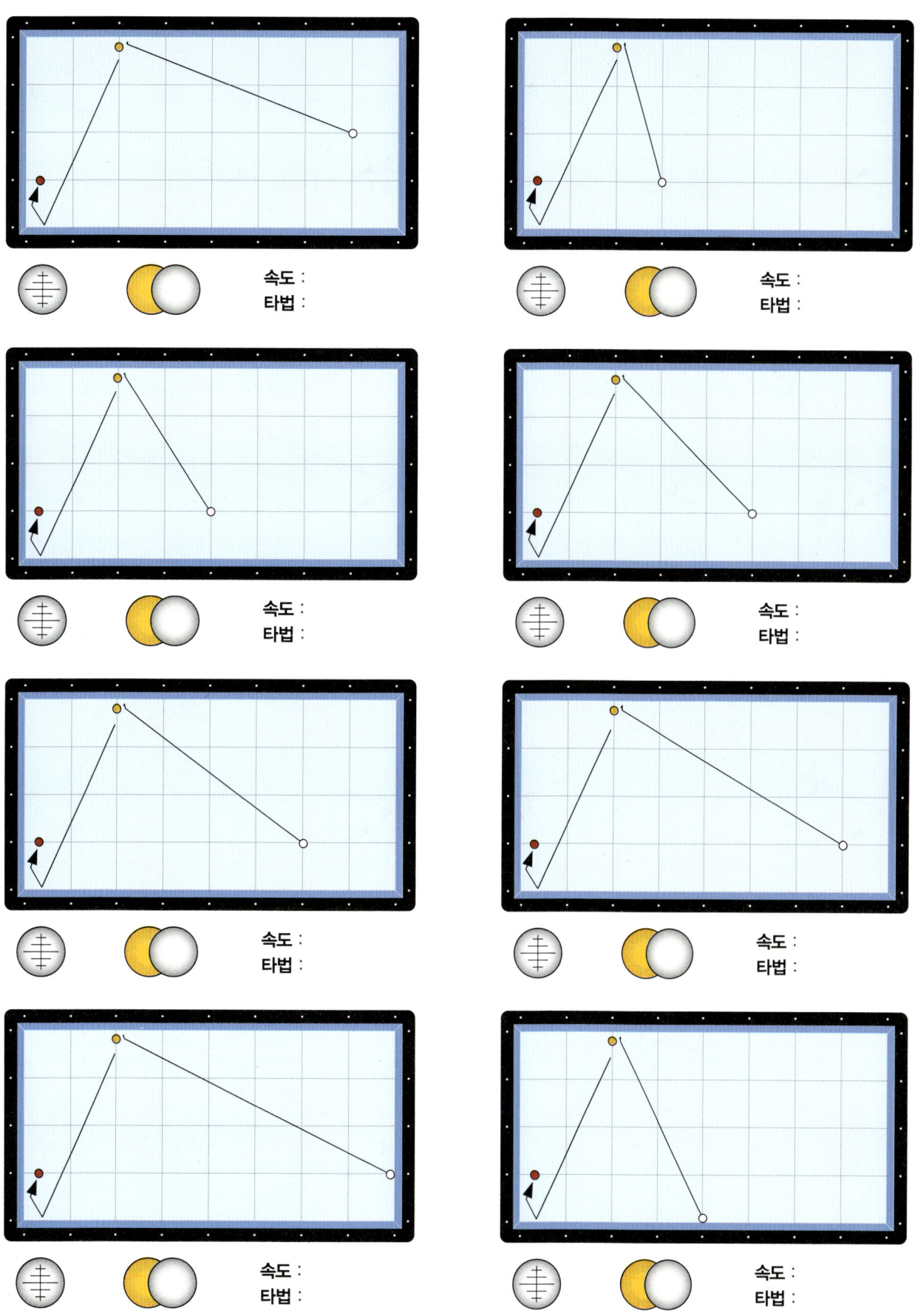

더블 쿠션 ❸

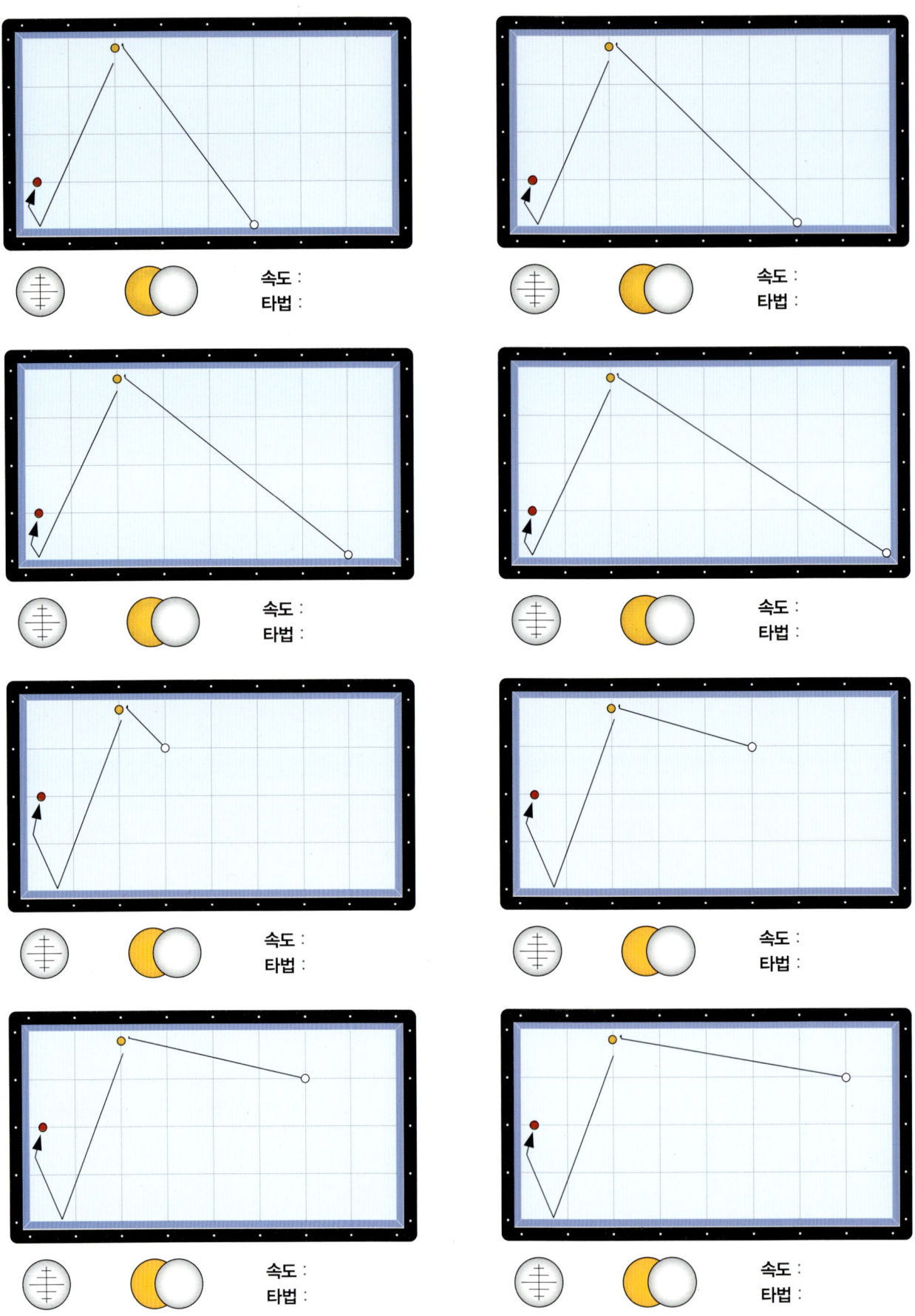

148 • 더블 쿠션 3

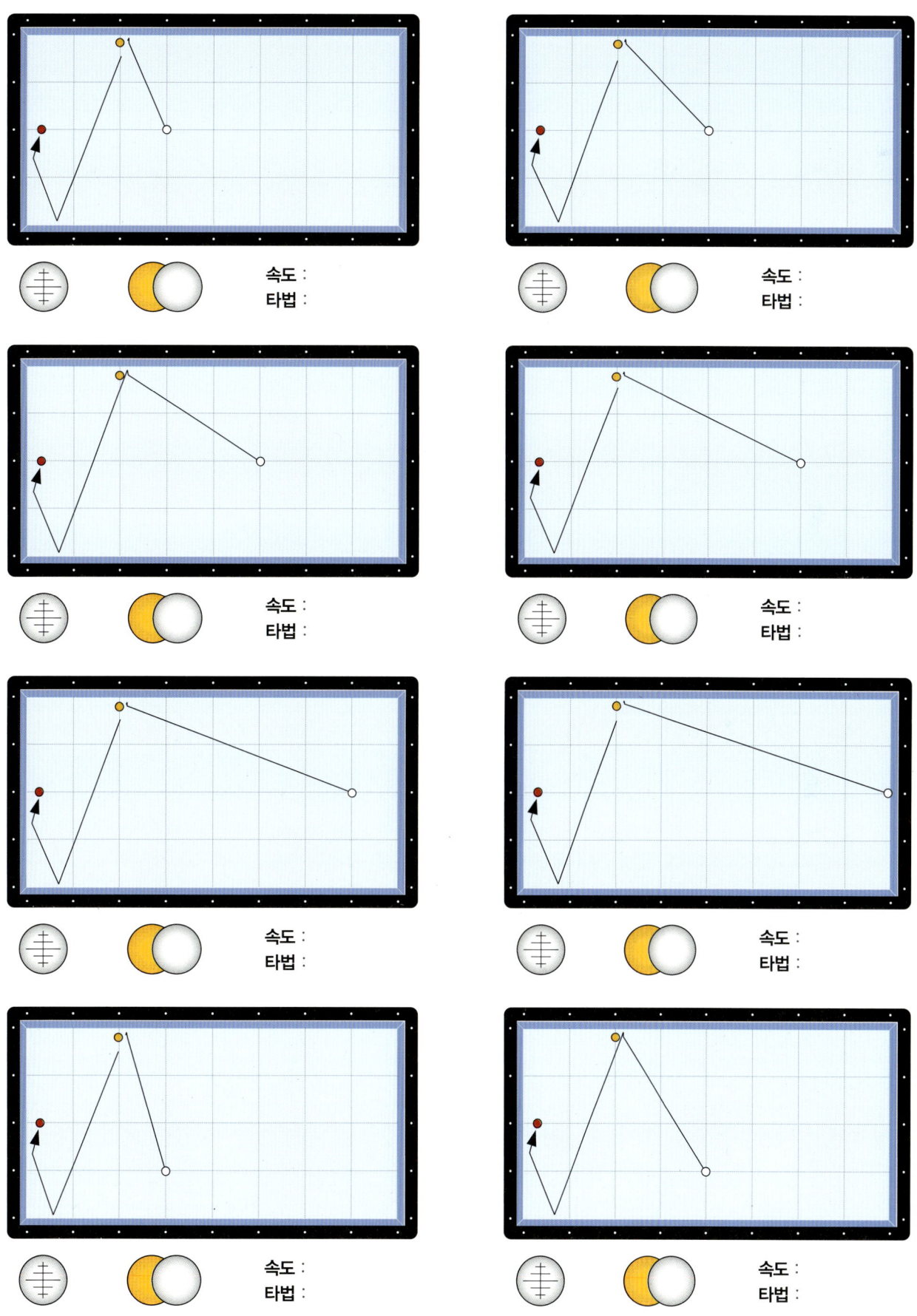

더블 쿠션 ⑤

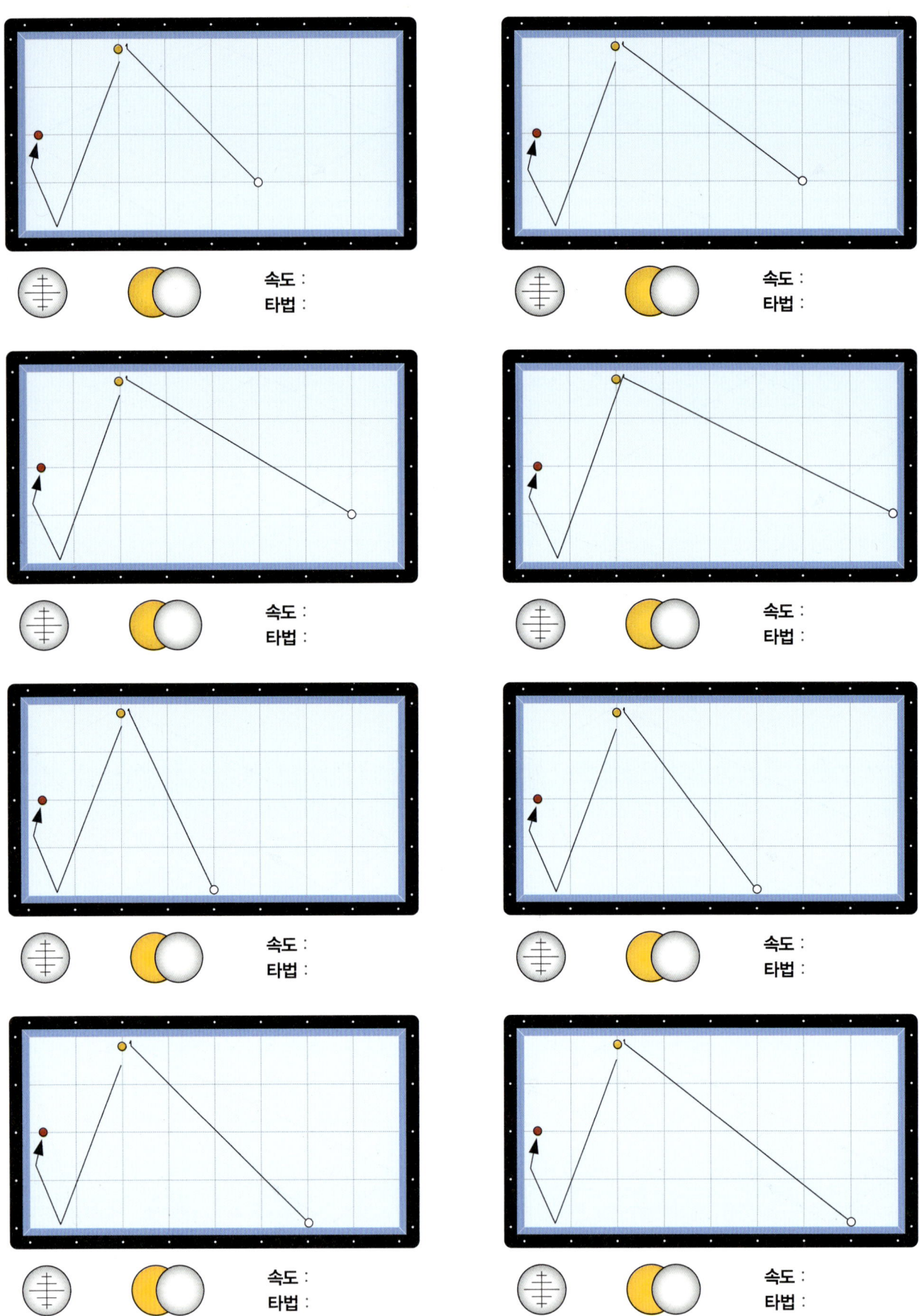

150 • 더블 쿠션 5

더블 쿠션 ❻

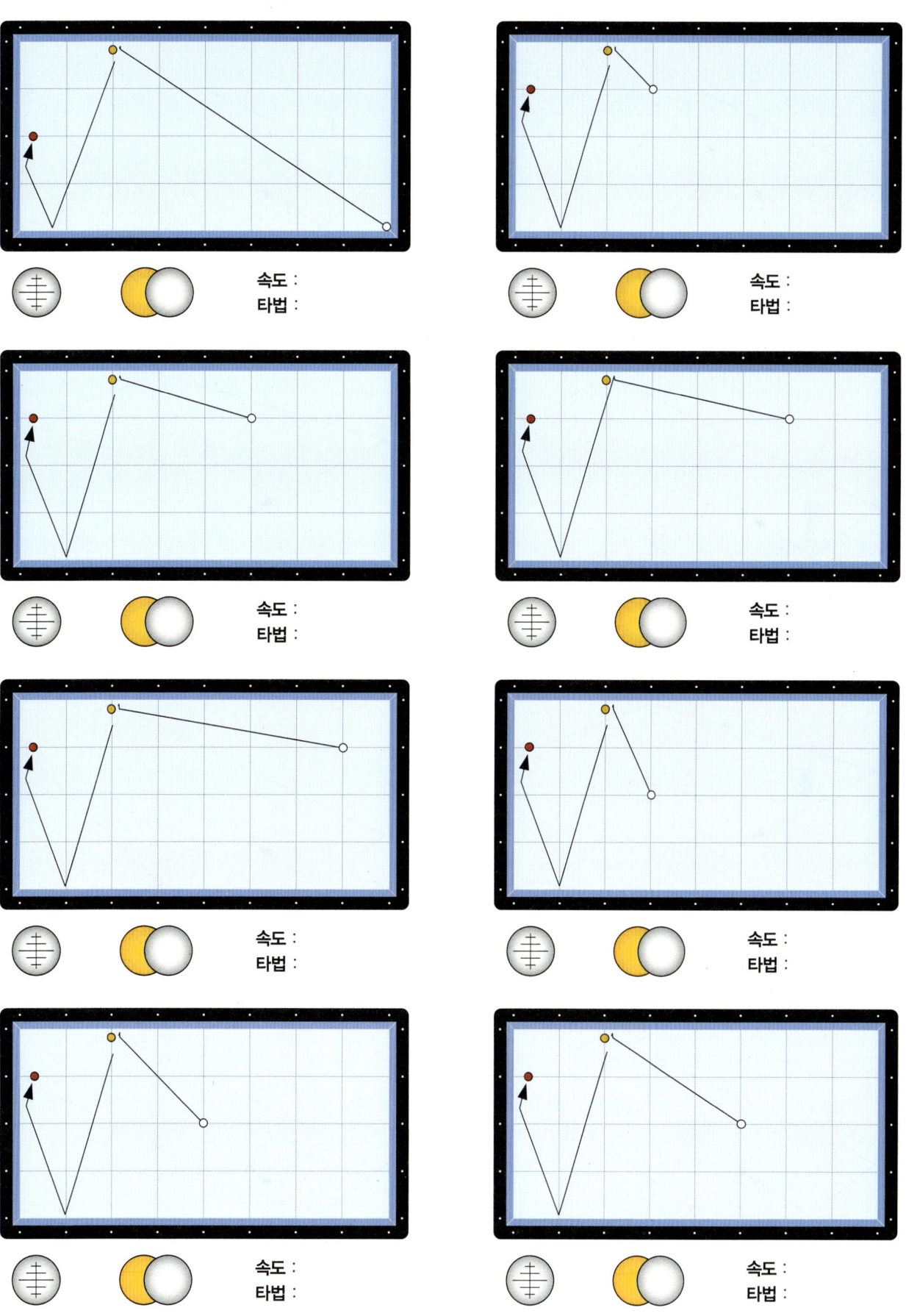

속도 :
타법 :

더블 쿠션 7

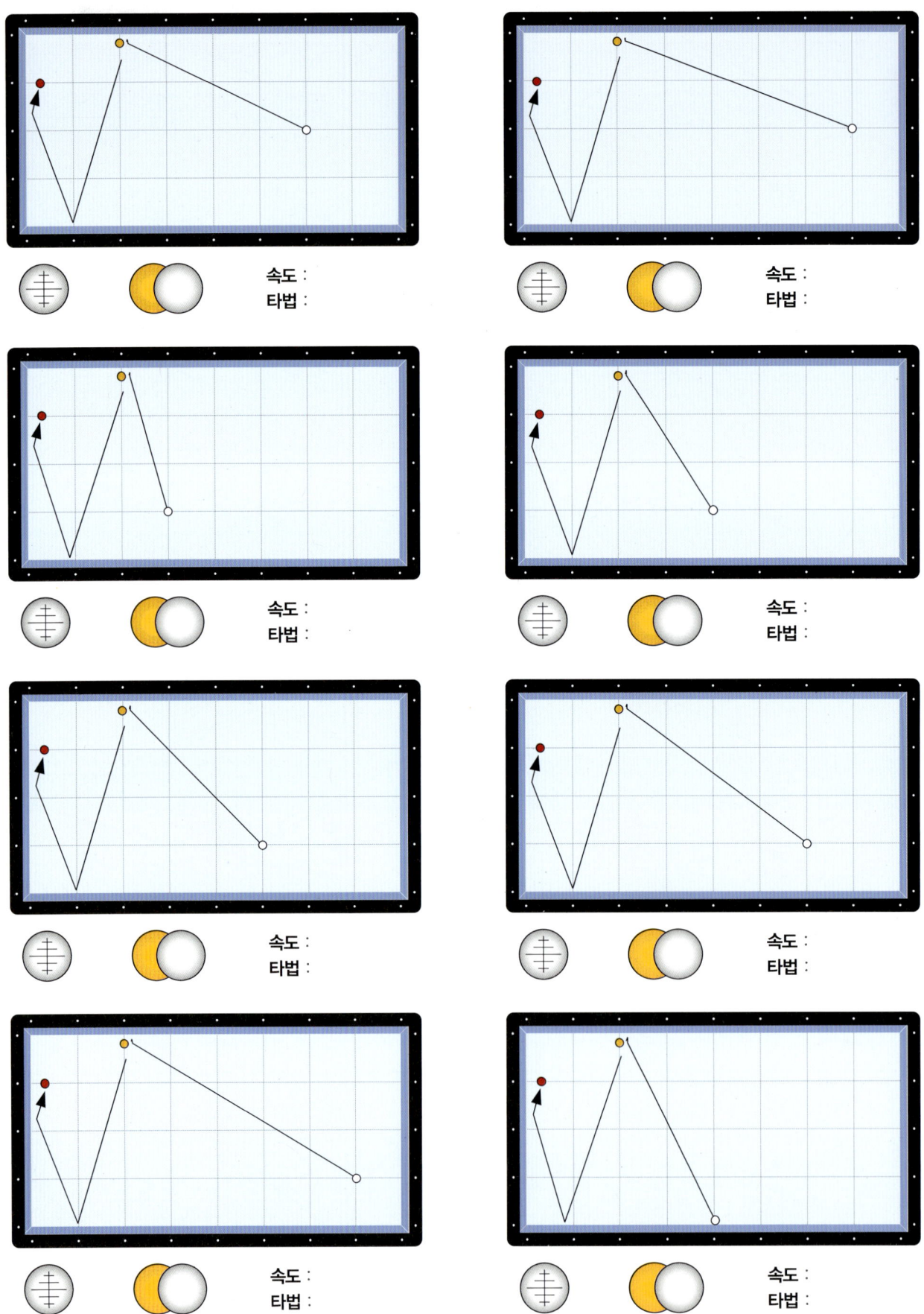

속도 :
타법 :

152 • 더블 쿠션 7

더블 쿠션 ❽

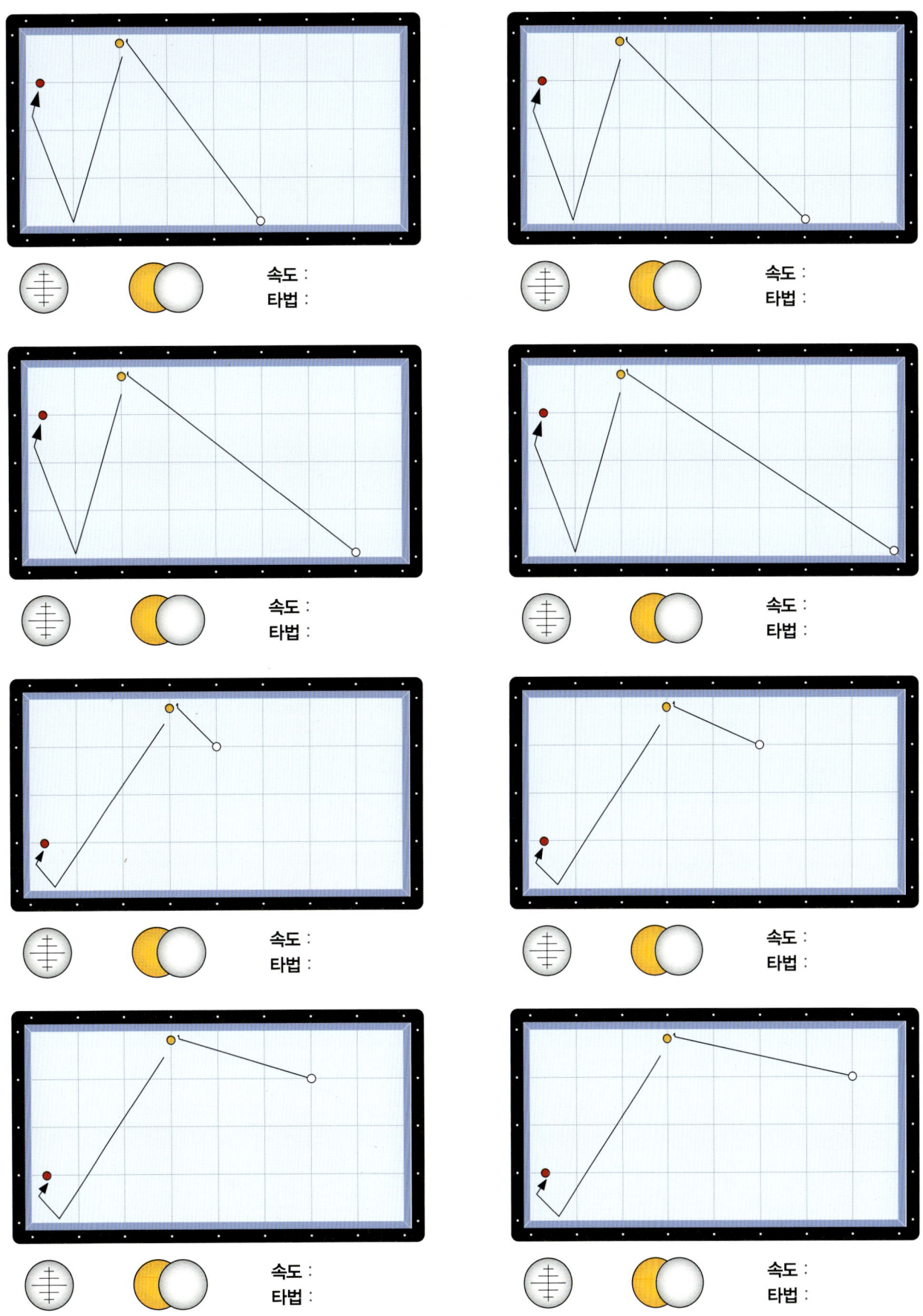

153

더블 쿠션 ❾

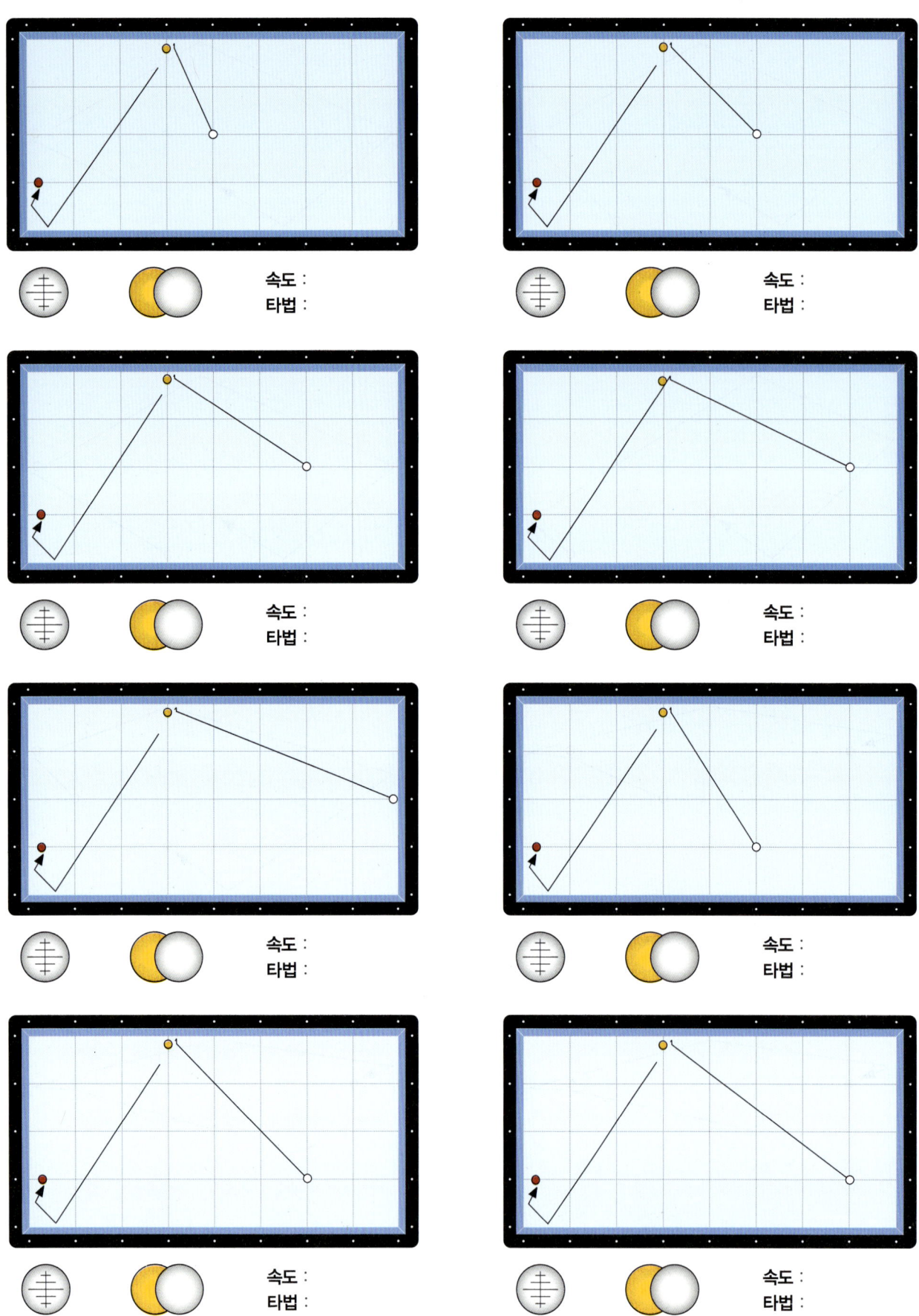

154 • 더블 쿠션 9

더블 쿠션 ⑩

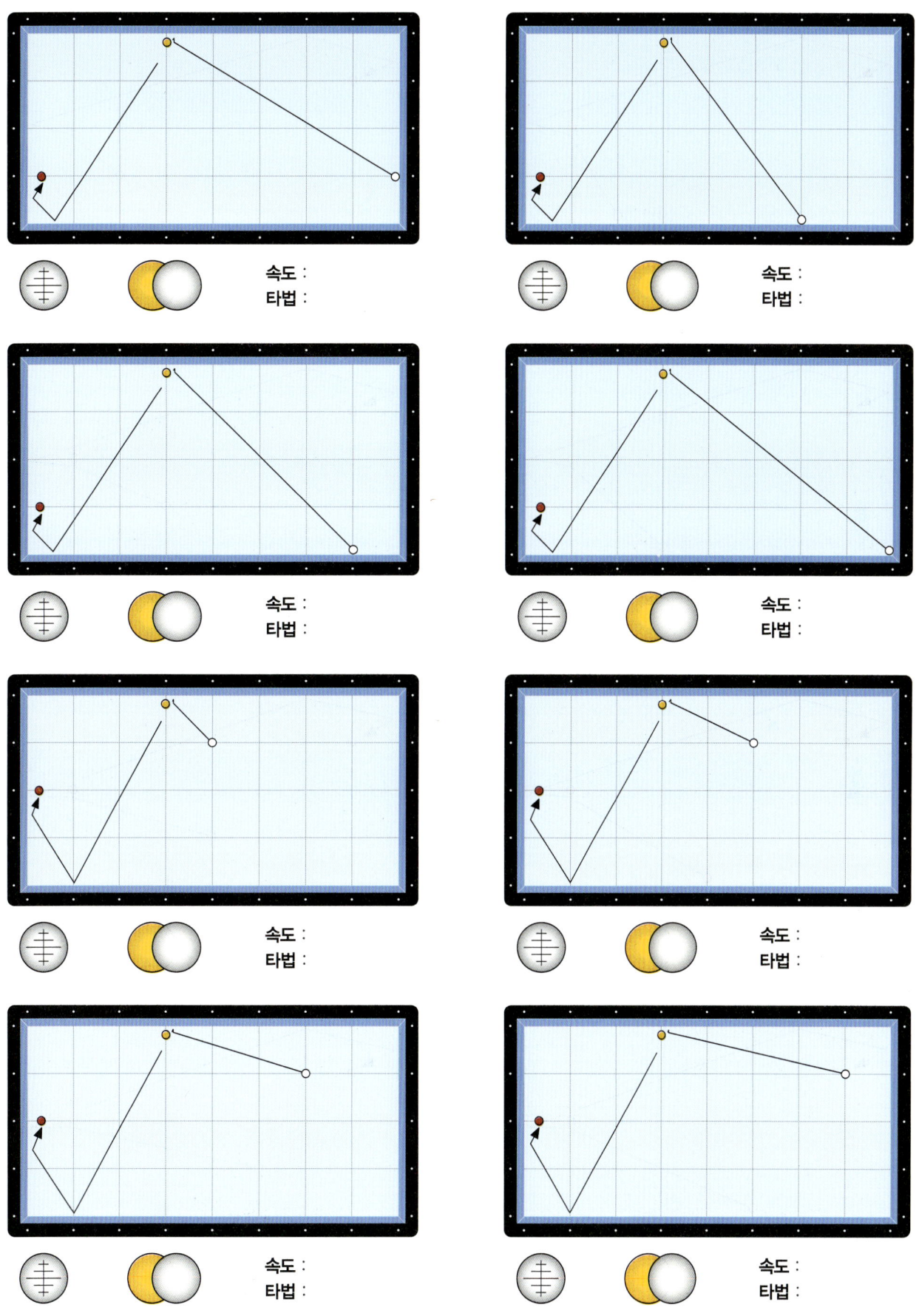

속도 :
타법 :

더블 쿠션 ⓫

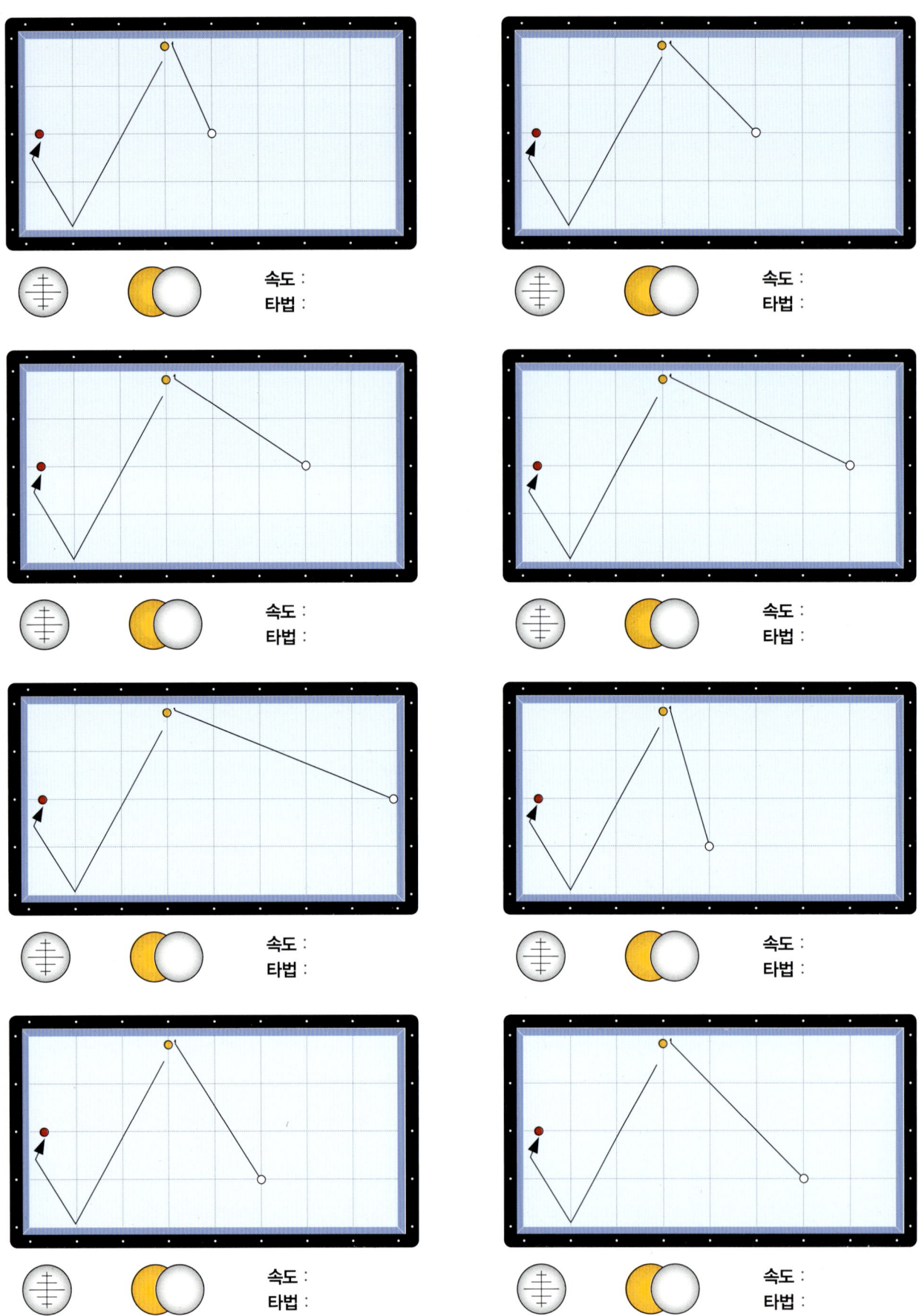

156 • 더블 쿠션 11

더블 쿠션 ⓬

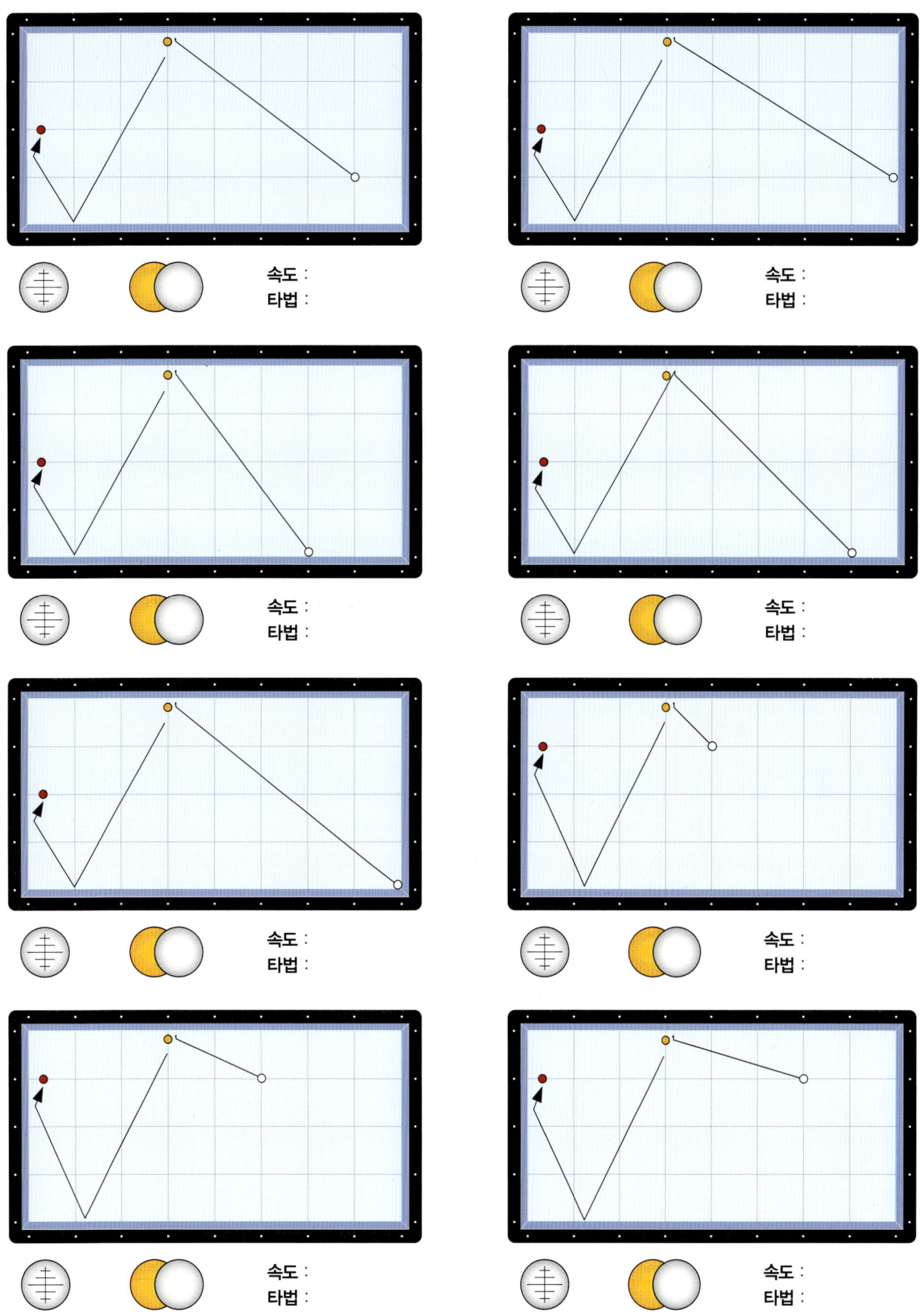

더블 쿠션 13

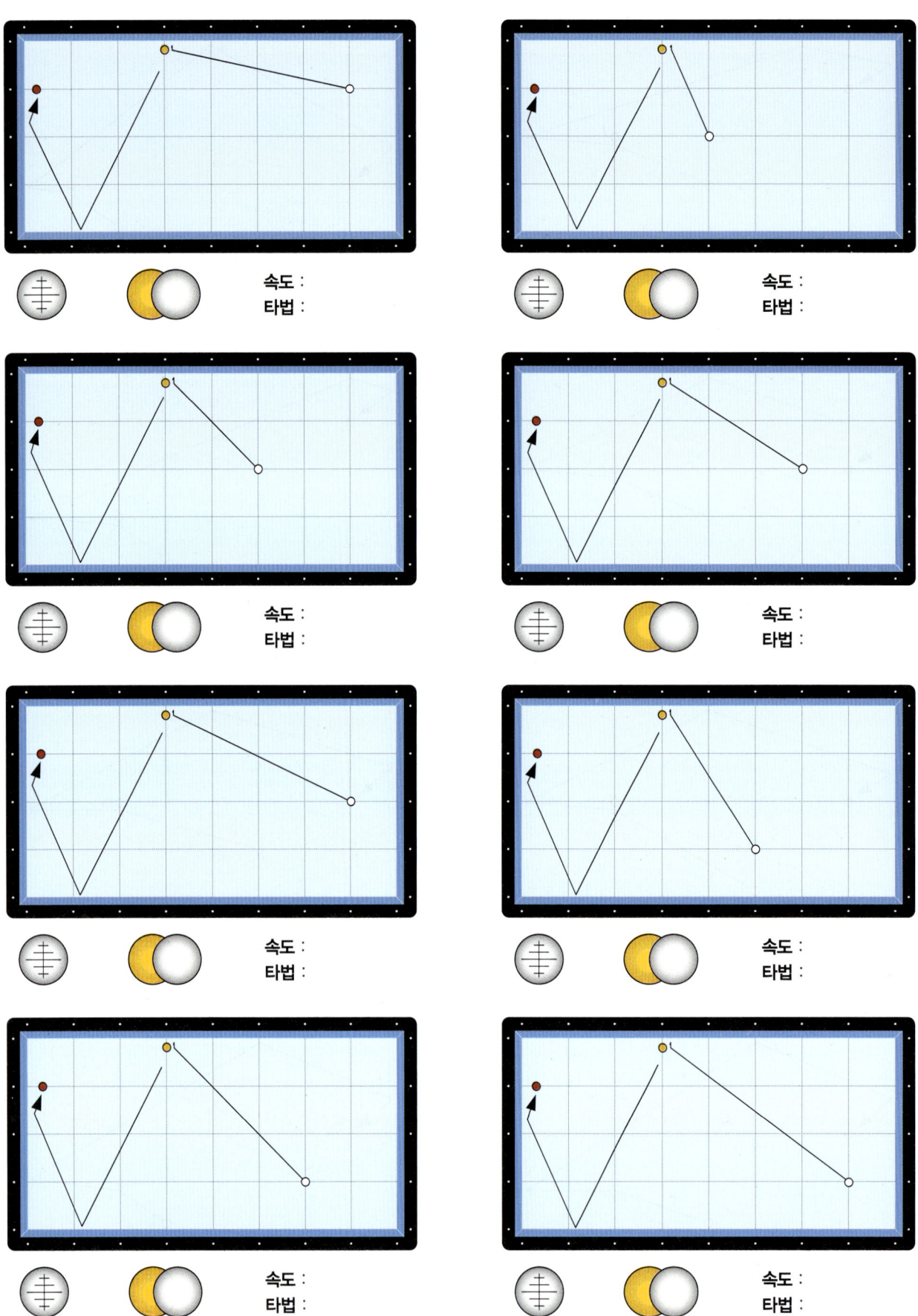

158 • 더블 쿠션 13

더블 쿠션 14

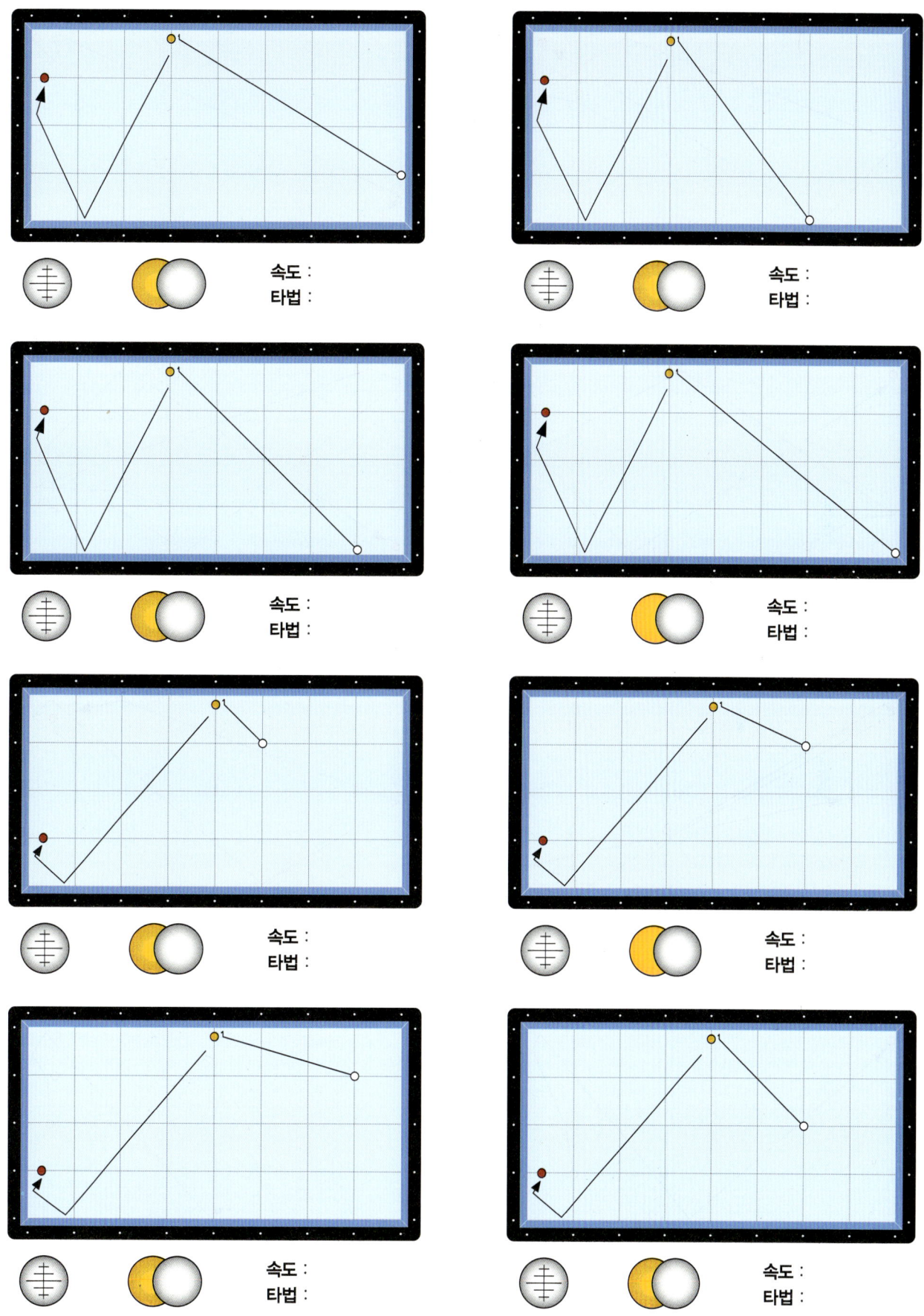

더블 쿠션 15

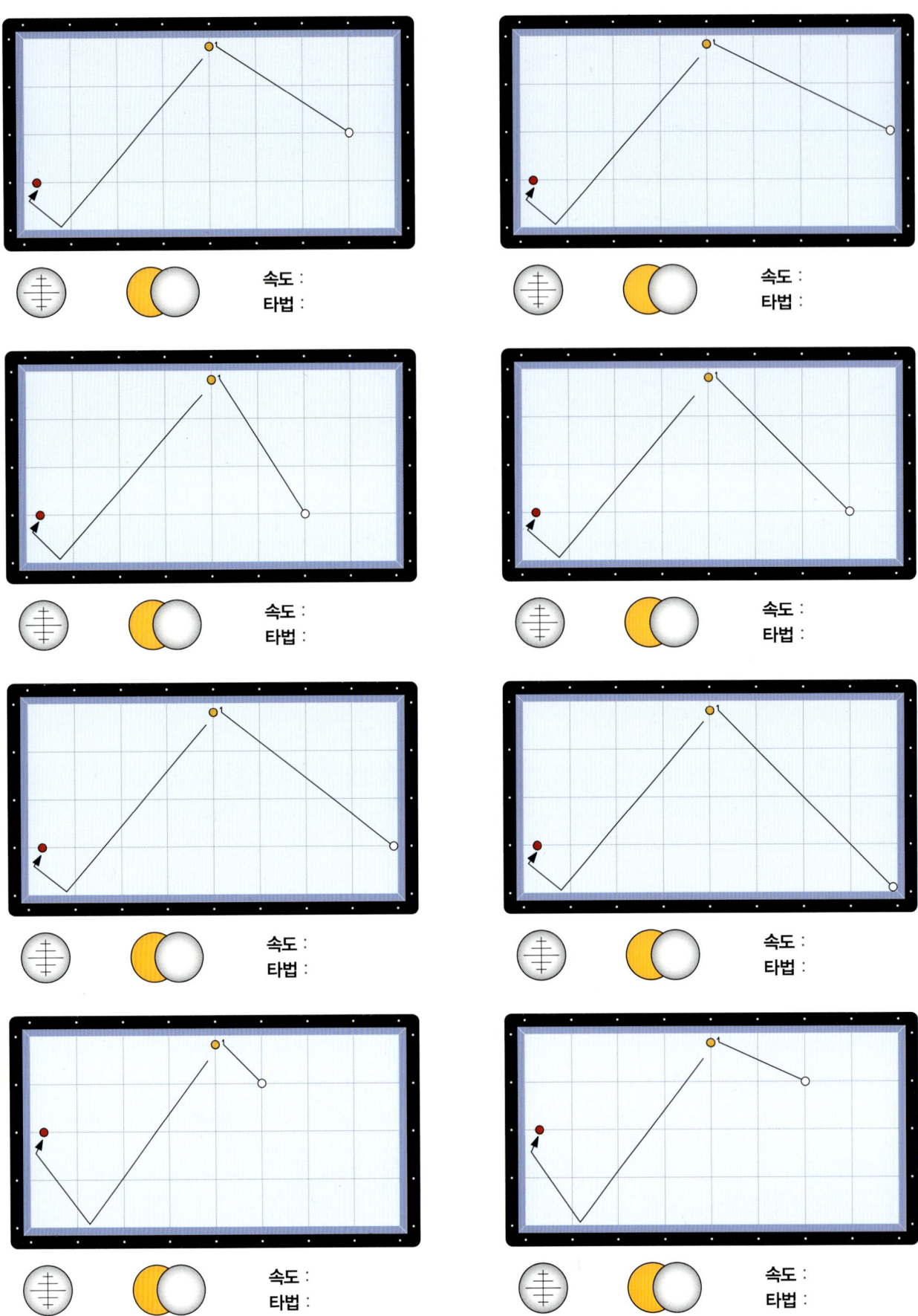

160 • 더블 쿠션 15

더블 쿠션 16

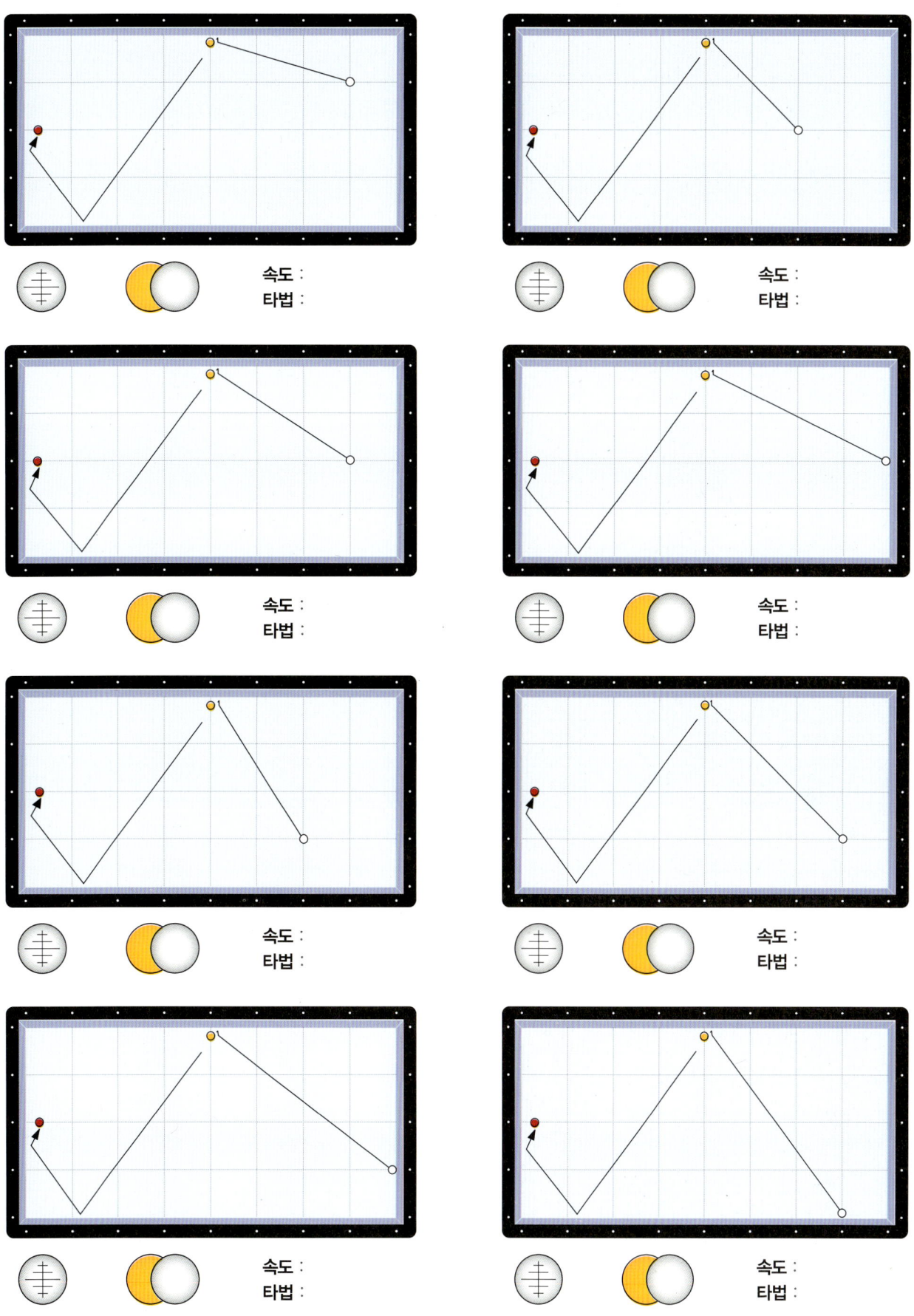

더블 쿠션 17

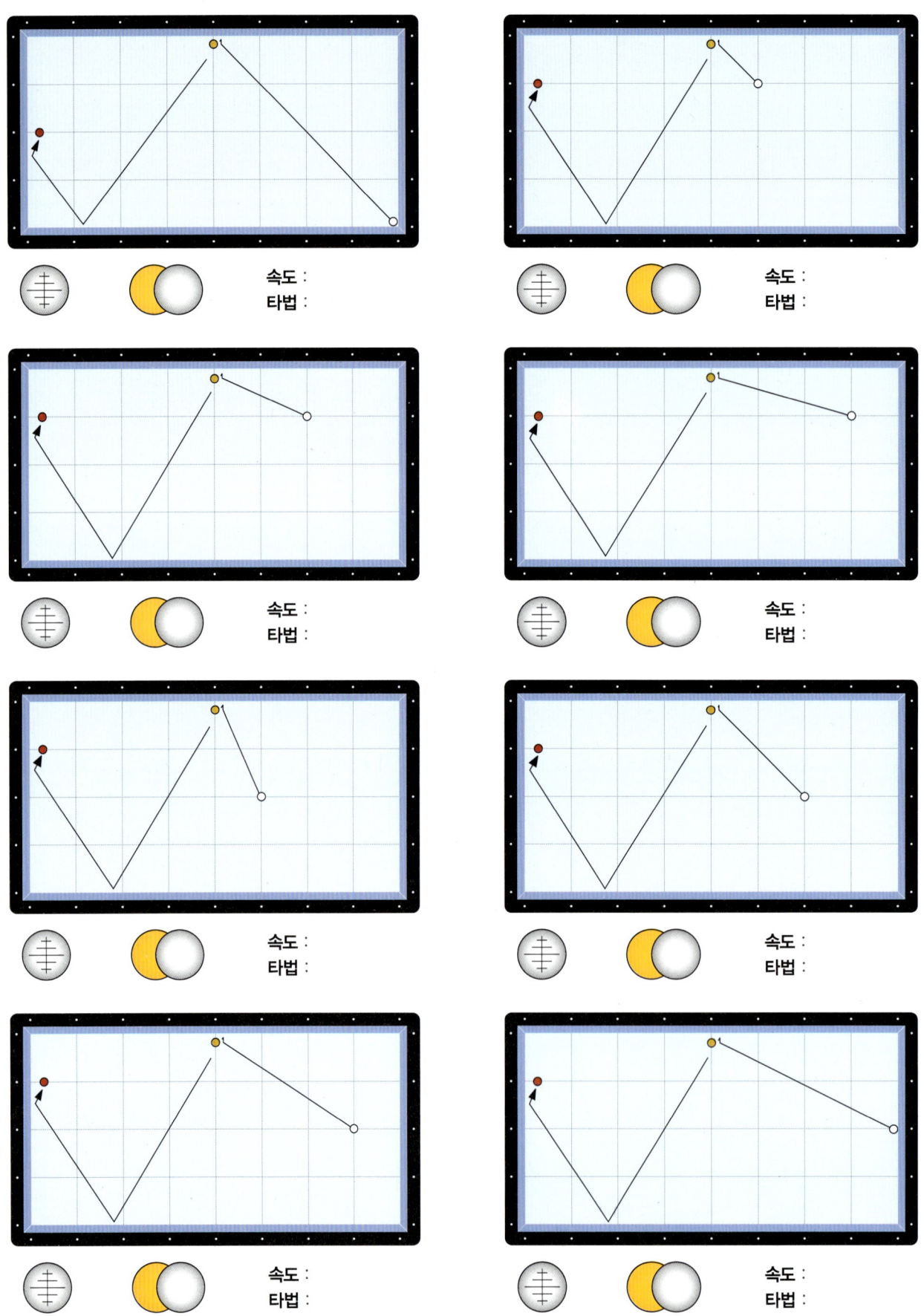

162 • 더블 쿠션 17

더블 쿠션 18

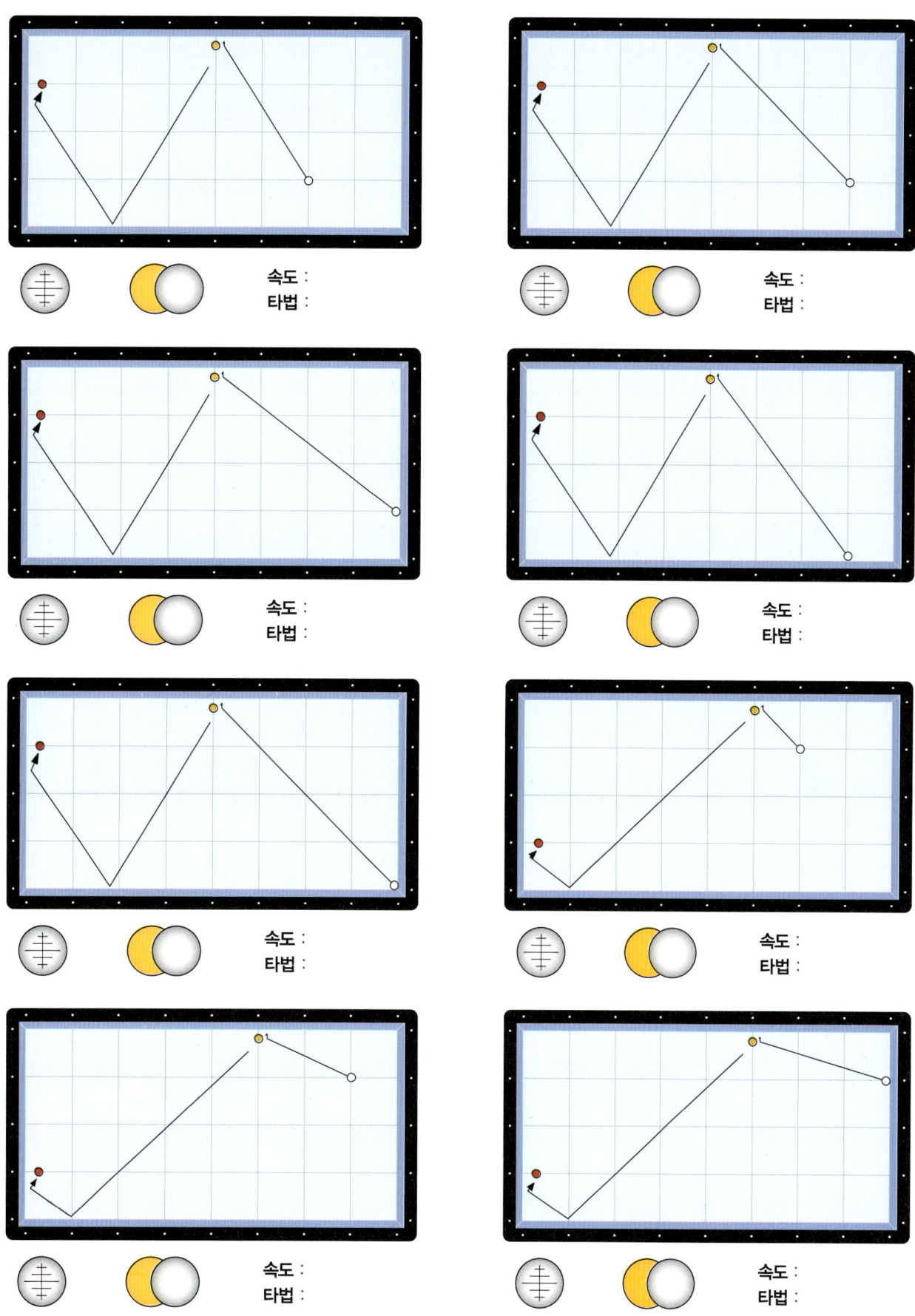

더블 쿠션 19

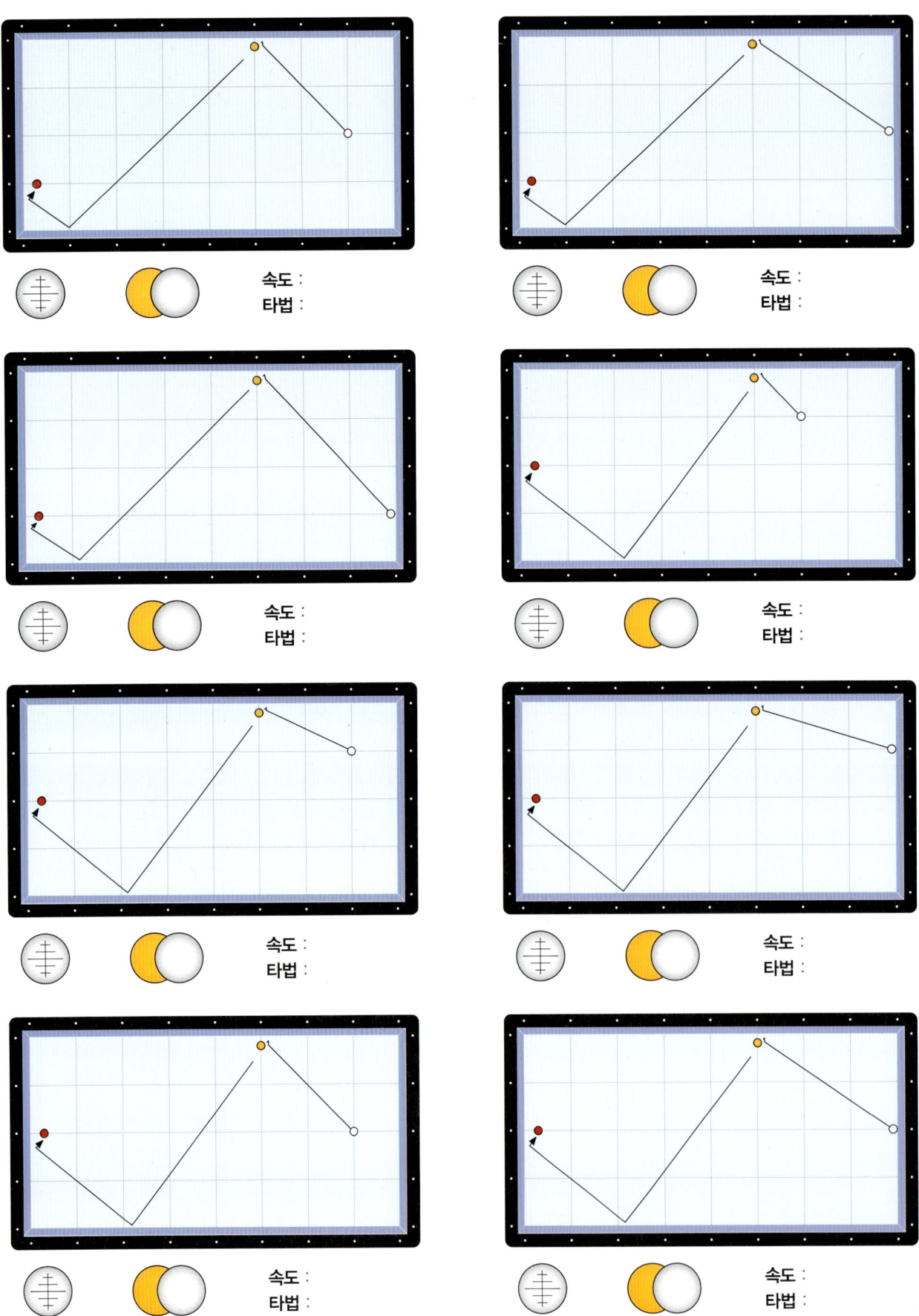

164 · 더블 쿠션 19

더블 쿠션 20

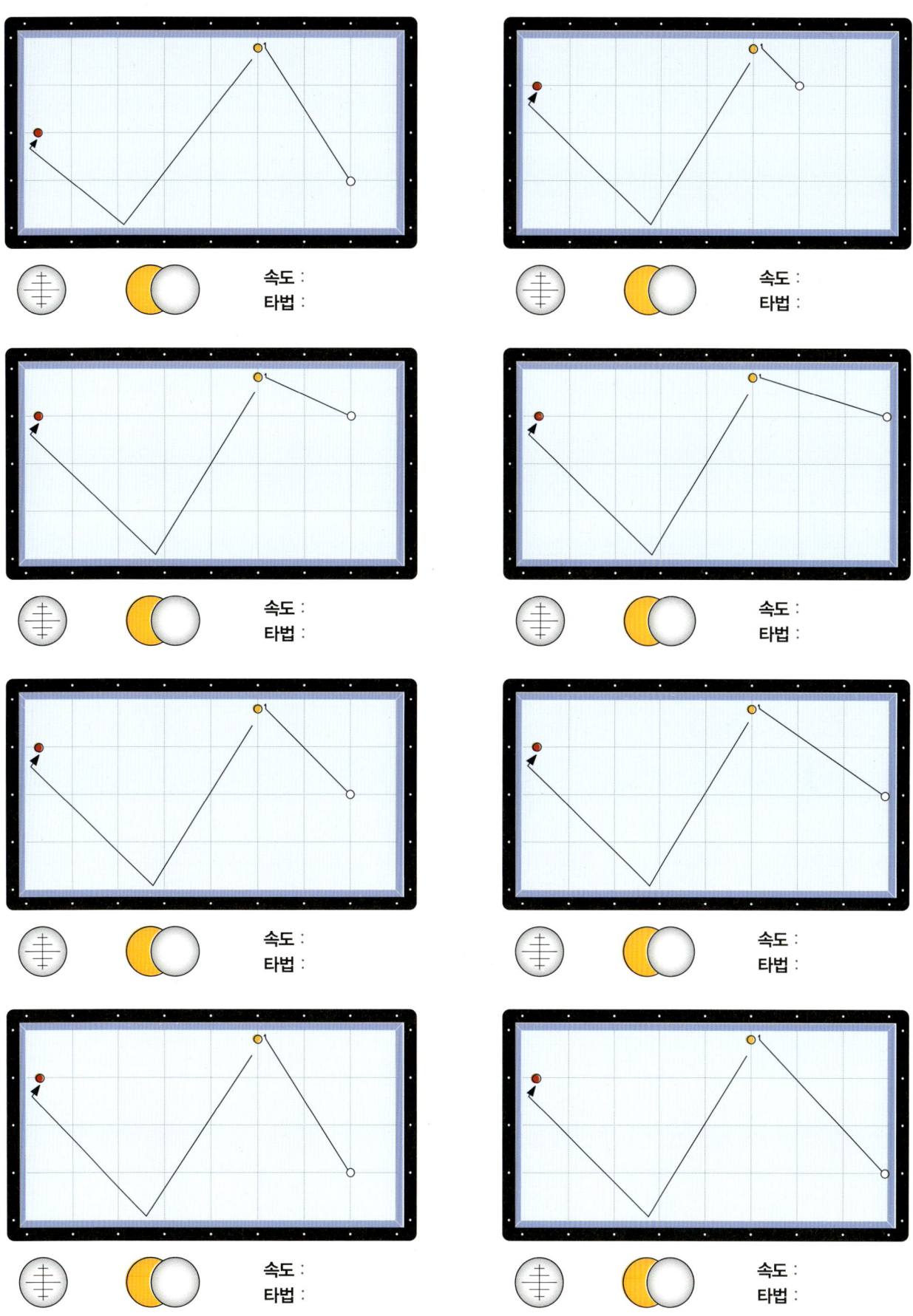

속도 :
타법 :

더블 쿠션 21

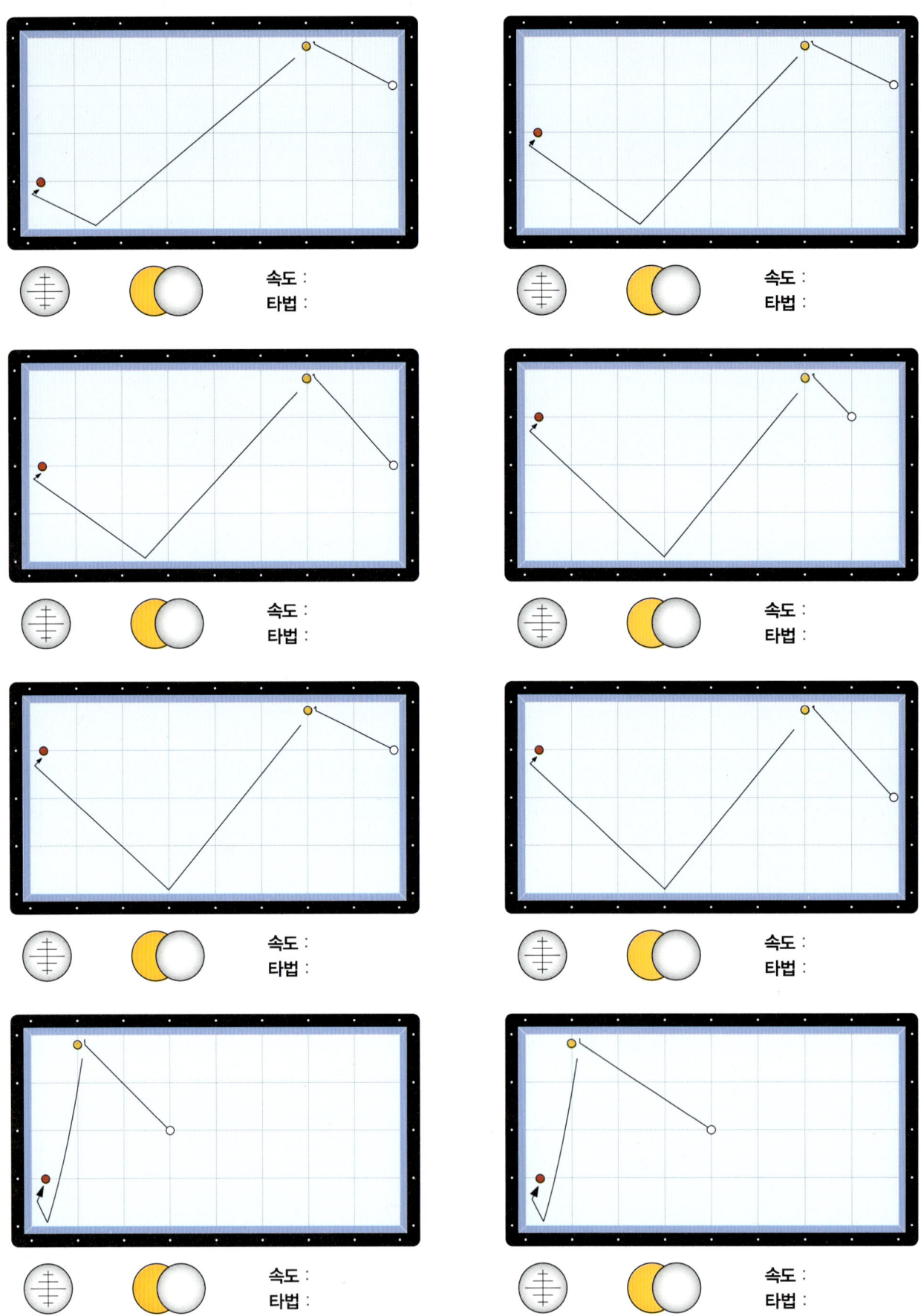

더블 쿠션 21

더블 쿠션 22

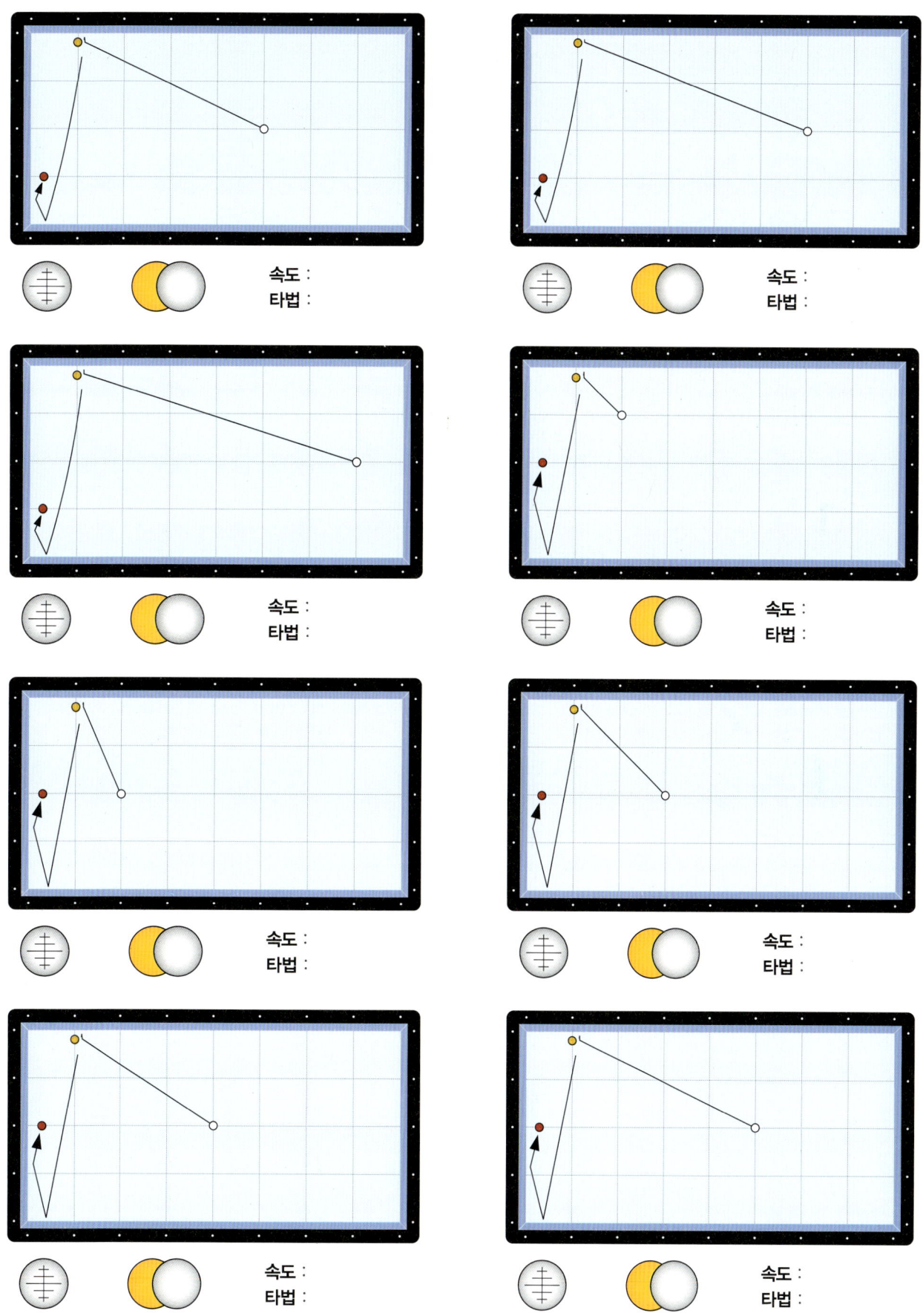

더블 쿠션 23

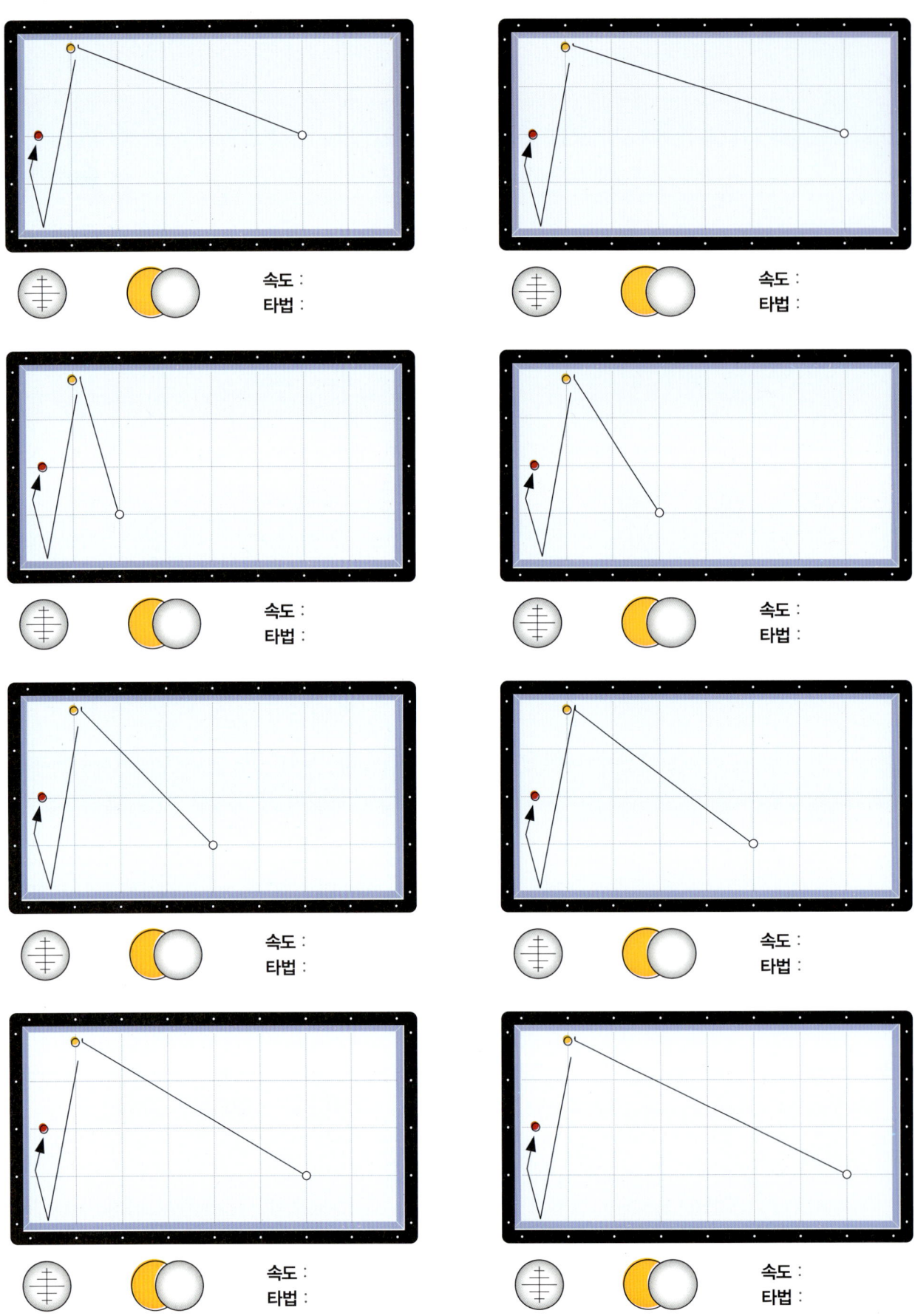

168 • 더블 쿠션 23

더블 쿠션 24

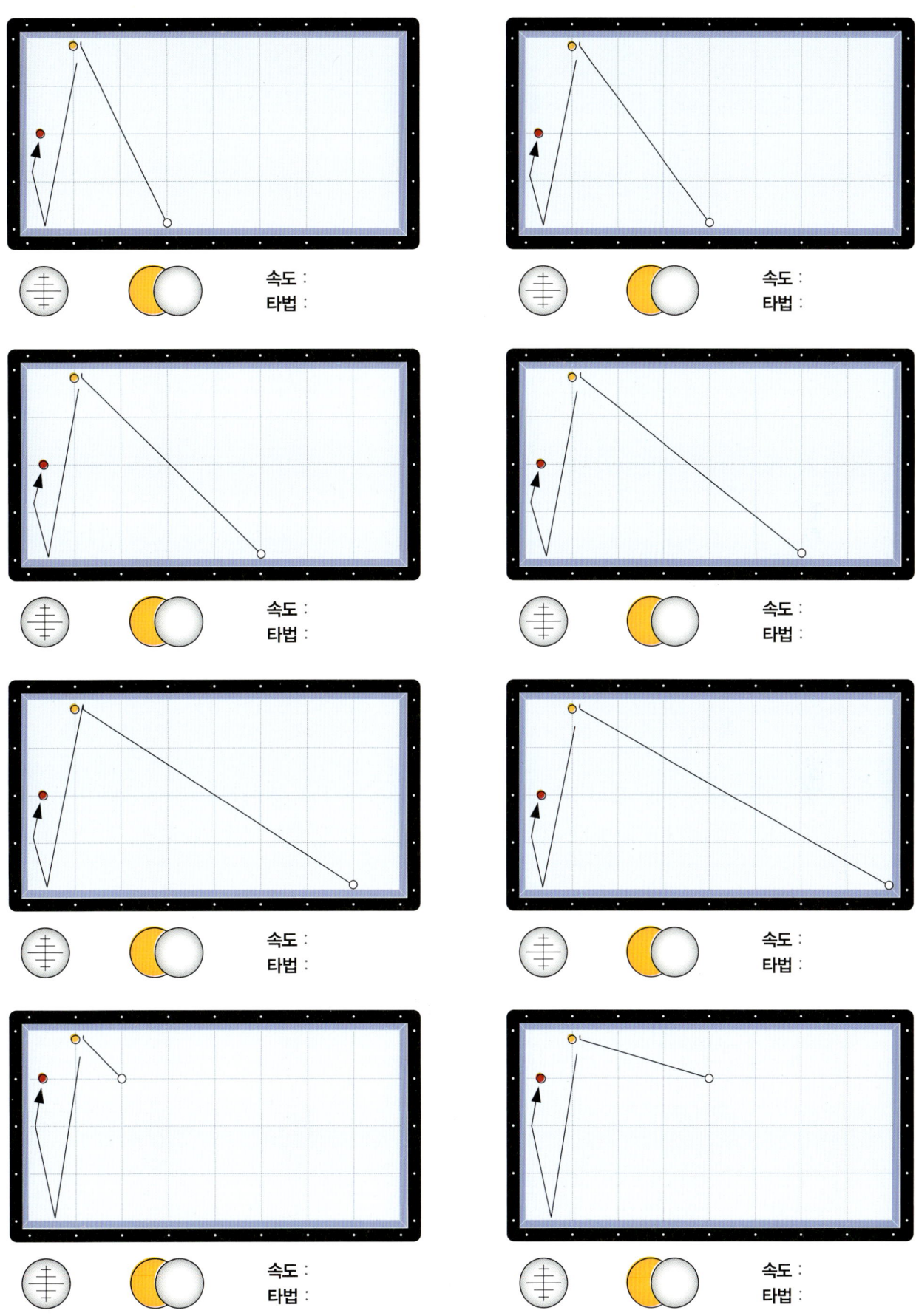

더블 쿠션 25

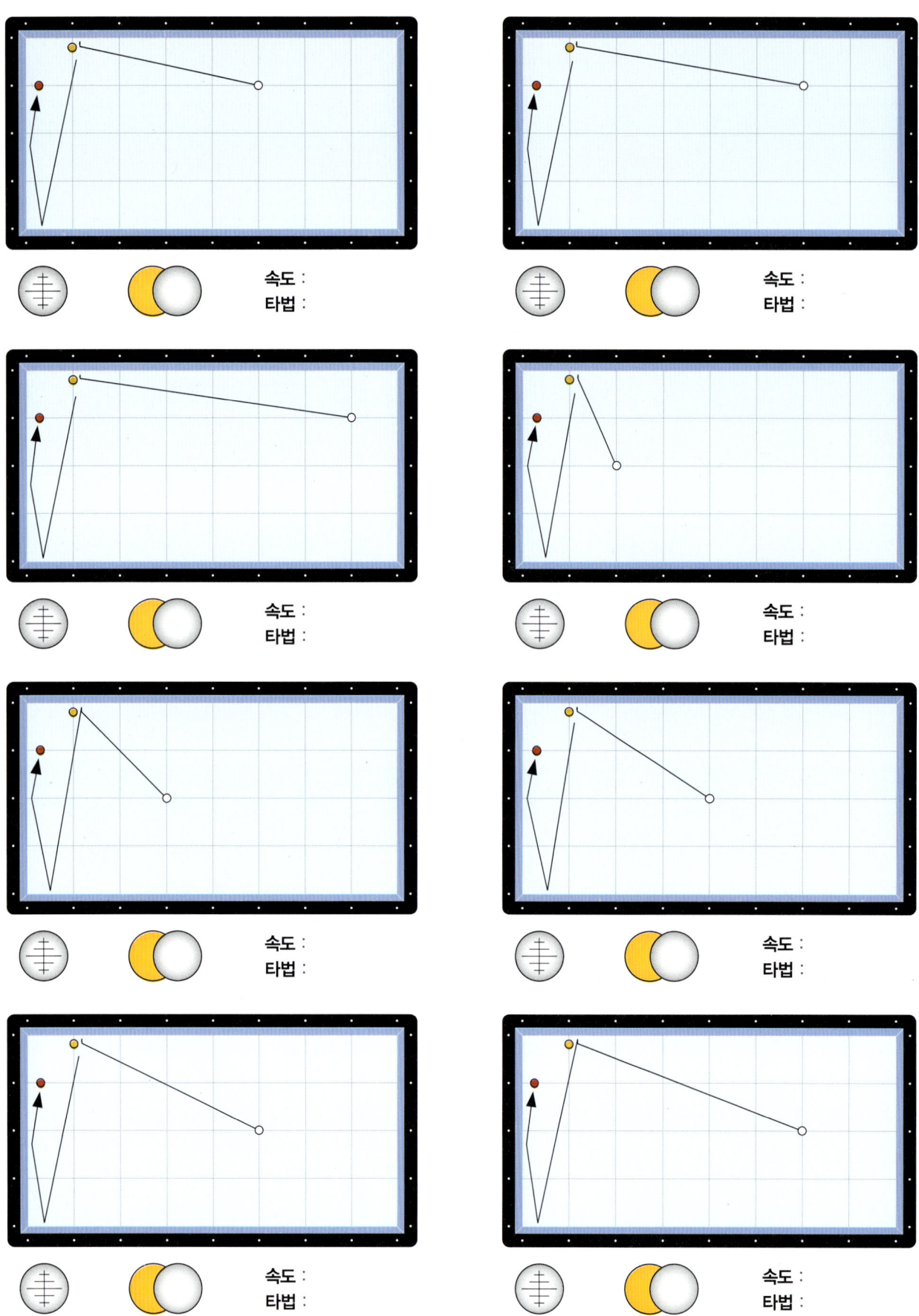

170 • 더블 쿠션 25

더블 쿠션 26

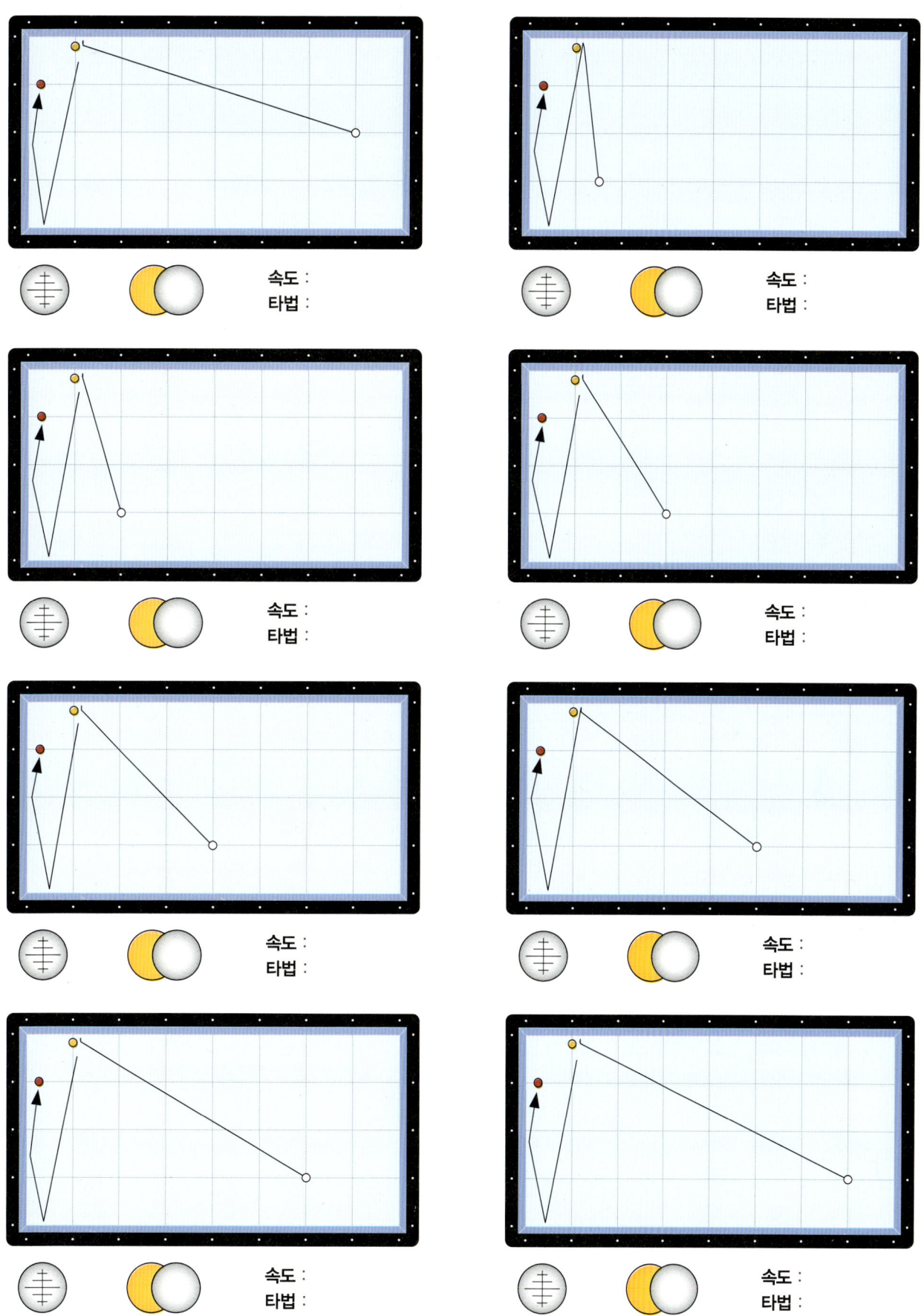

171

더블 쿠션 27

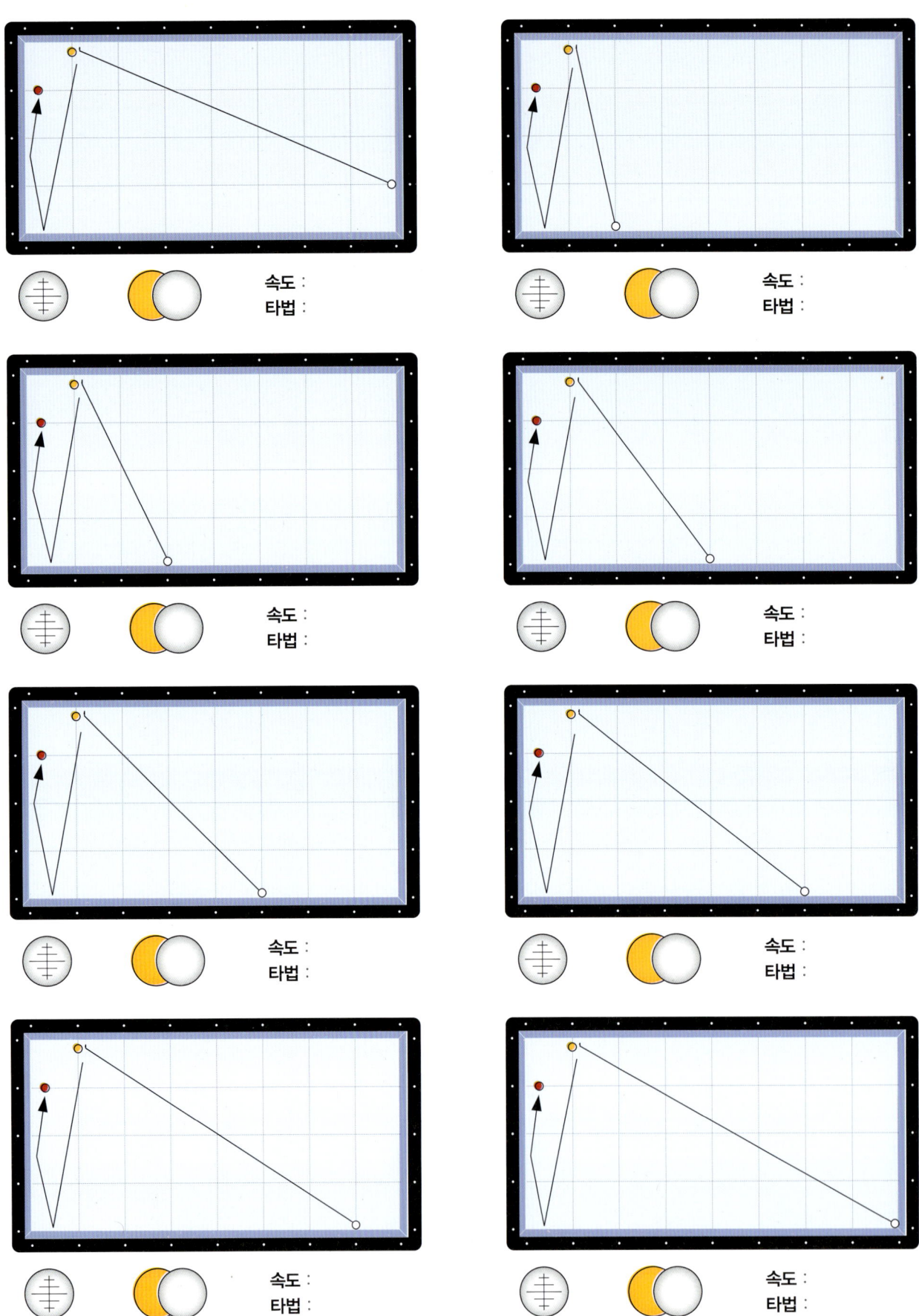

172 · 더블 쿠션 27

더블 쿠션 ㉘

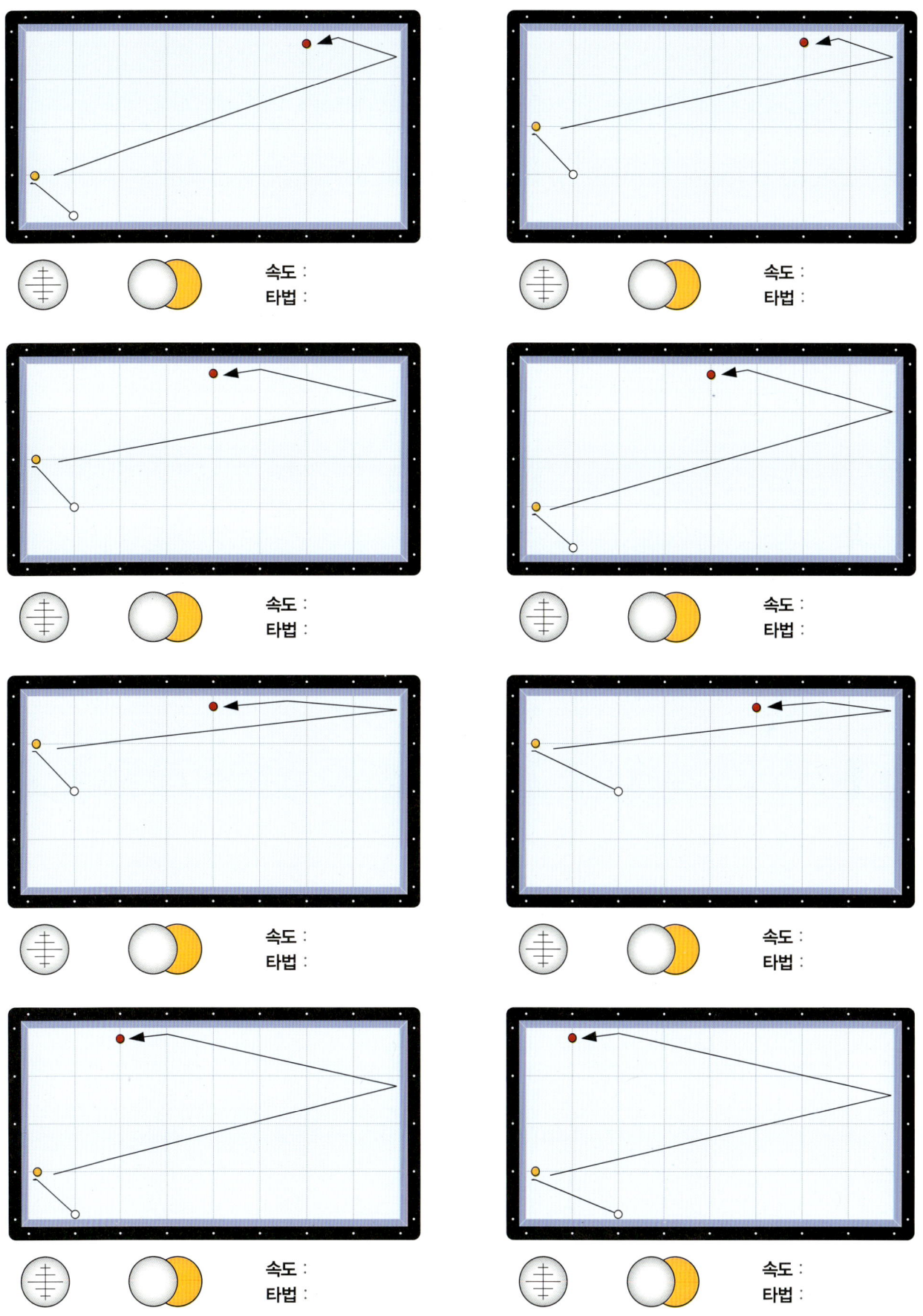

173

더블 쿠션 29

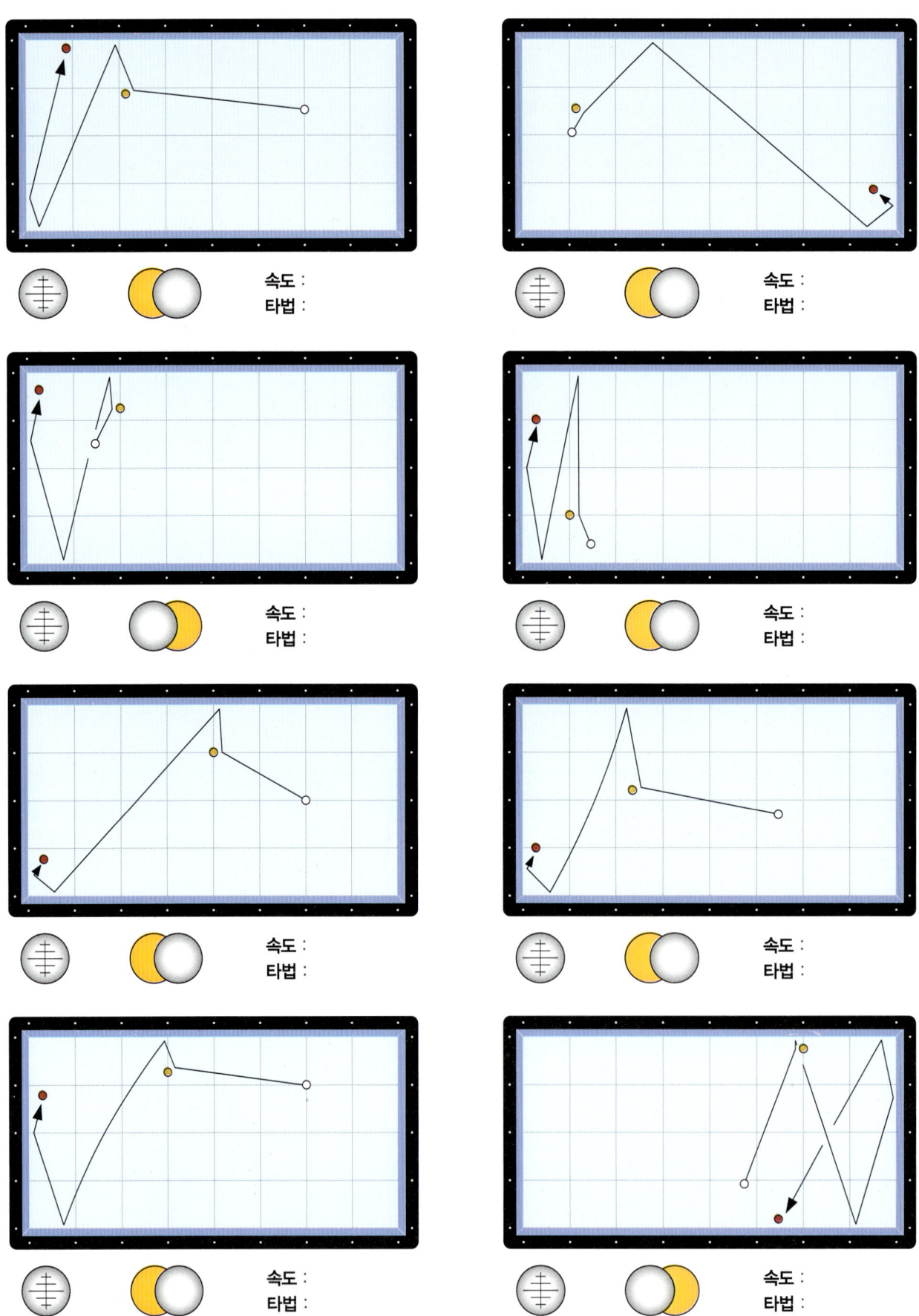

174 • 더블 쿠션 29

더블 쿠션 30

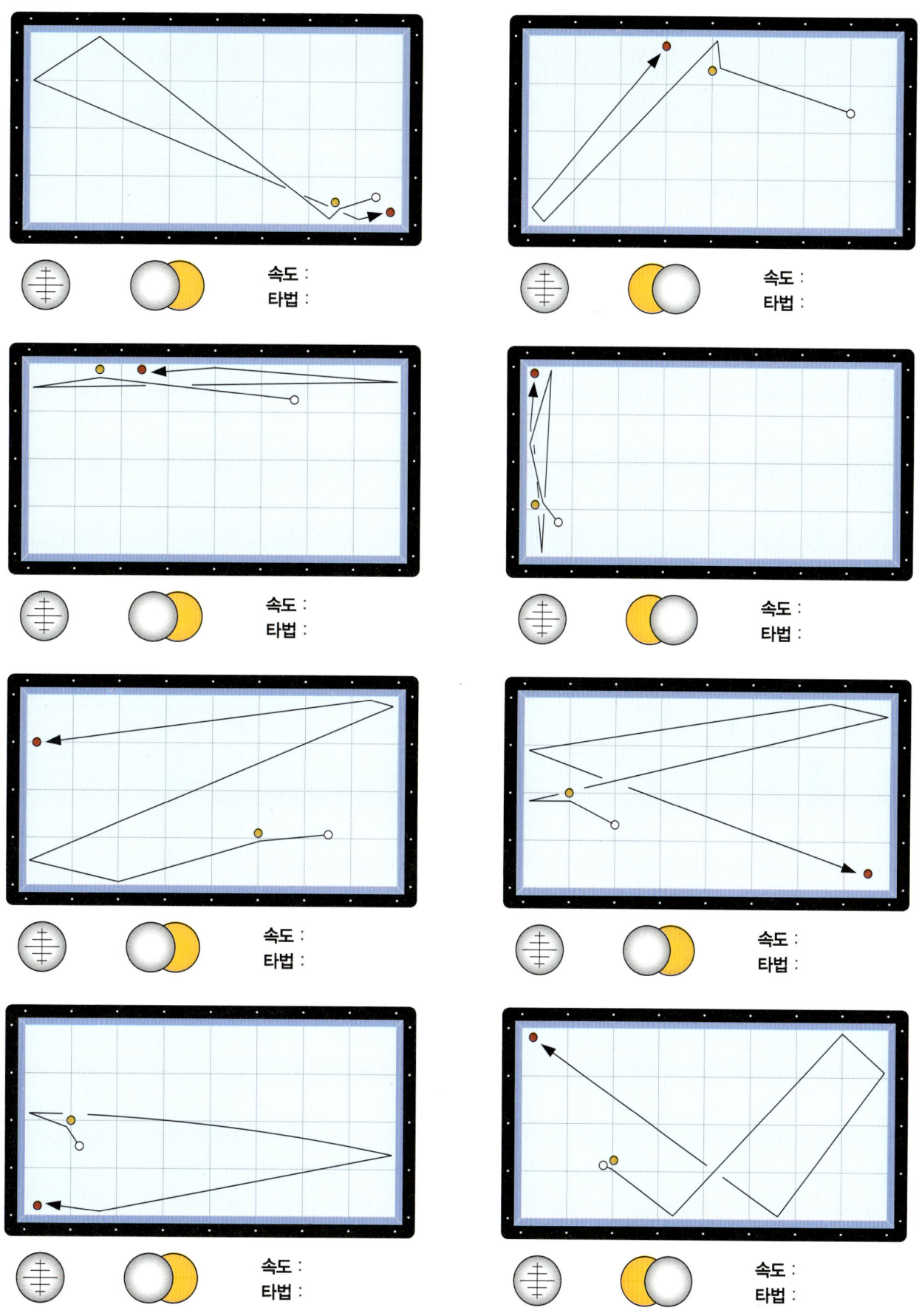

속도 :
타법 :

속도 :
타법 :

속도 :
타법 :

속도 :
타법 :

속도 :
타법 :

속도 :
타법 :

속도 :
타법 :

속도 :
타법 :

더블 쿠션 31

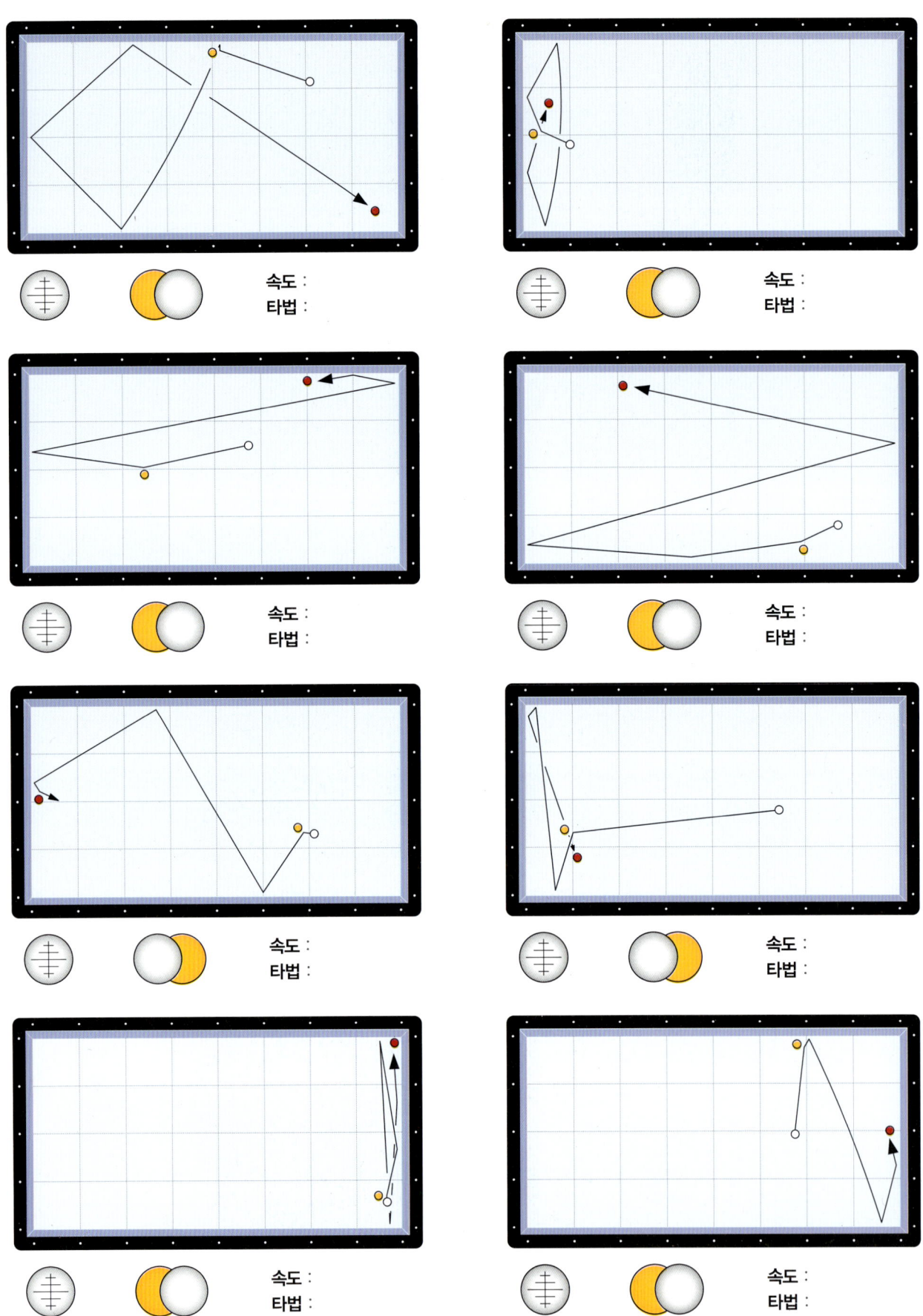

속도 :
타법 :

176 • 더블 쿠션 31

더블 쿠션(횡단) ❶

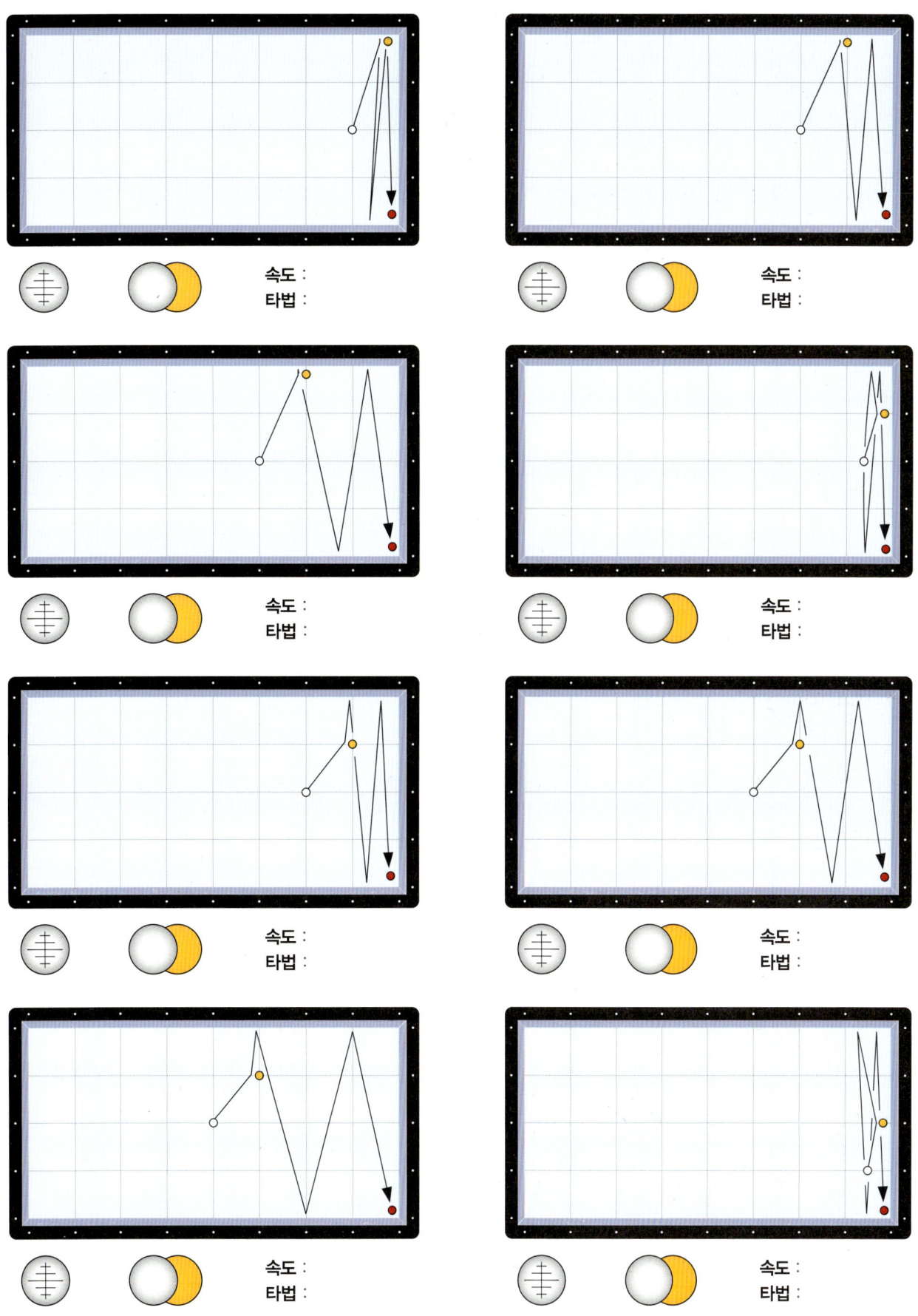

더블 쿠션(횡단) ❷

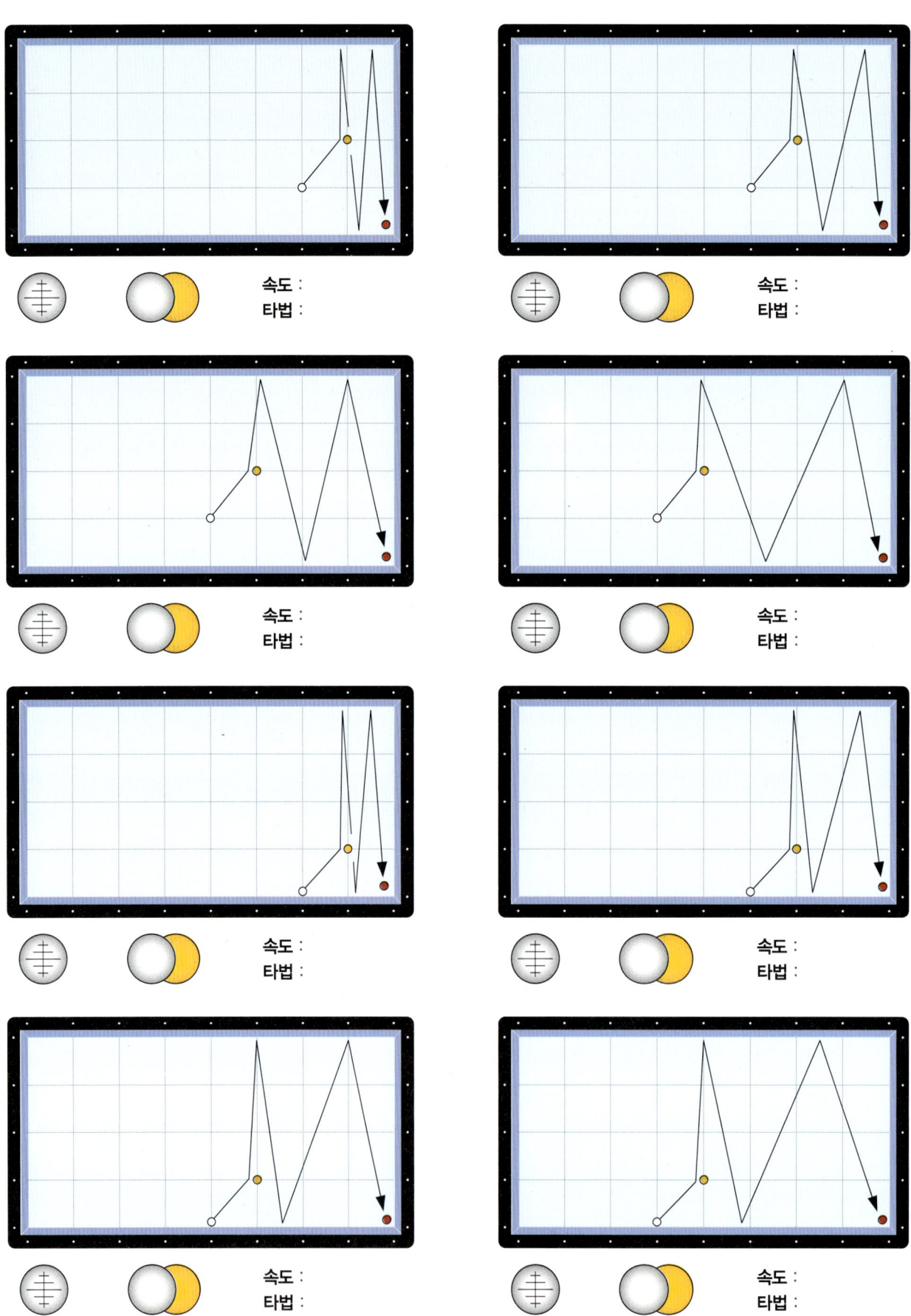

178 • 더블 쿠션(횡단) 2

더블 쿠션(횡단) ③

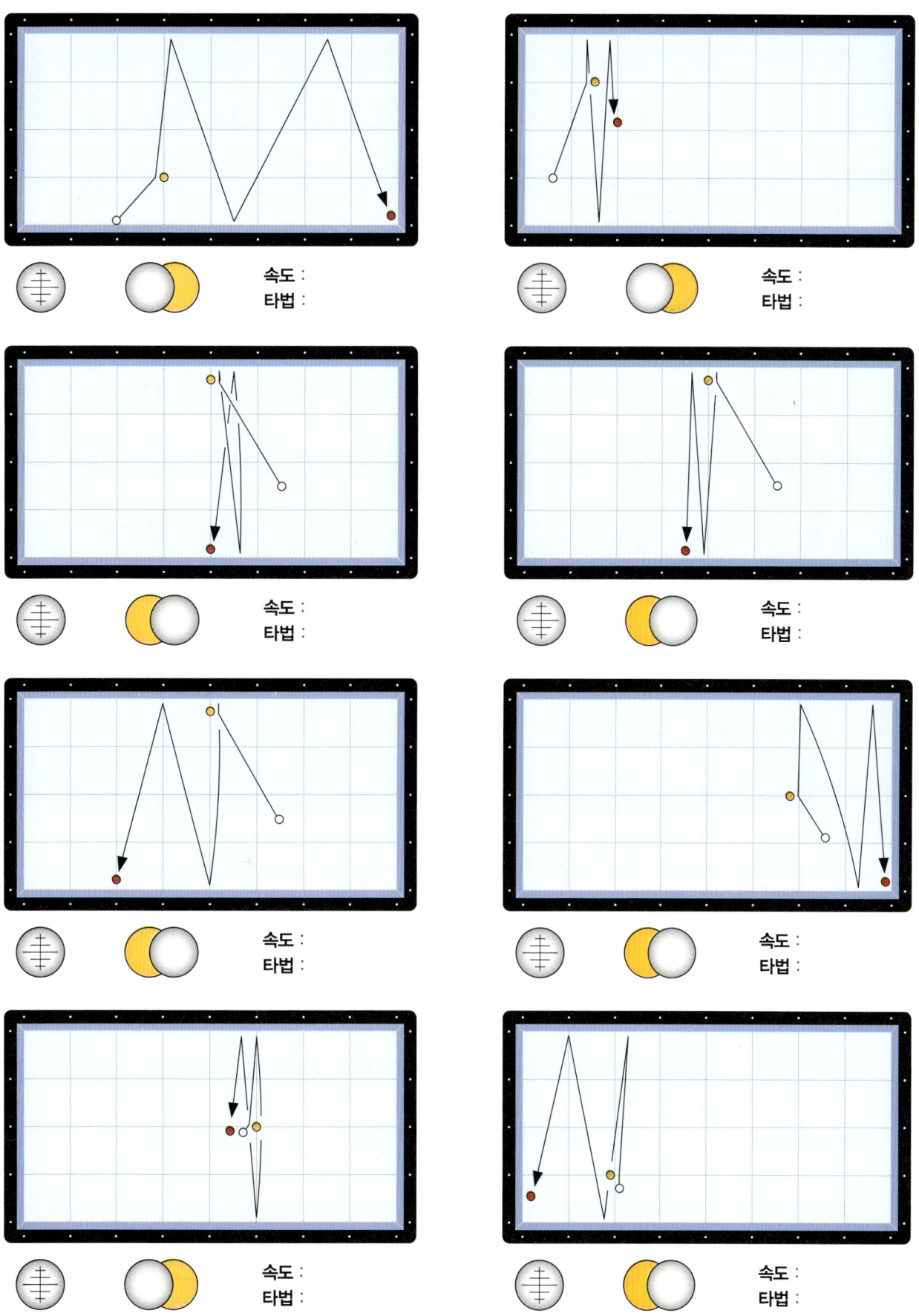

속도 :
타법 :

더블 레일 ❶

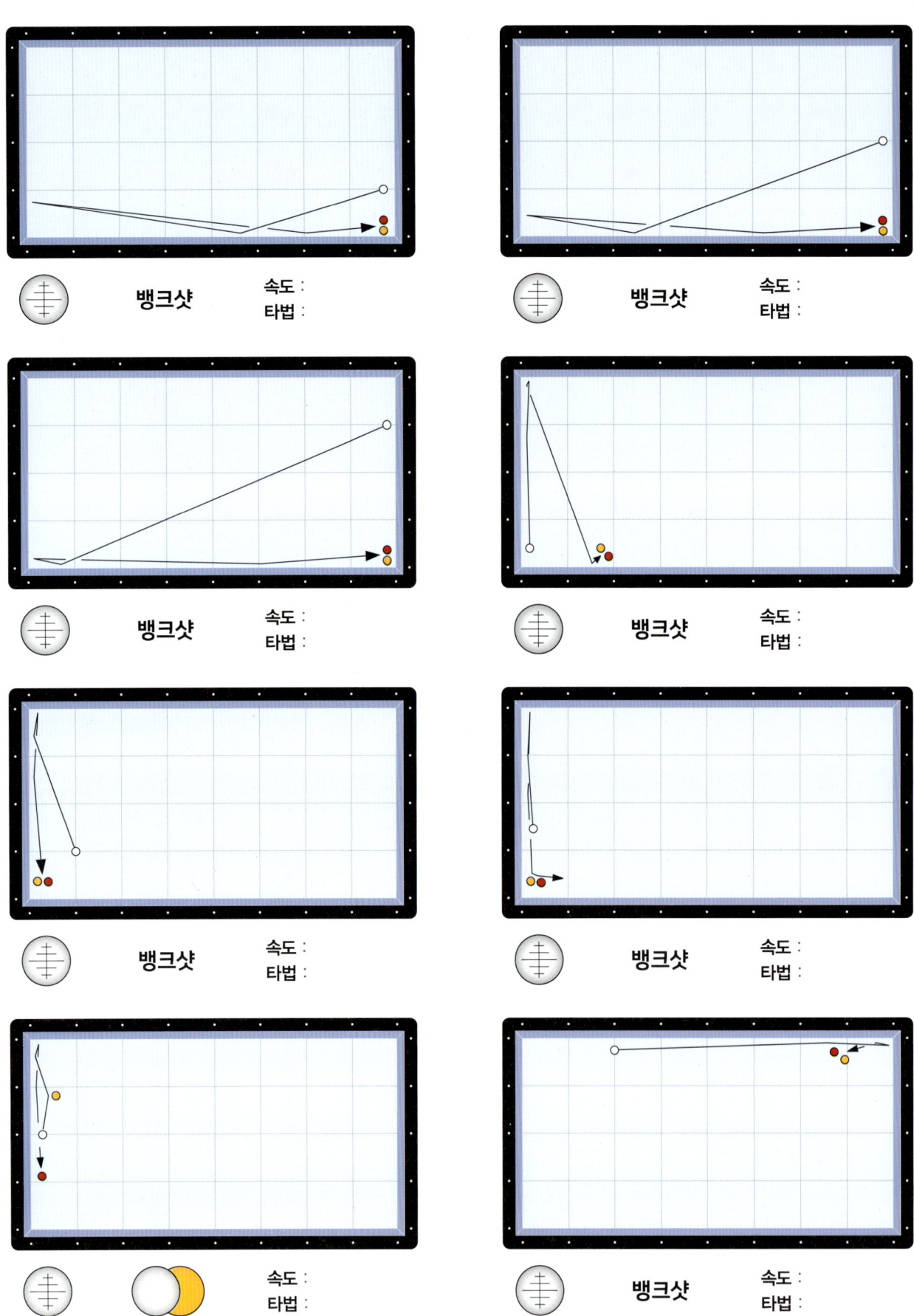

180 · 더블 쿠션(횡단) 1

더블 레일 ❷

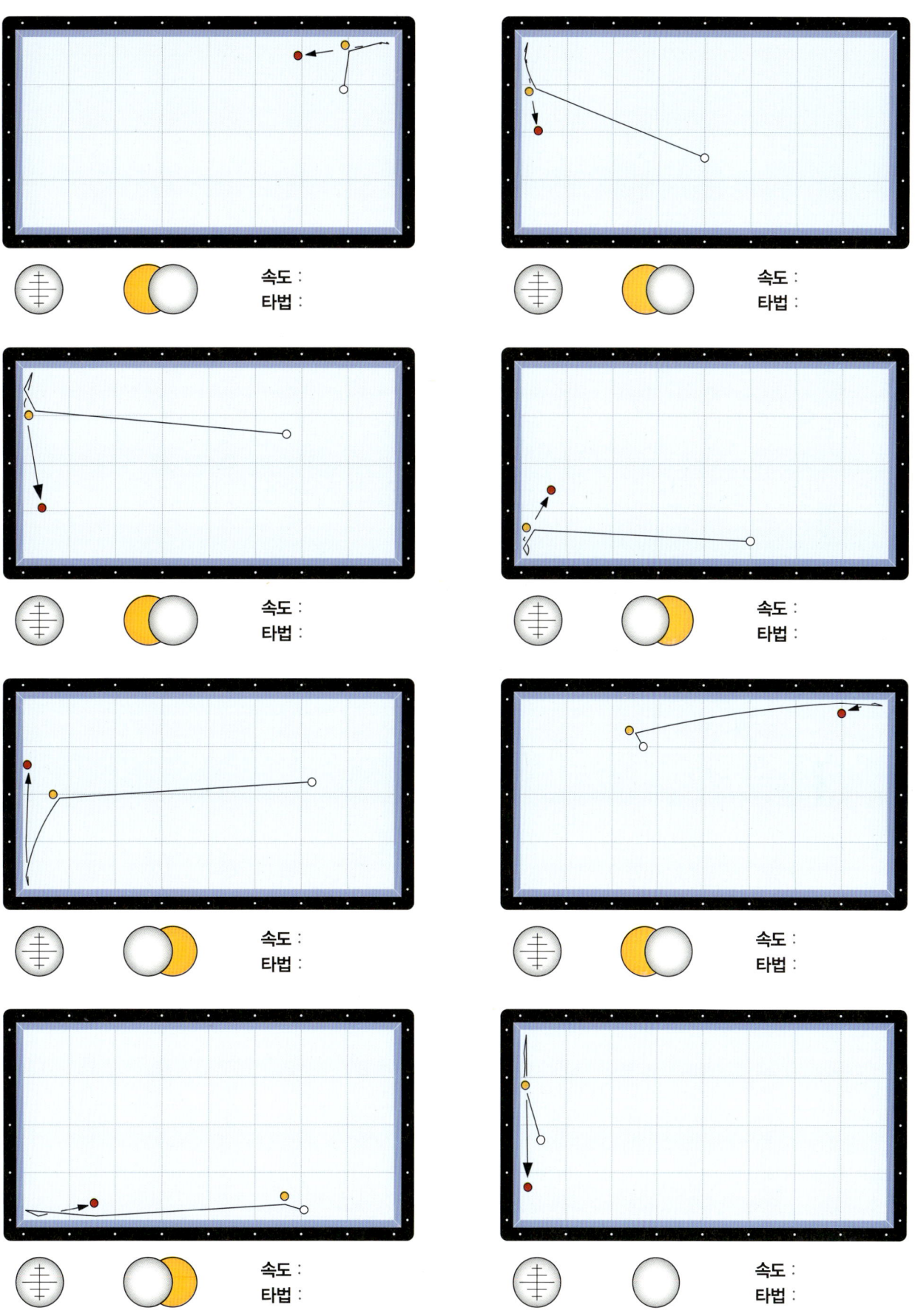

더블 레일 ③

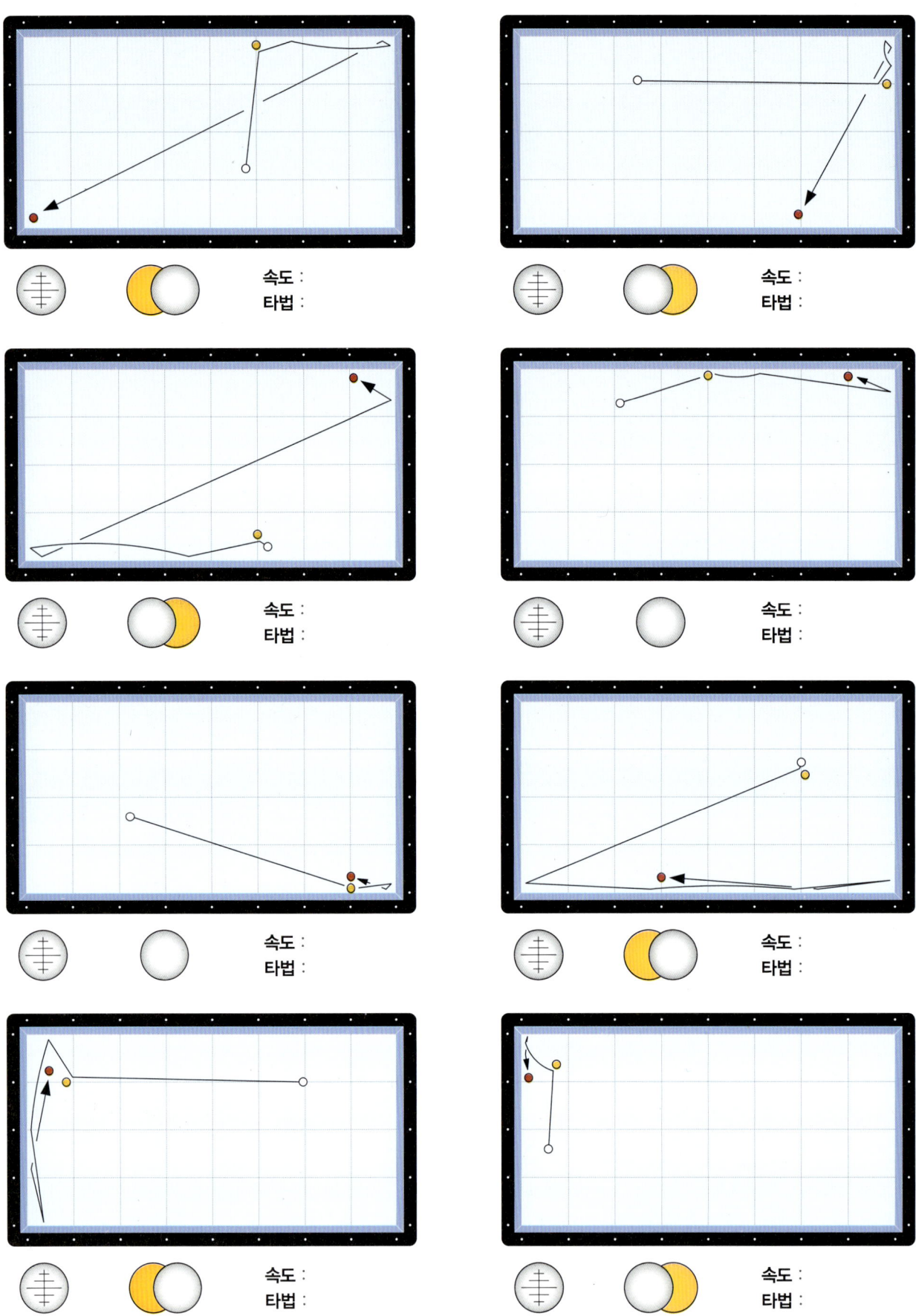

182 • 더블 레일 3

더블 레일 ④

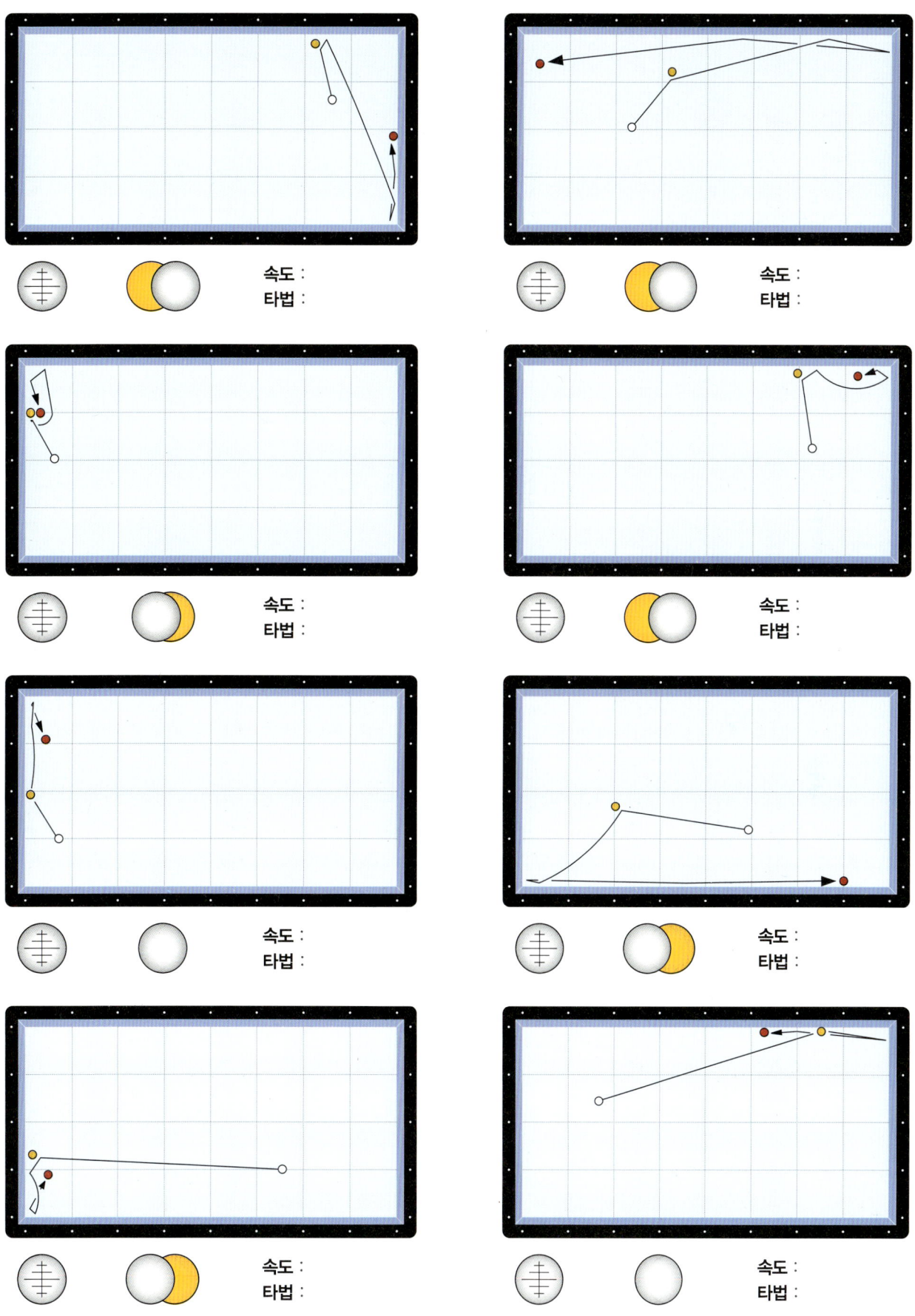

더블 레일 ⑤

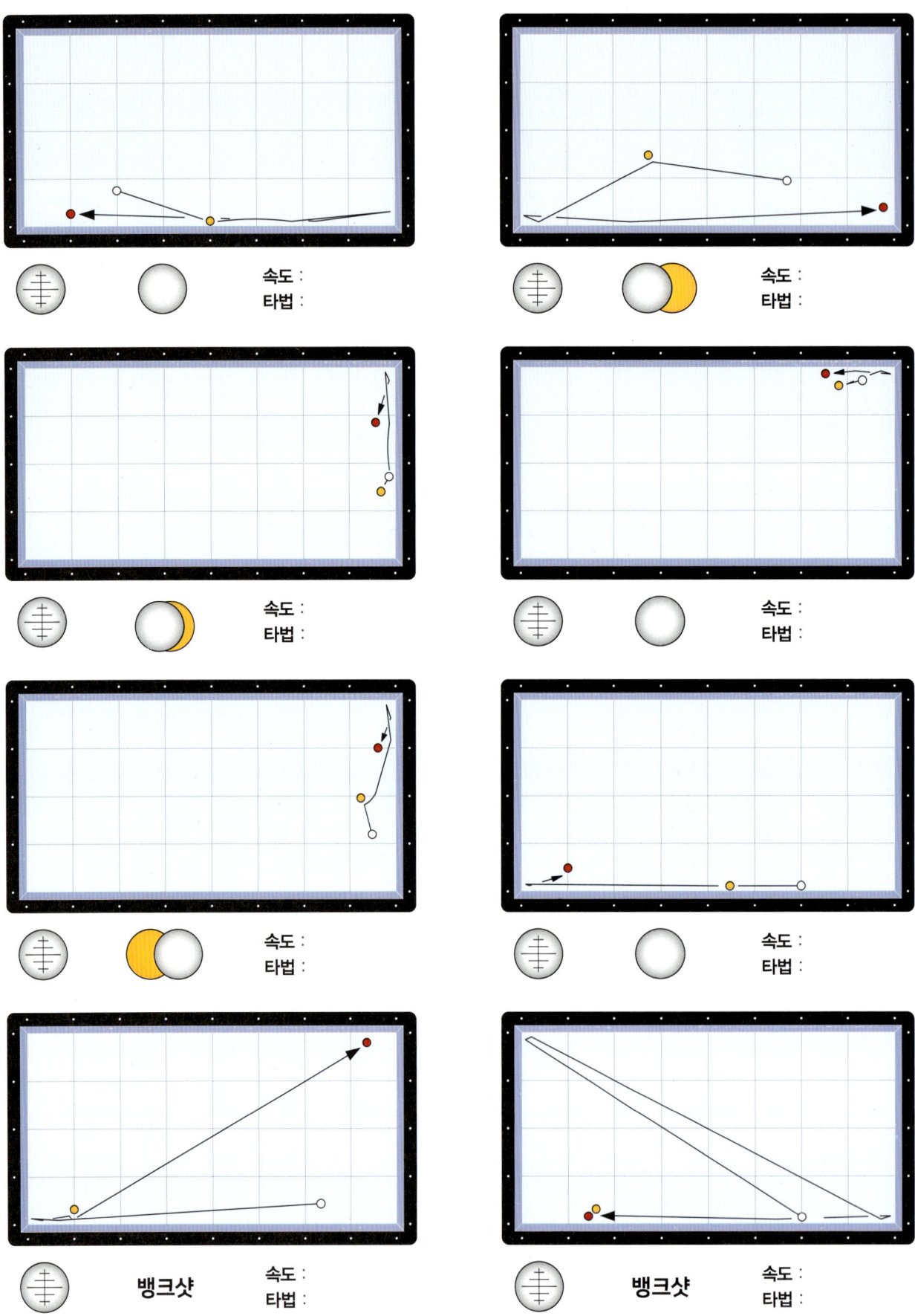

184 • 더블 레일 5

1 cushion Bank 암기 ❶

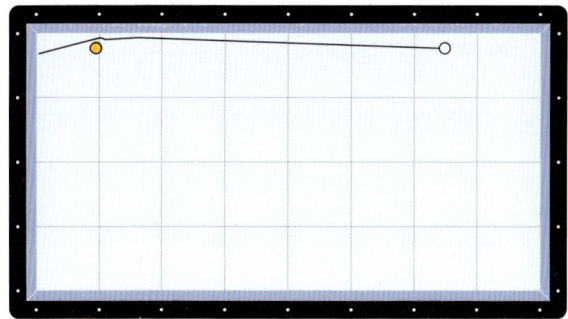

9시 당점으로 1 Bank 후에 수구가 자연스럽게 진행할 수 있는 두께를 조준하여 같은 속도로 10번 정도 시도를 하여 수구가 가장 많이 도착하는 4번째 쿠션의 위치를 직접 그려 보아야 한다.

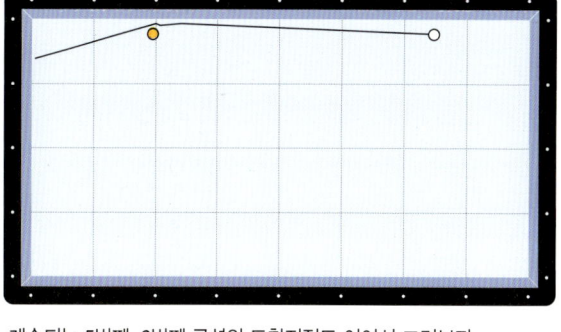

계속되는 5번째, 6번째 쿠션의 도착지점도 이어서 그려보자. 그리고 반드시 외워야 한다.

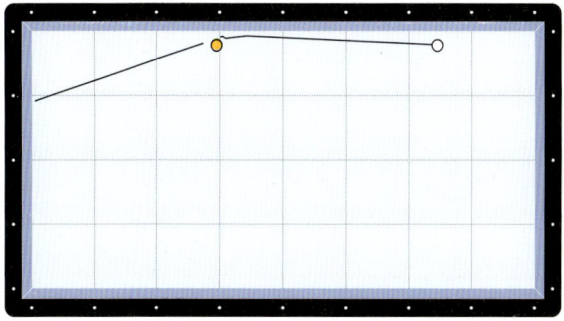

1 Bank 이후에 1목적구의 왼쪽이나 오른쪽을 맞히는 것만이 다가 아니다. 똑같은 위치에 일관성 있게 Bank를 하여도 속도, 당점, 충격량, 타법에 따라서 진행경로는 완전히 달라지므로 많은 경험이 필요하다.

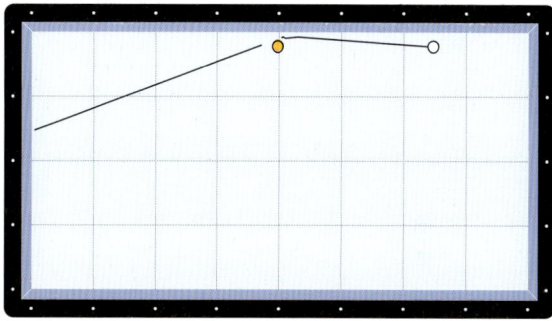

당구가 계산법만으로 안 되는 가장 큰 원인은 속도에 따른 변화가 다양하기 때문이다. 성공률을 높이는 적절한 속도를 익히는 것은 머리가 아니라 팔이다.

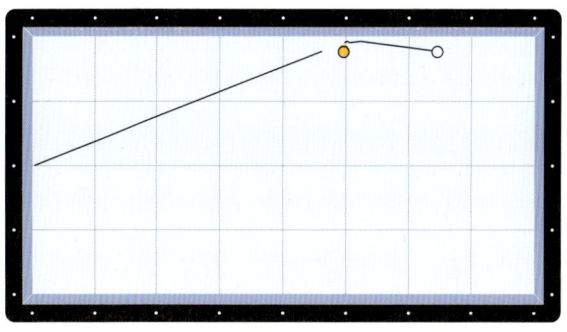

계산법에 빠져서 허우적거리는 동호인들은 빨리 정신을 차려야 한다. 포인트를 보는 것이 아니라 당구대 바닥에 수구의 진행경로그림이 그려져야 한다.

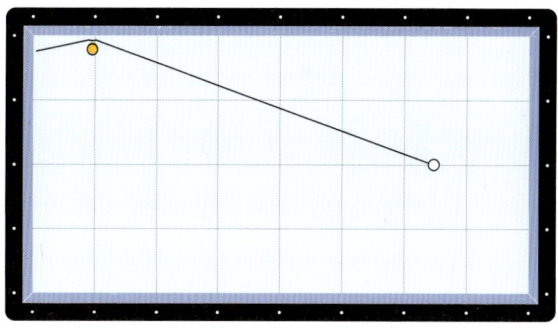

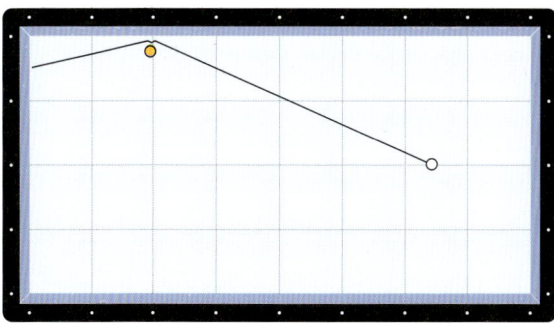

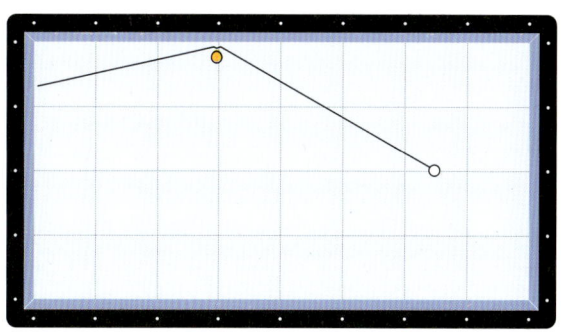

천천히 진행할 때와 빠르게 진행할 때의 경로는 다르다. 속도의 변화에 따른 경로 또한 외워야 한다.

1 cushion Bank 암기 ❷

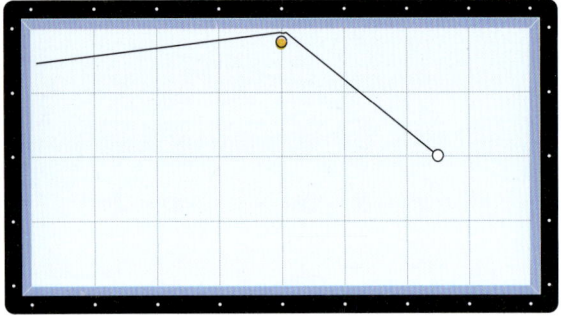
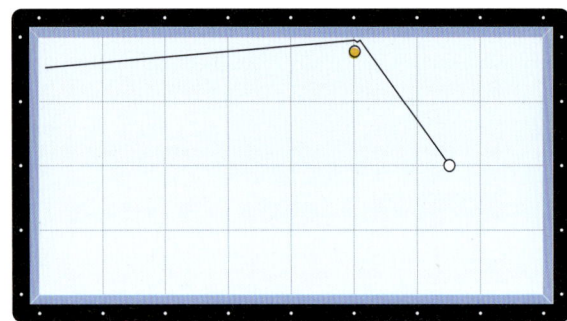

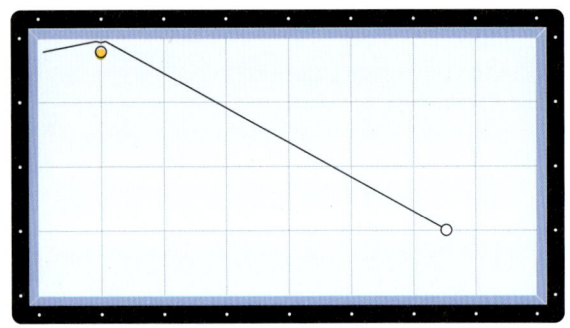
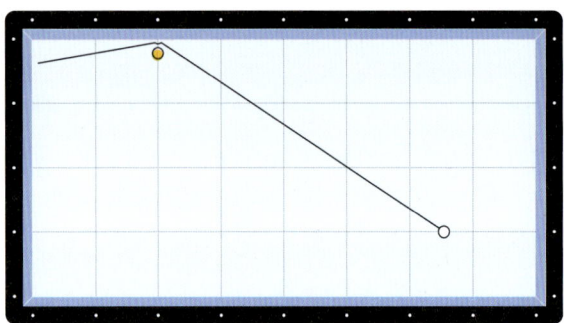

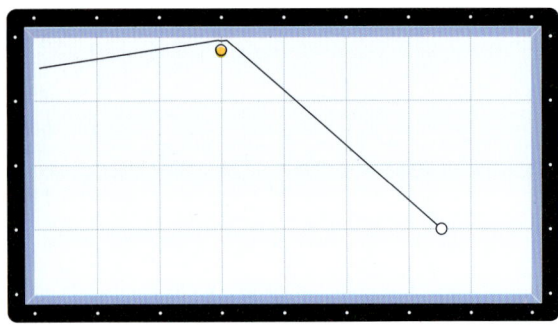
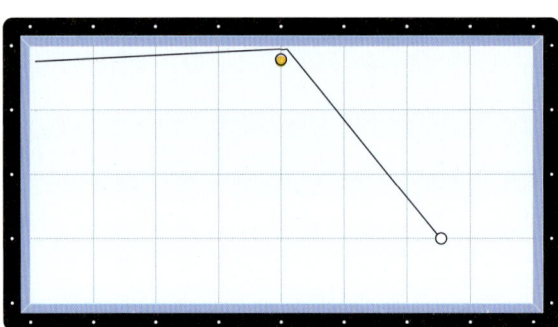

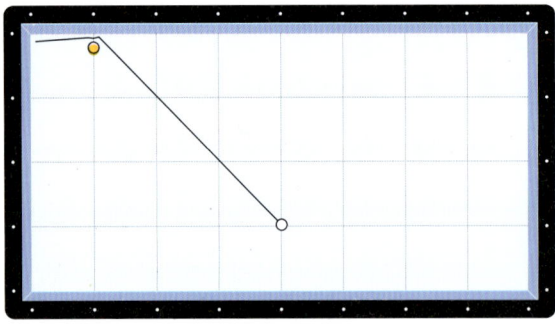
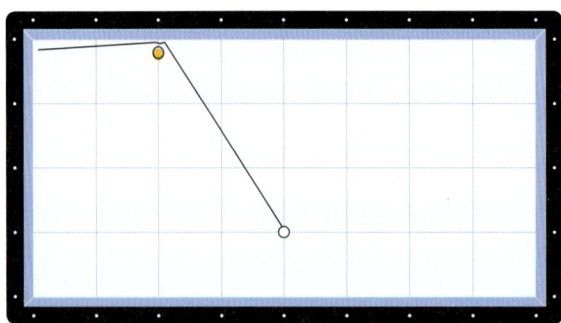

1 cushion Bank 암기 ❸

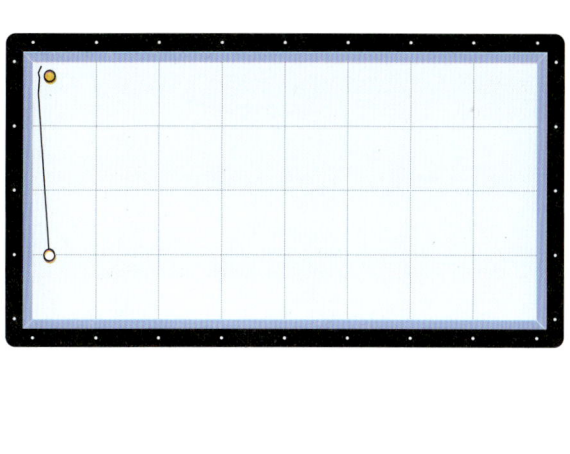
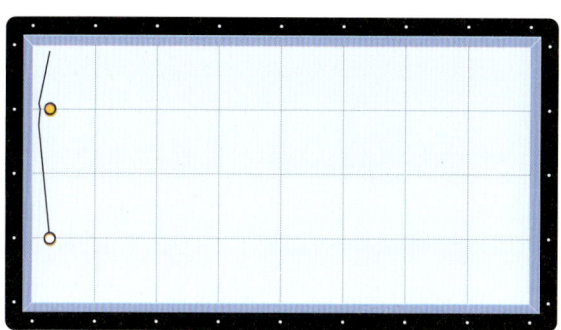
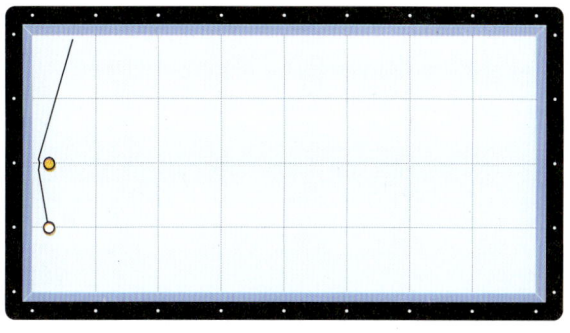
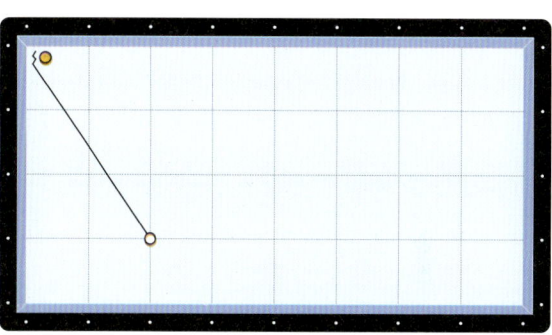
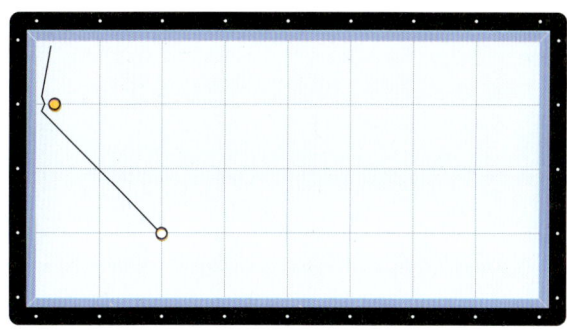
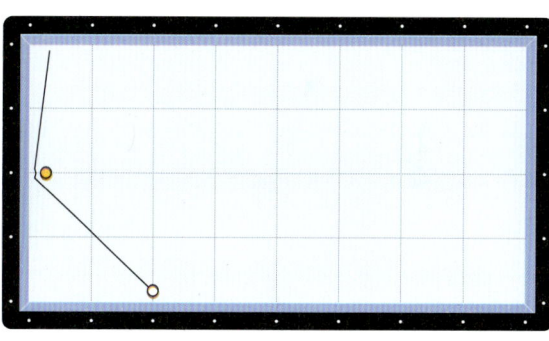
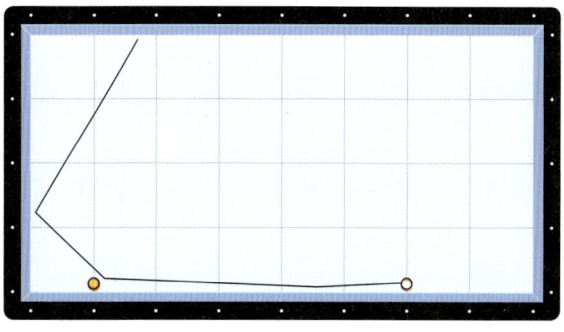
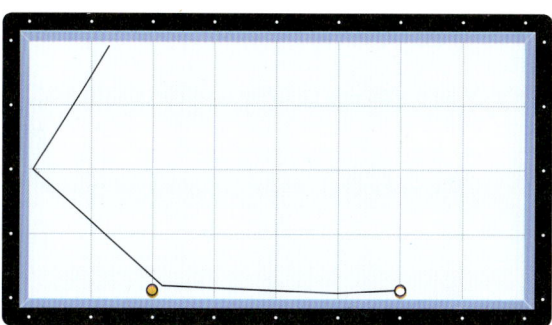

3시 당점으로 두께가 1/2이 넘지 않도록 시도하여 보자.
4번째와 5번째의 쿠션의 도착지점을 직접 그려보자.

1 cushion Bank 암기 ❹

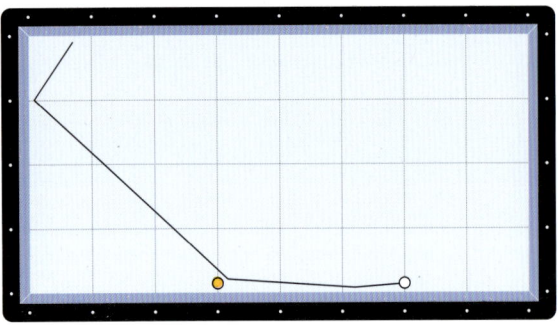 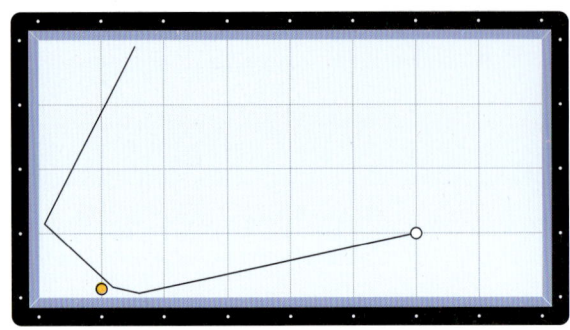

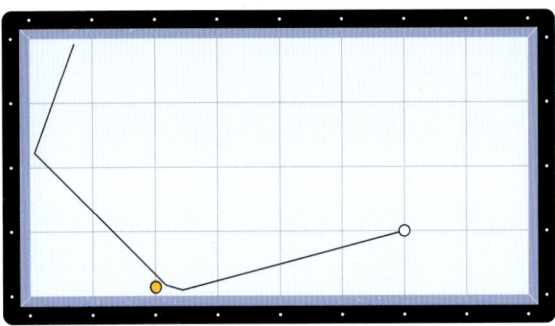 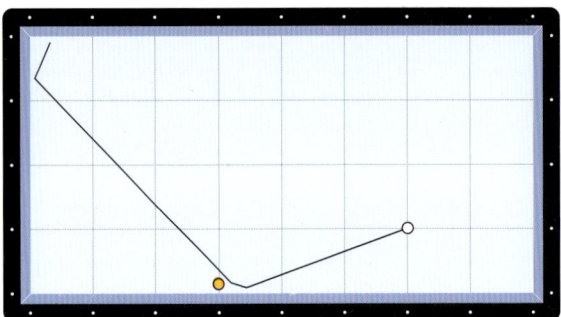

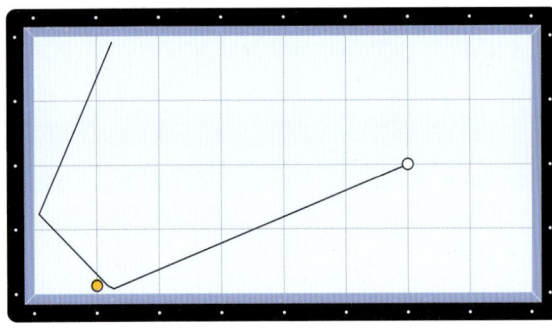 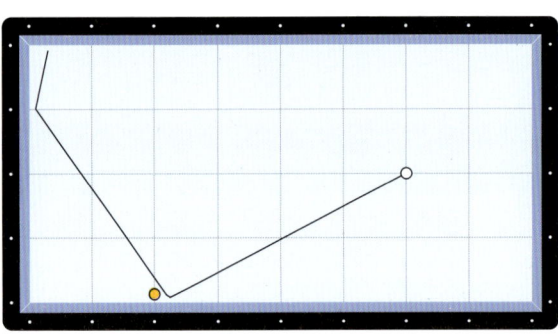

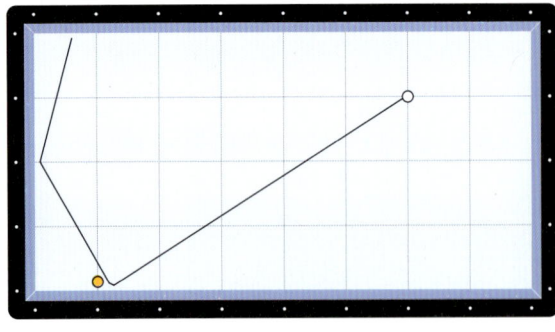 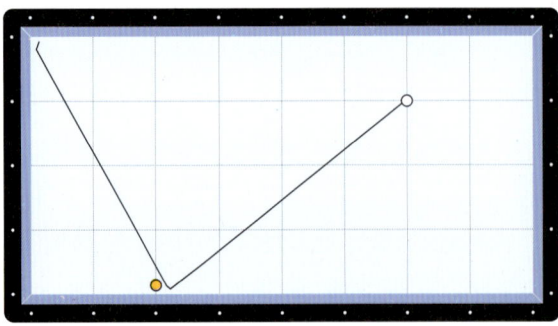

1 cushion Bank ❶

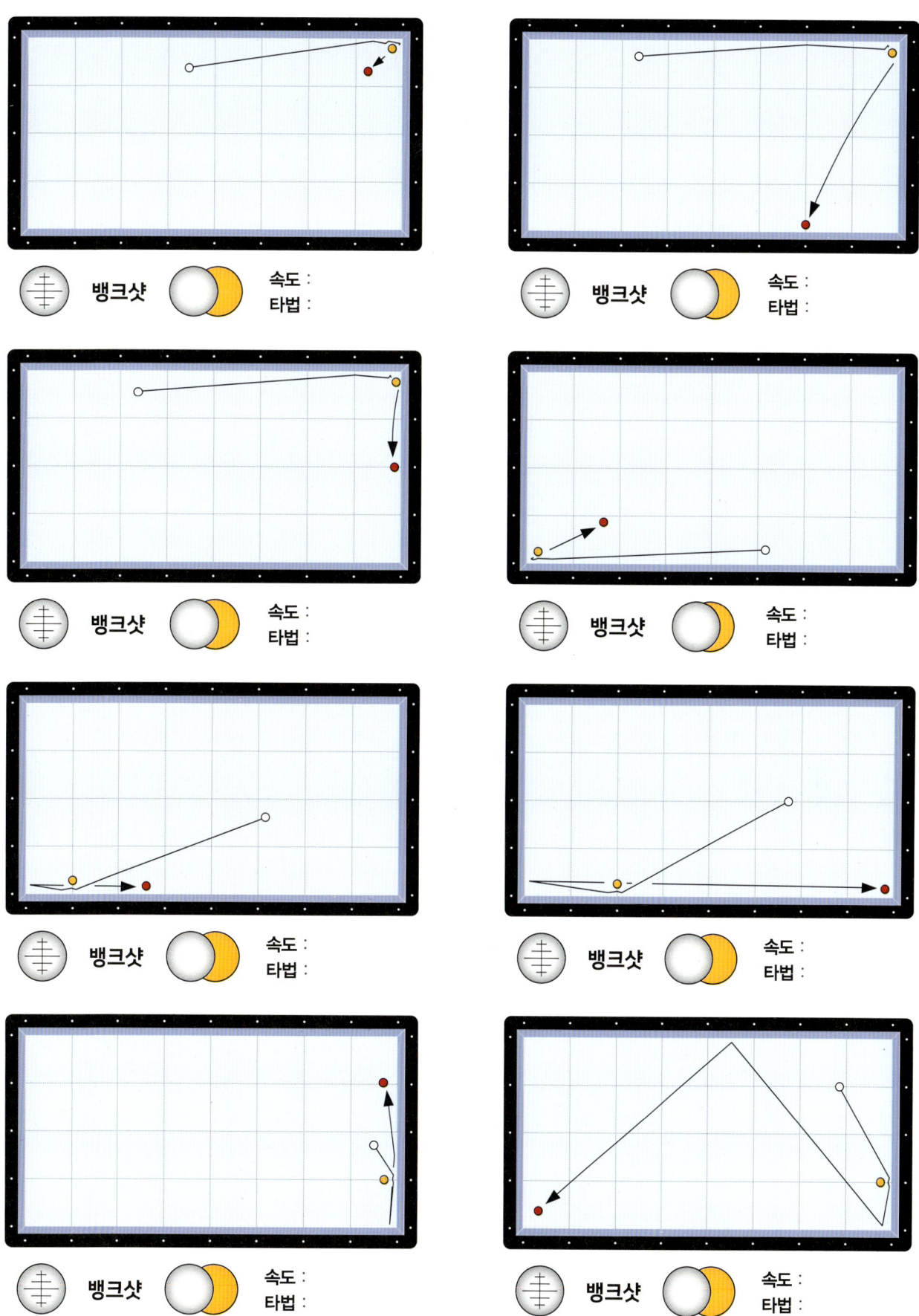

1 cushion Bank 2

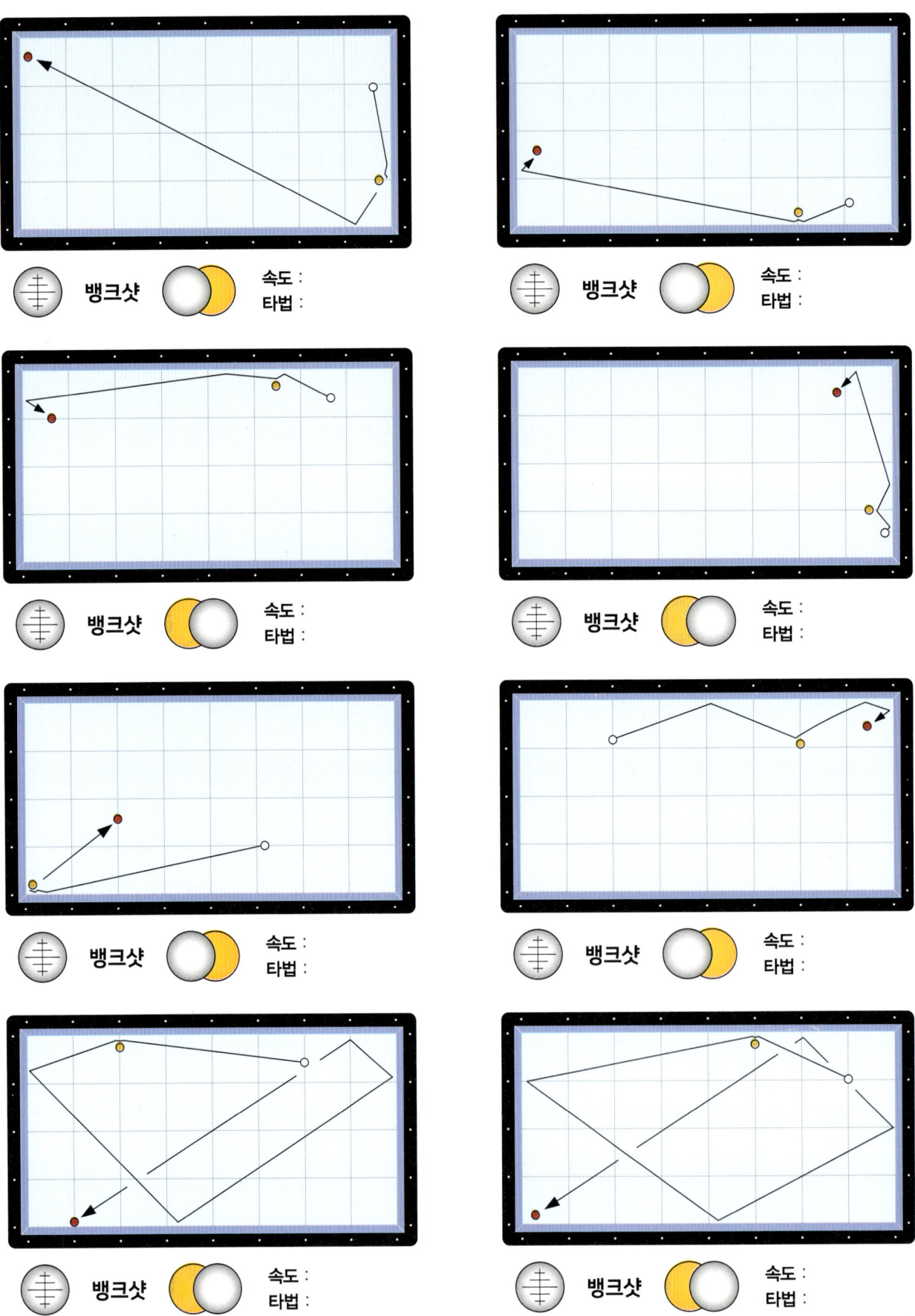

1 cushion Bank ③

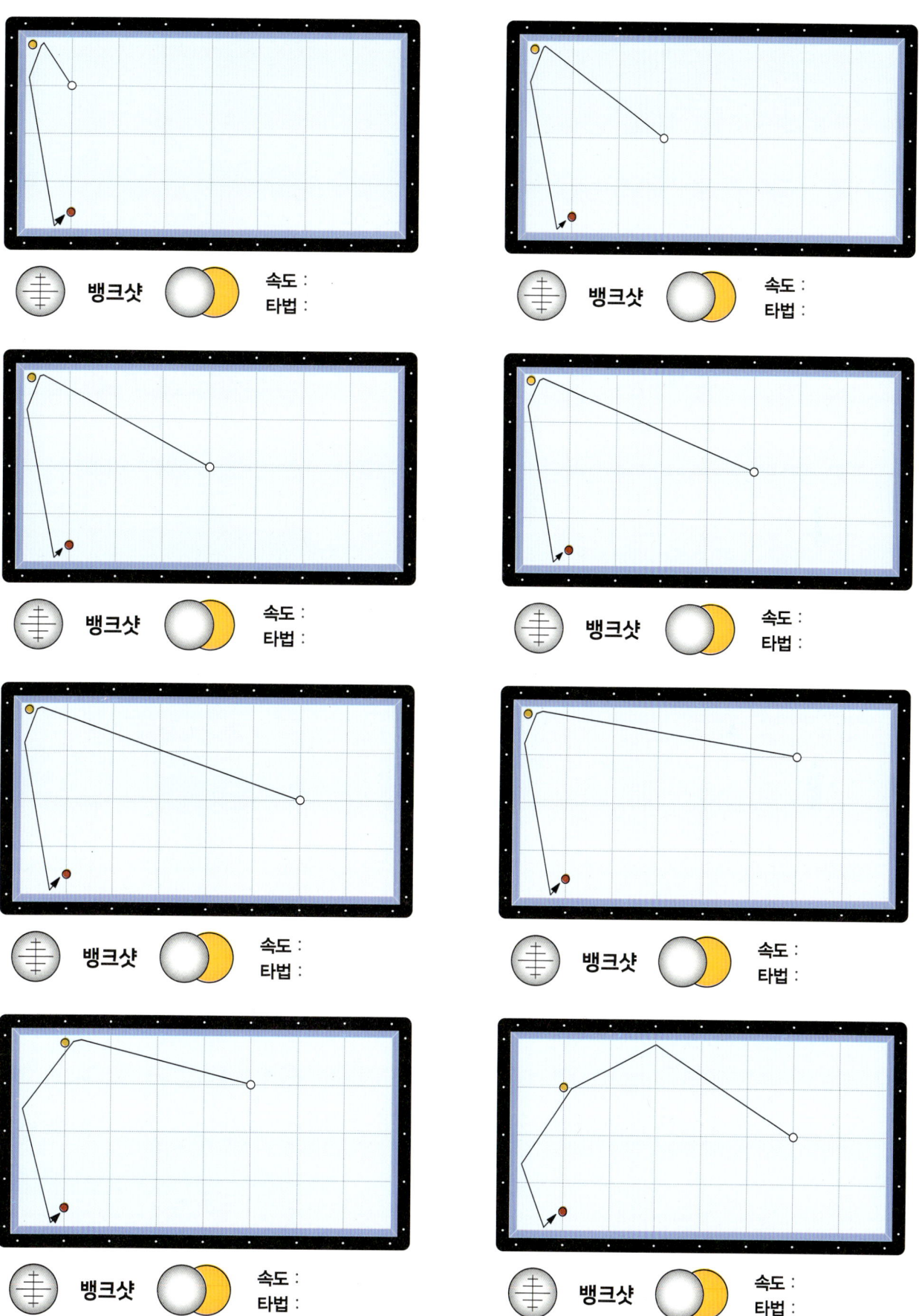

1 cushion Bank ❹

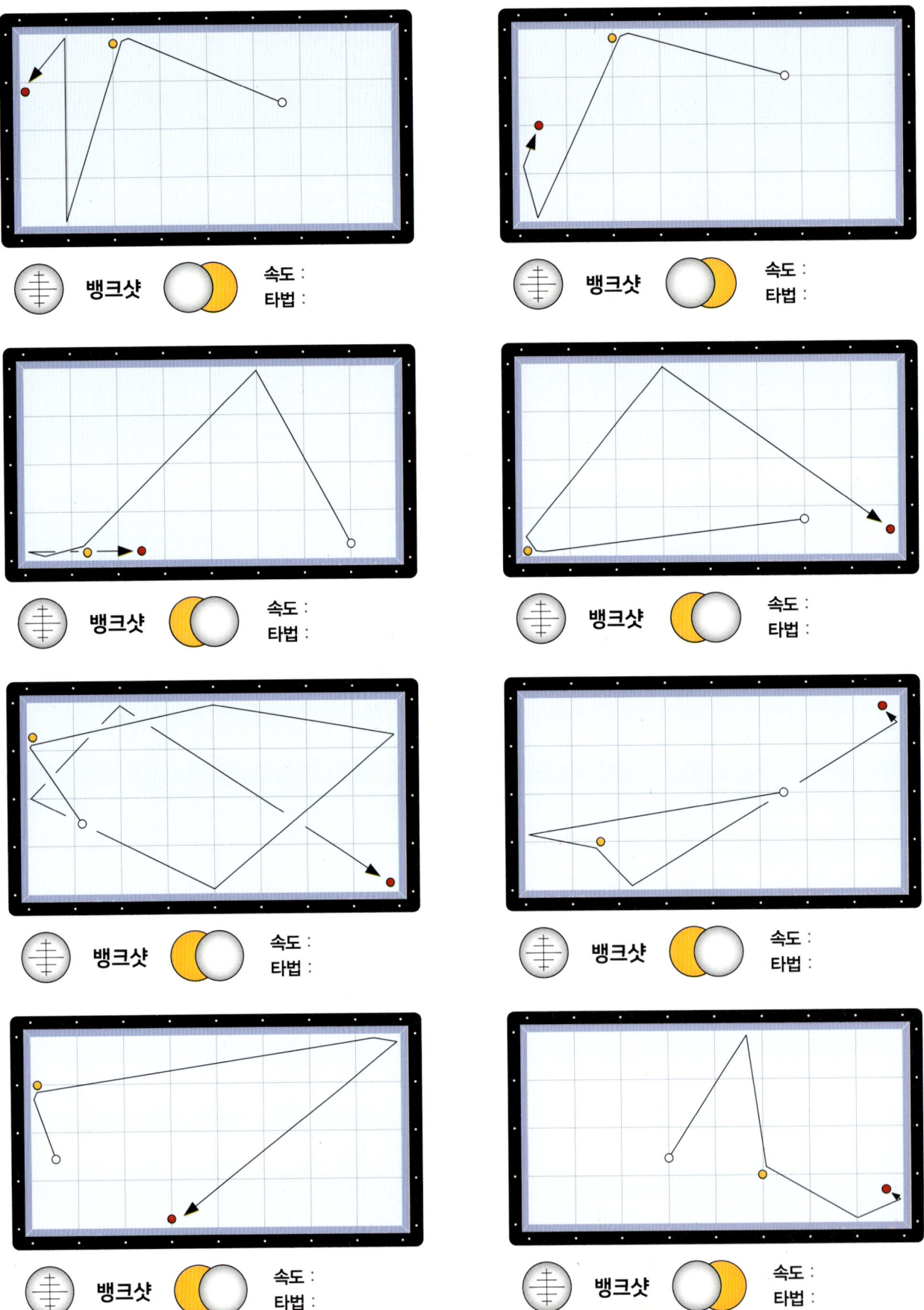

1 cushion Bank ⑤

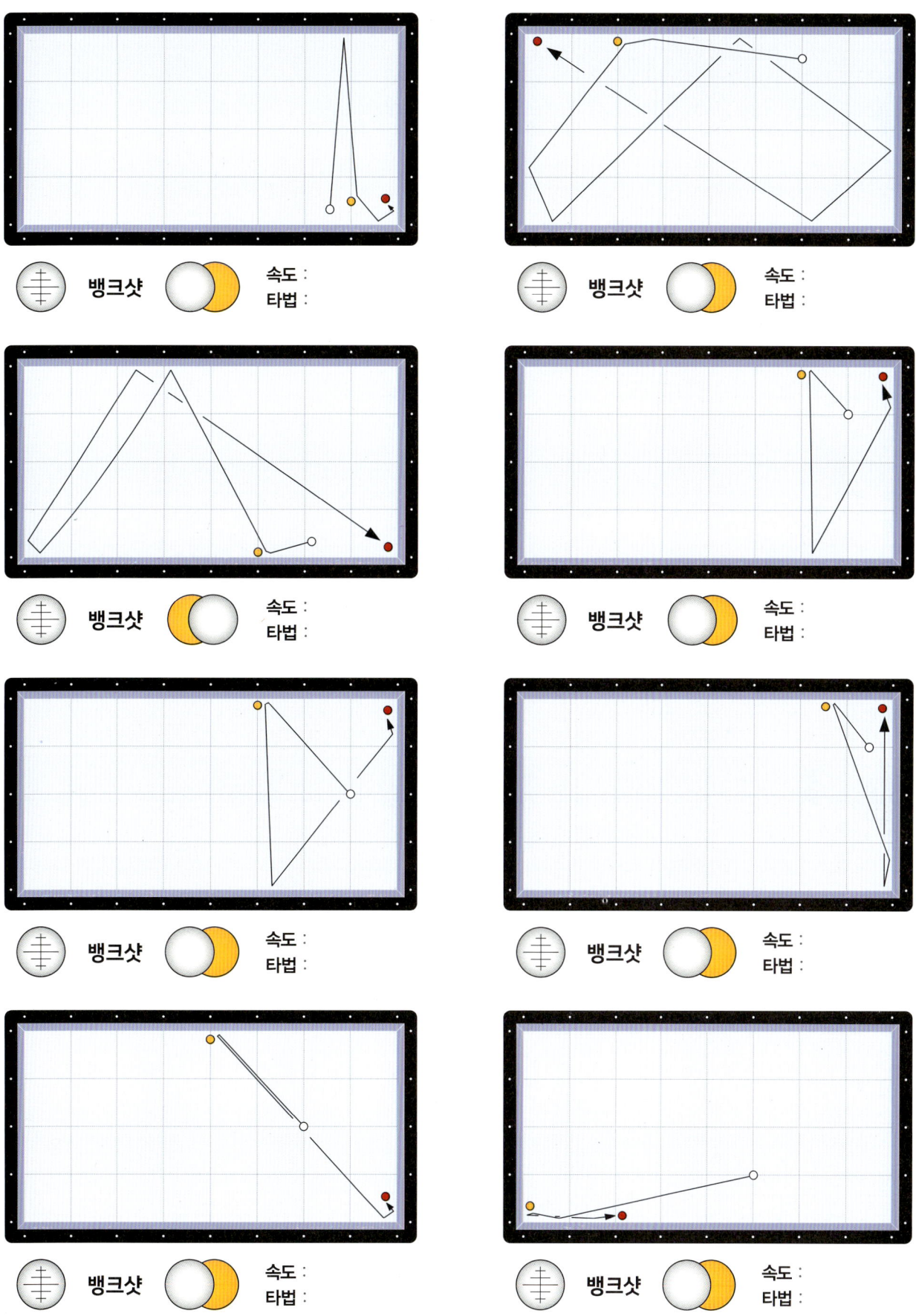

1 cushion Bank ❻

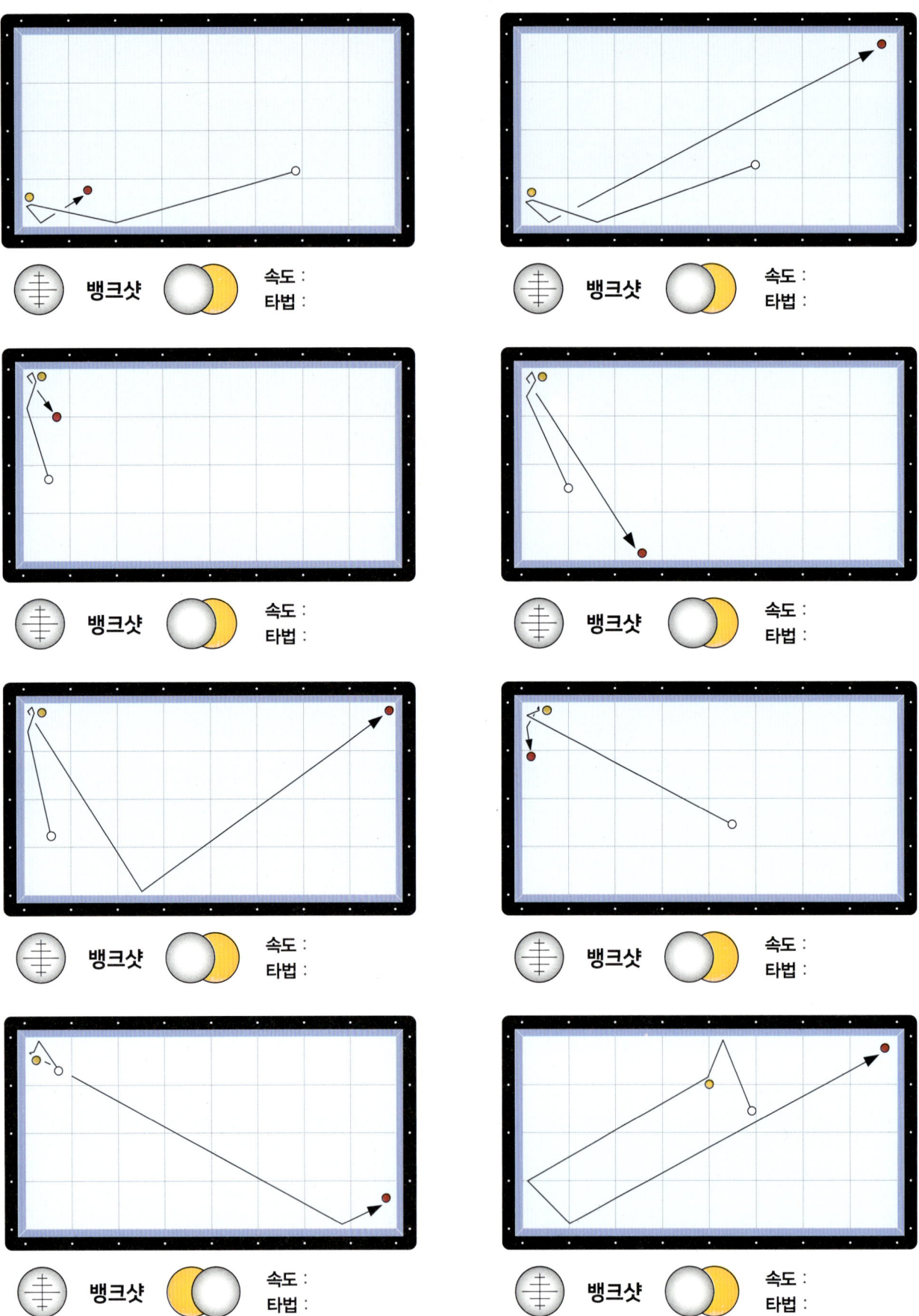

1 cushion Bank 7

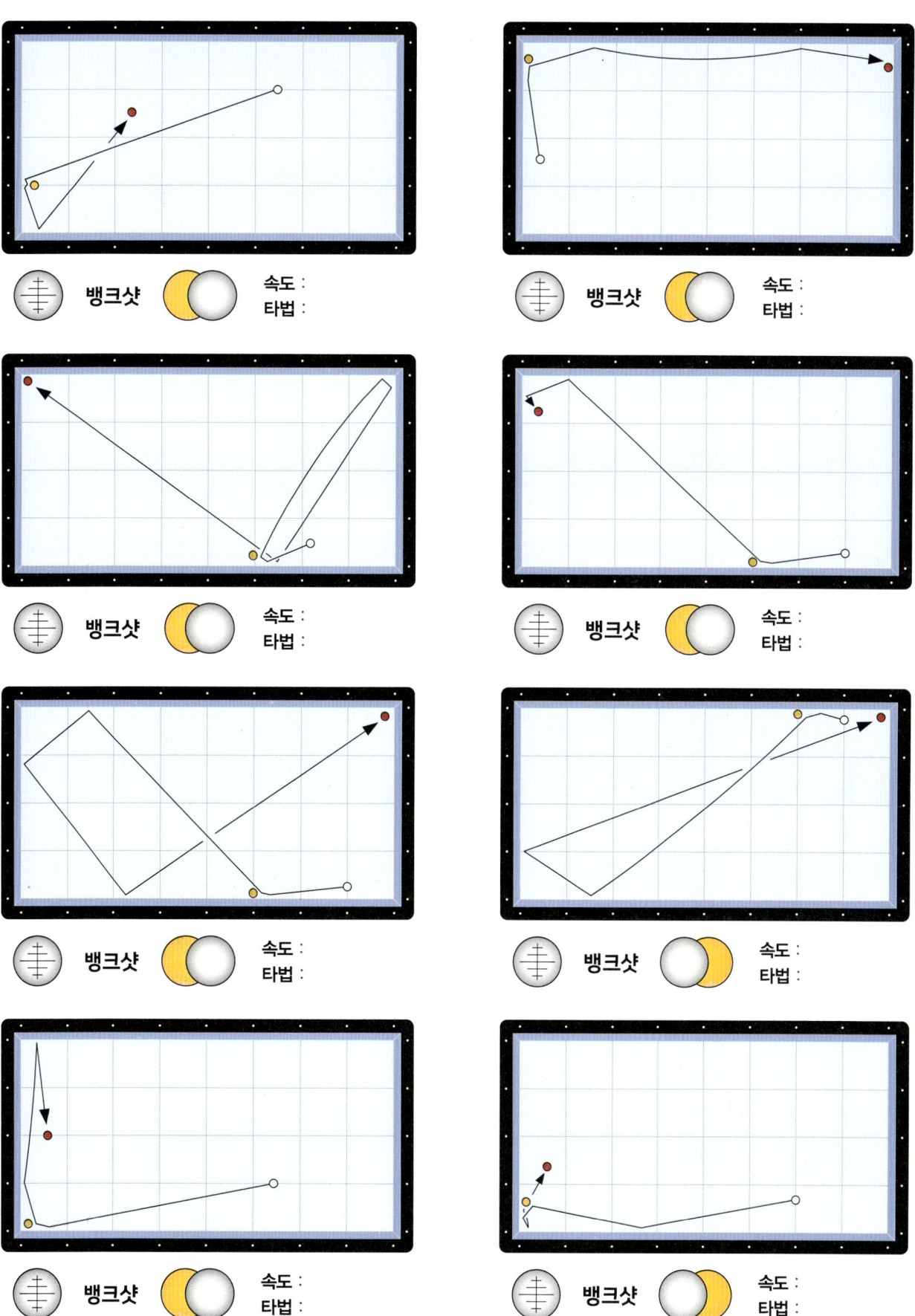

2 cushion Bank ❶

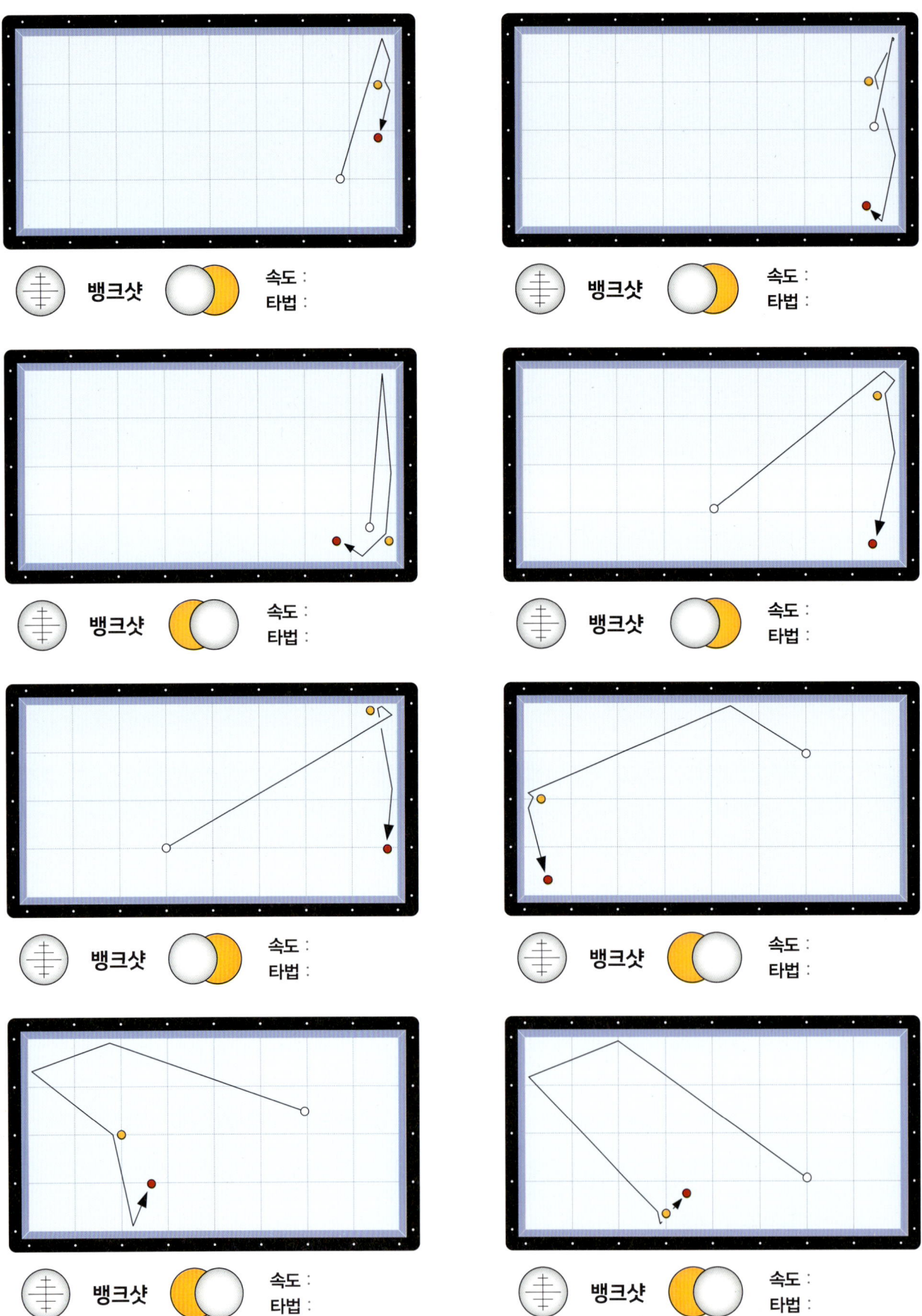

2 cushion Bank ❷

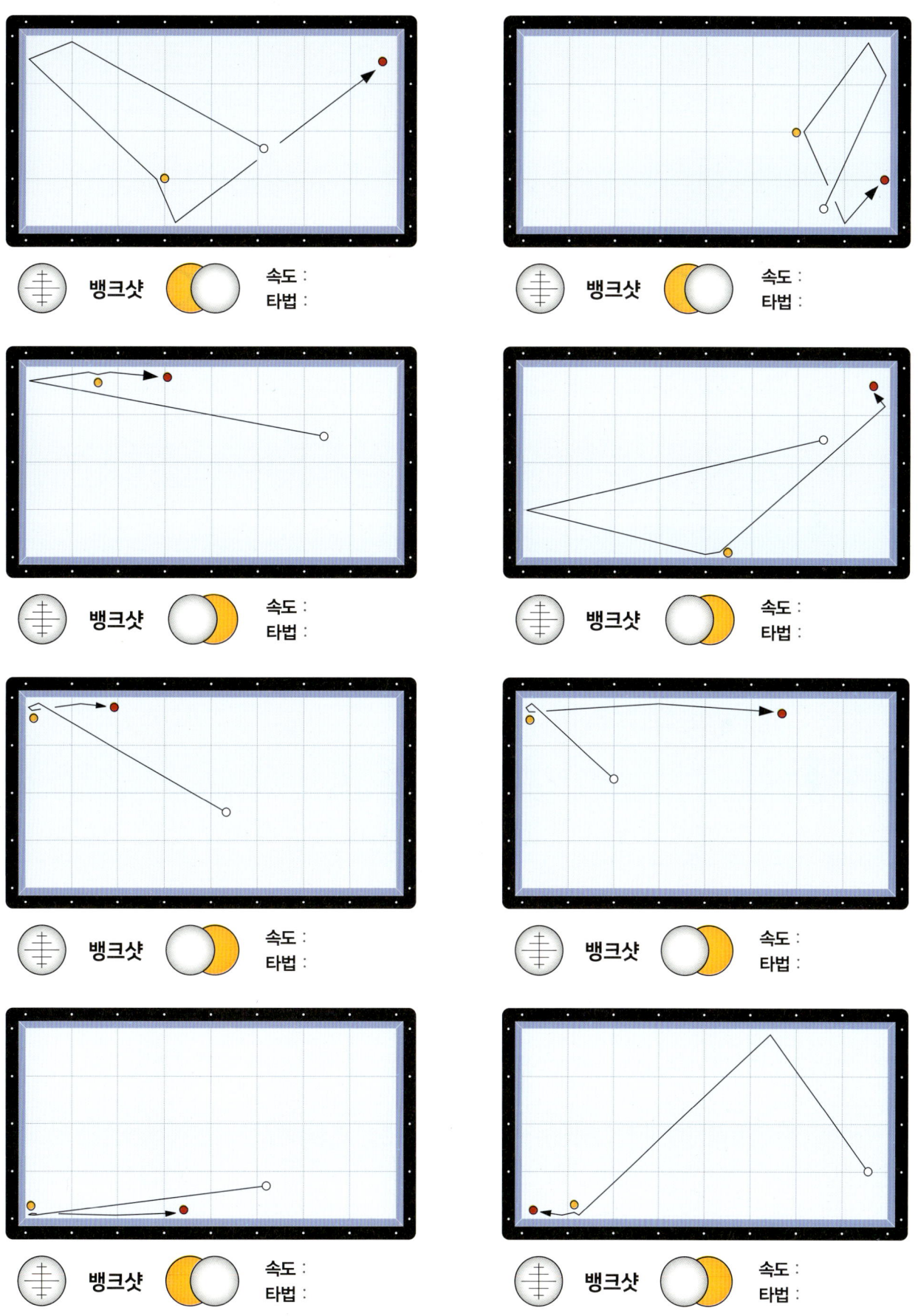

2 cushion Bank ③

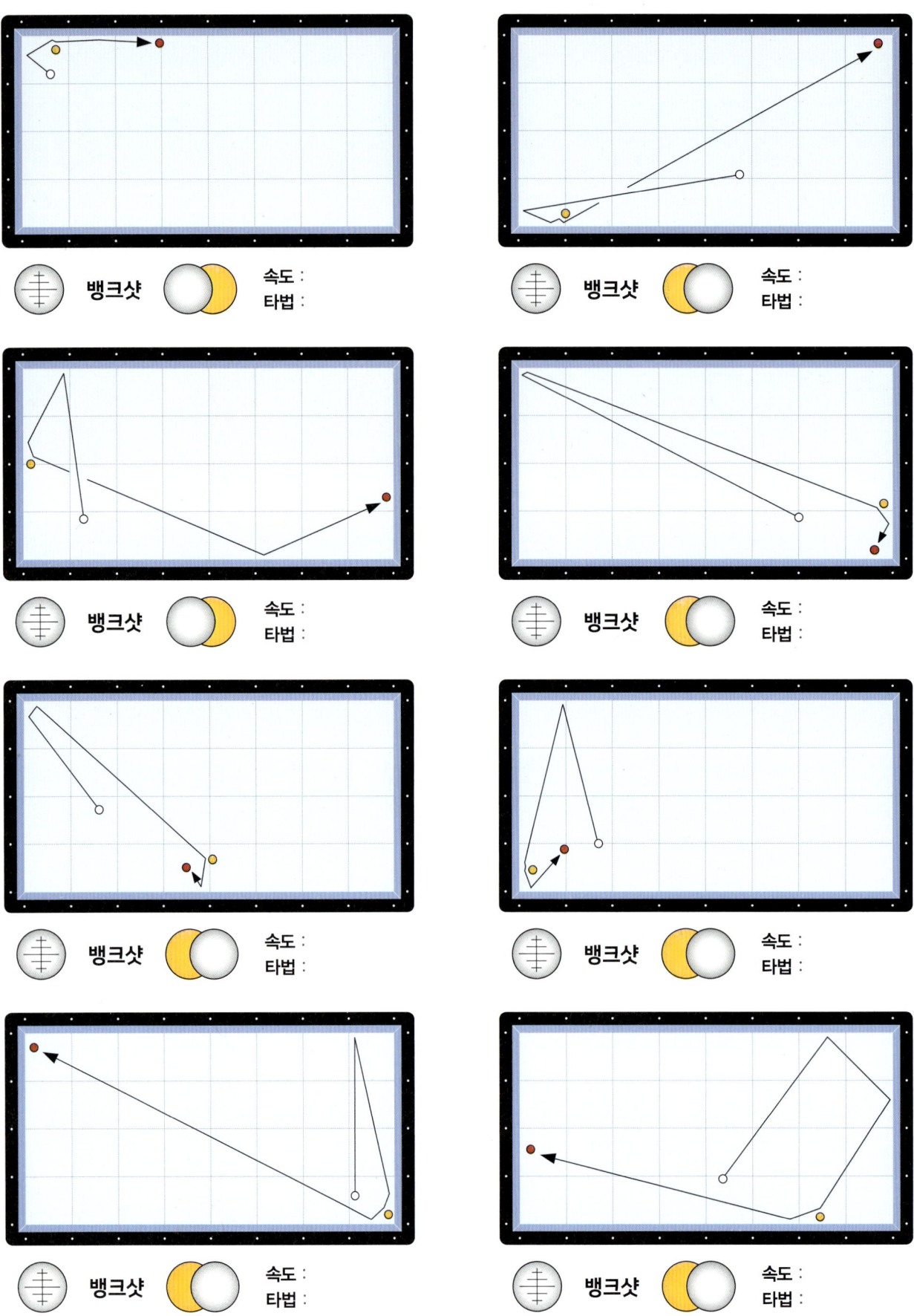

연습장 ❗ 복사해서 사용하세요

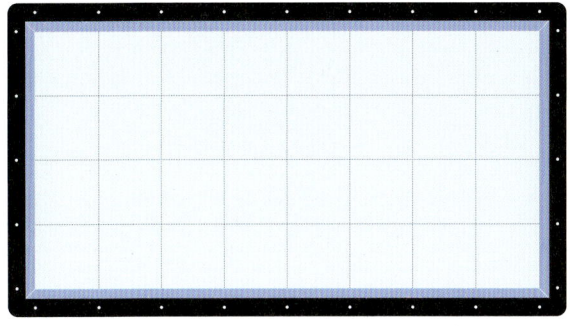
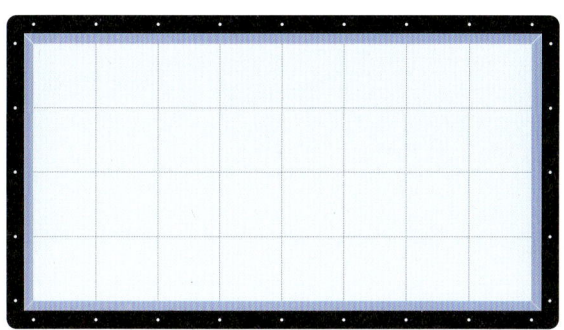
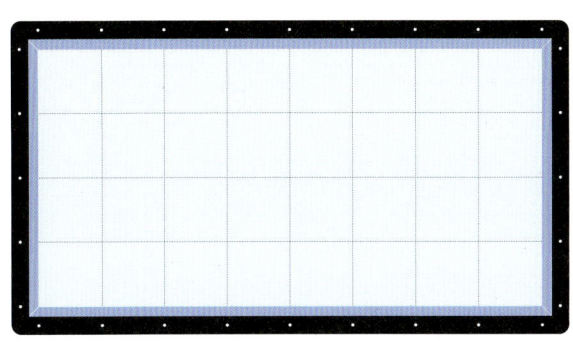
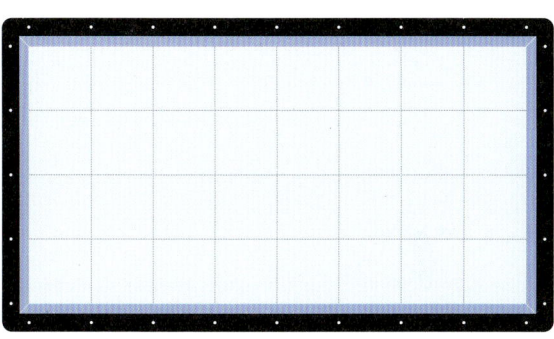
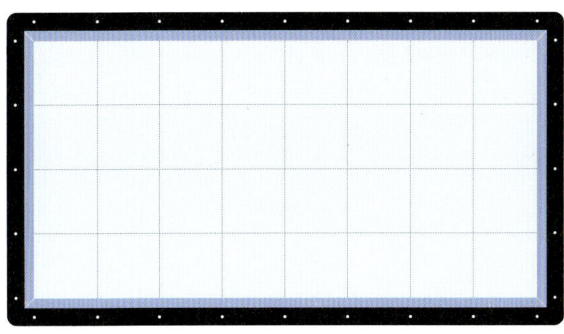
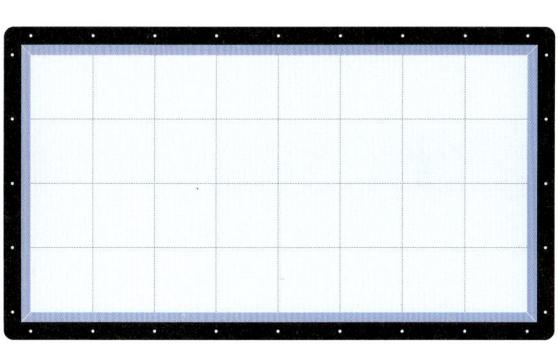
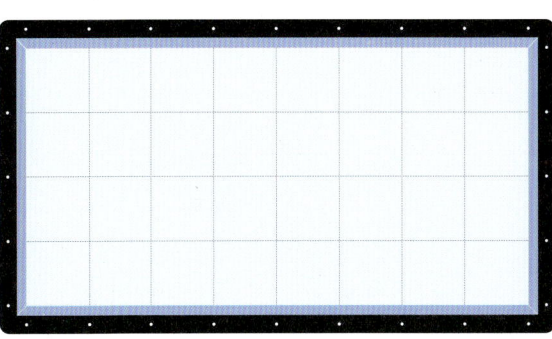
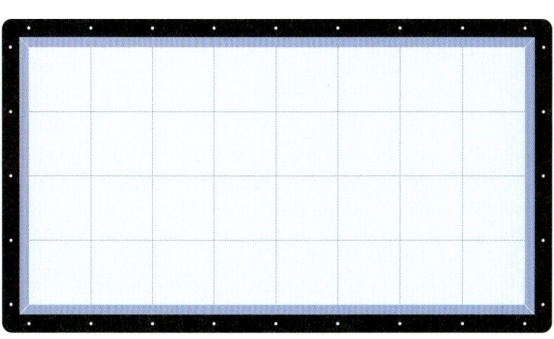

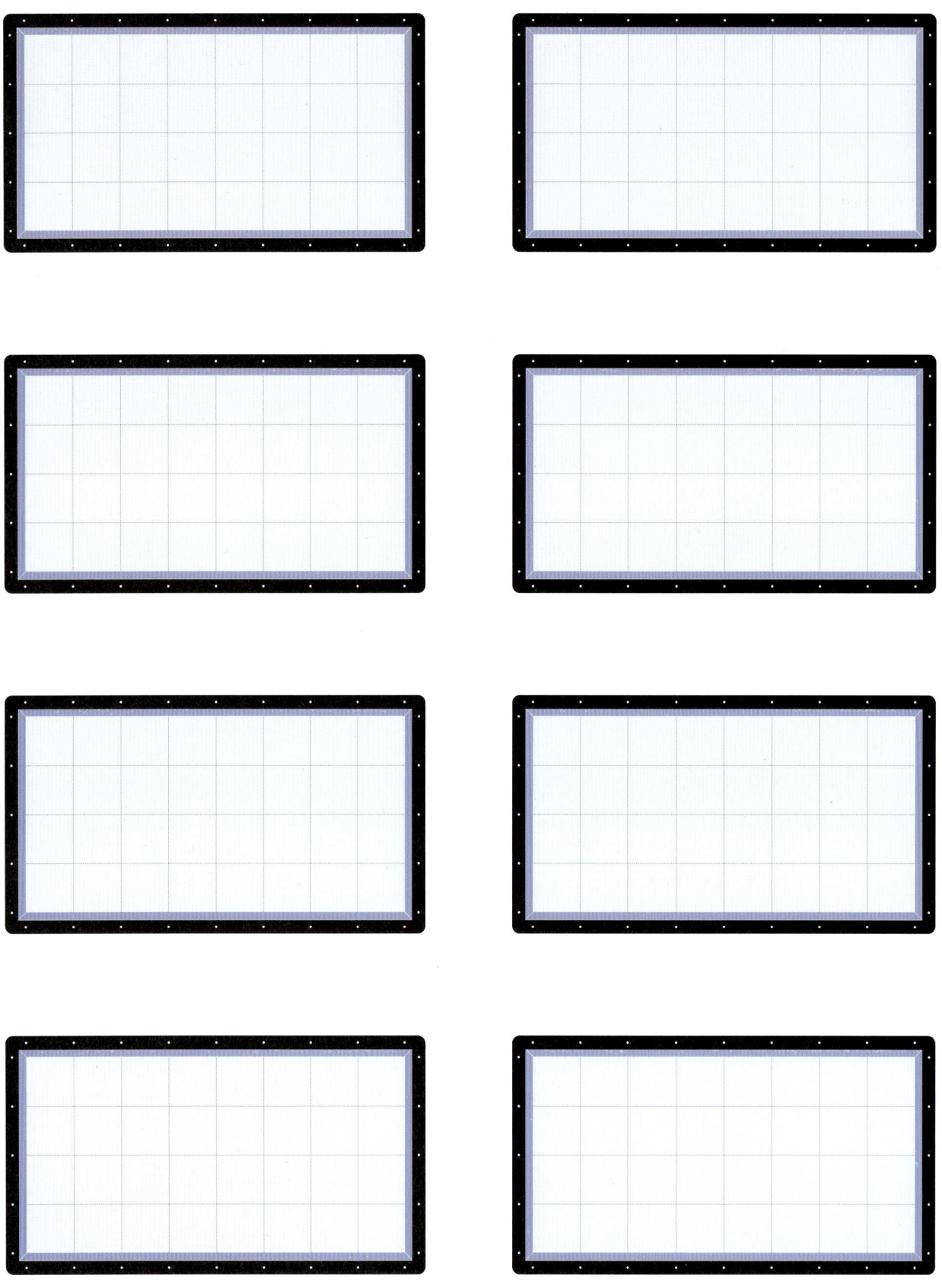

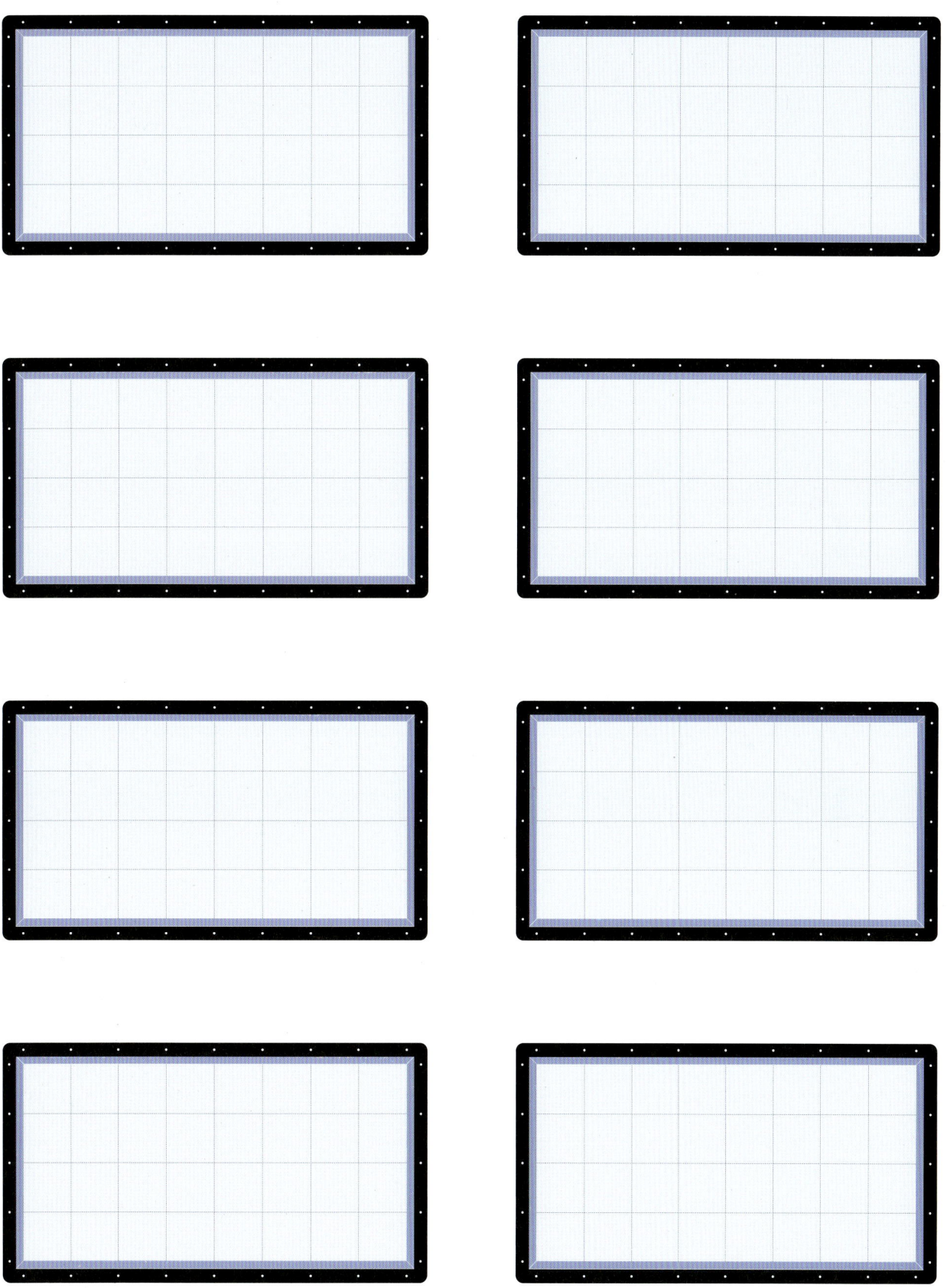

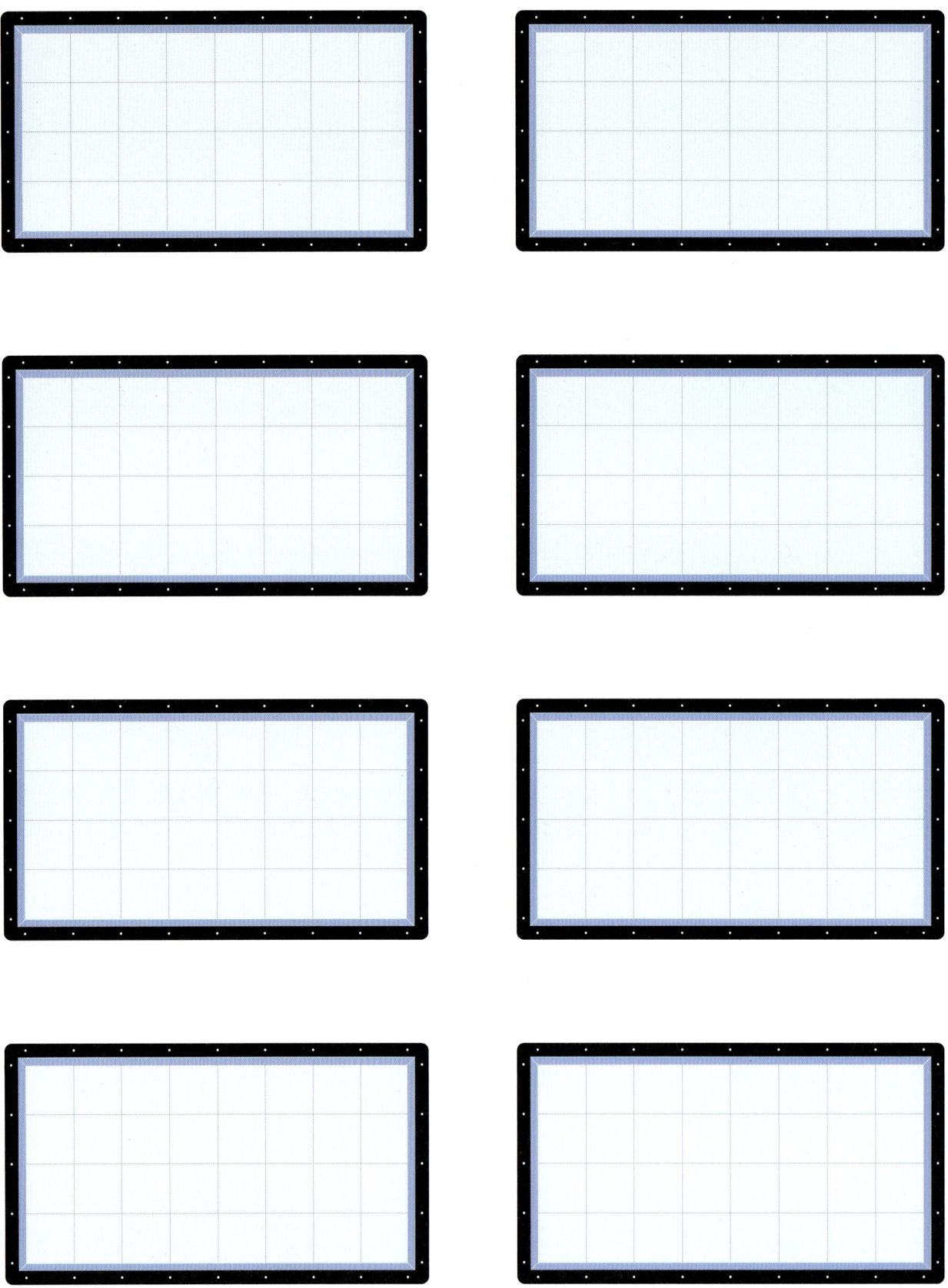

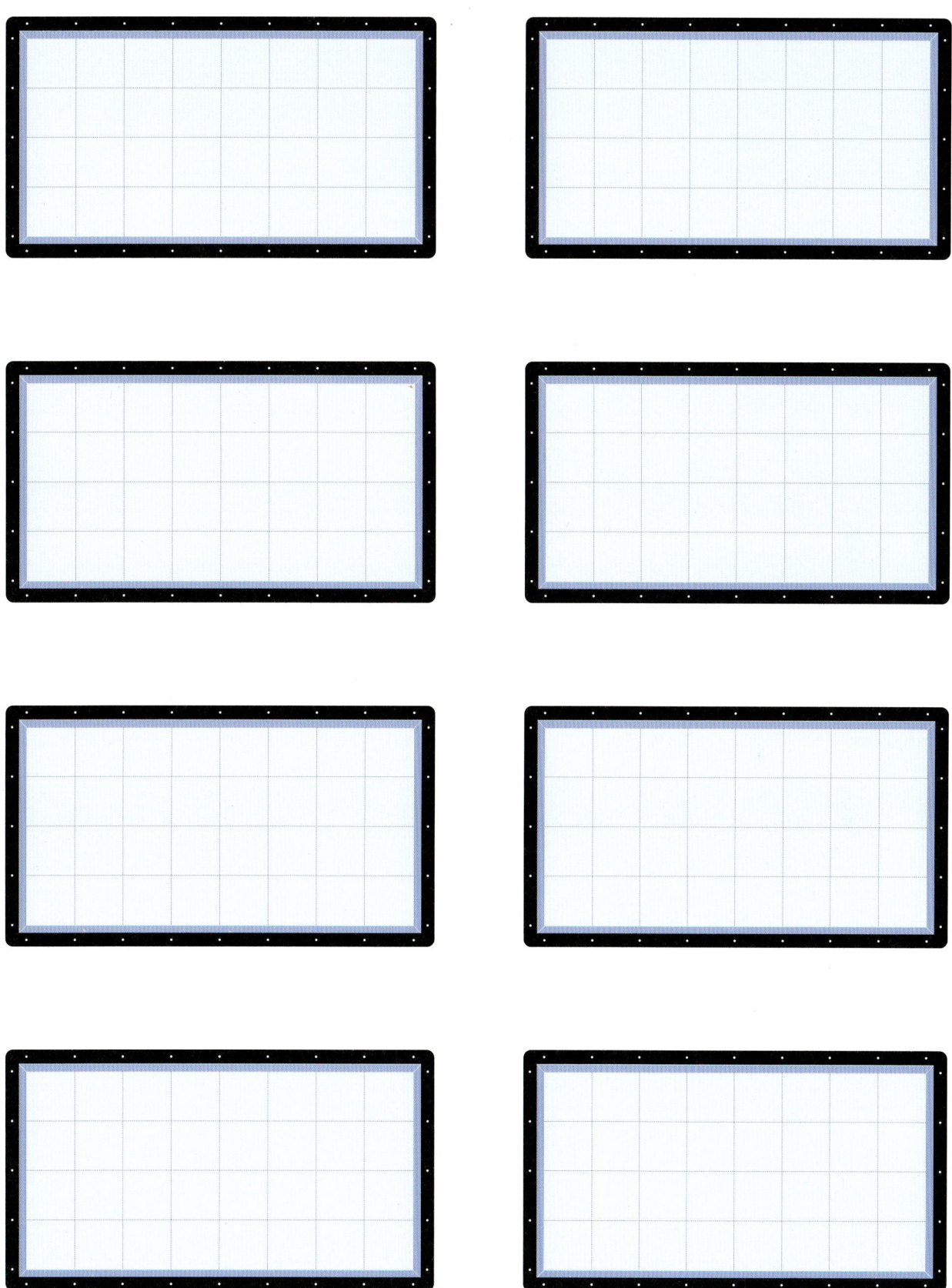

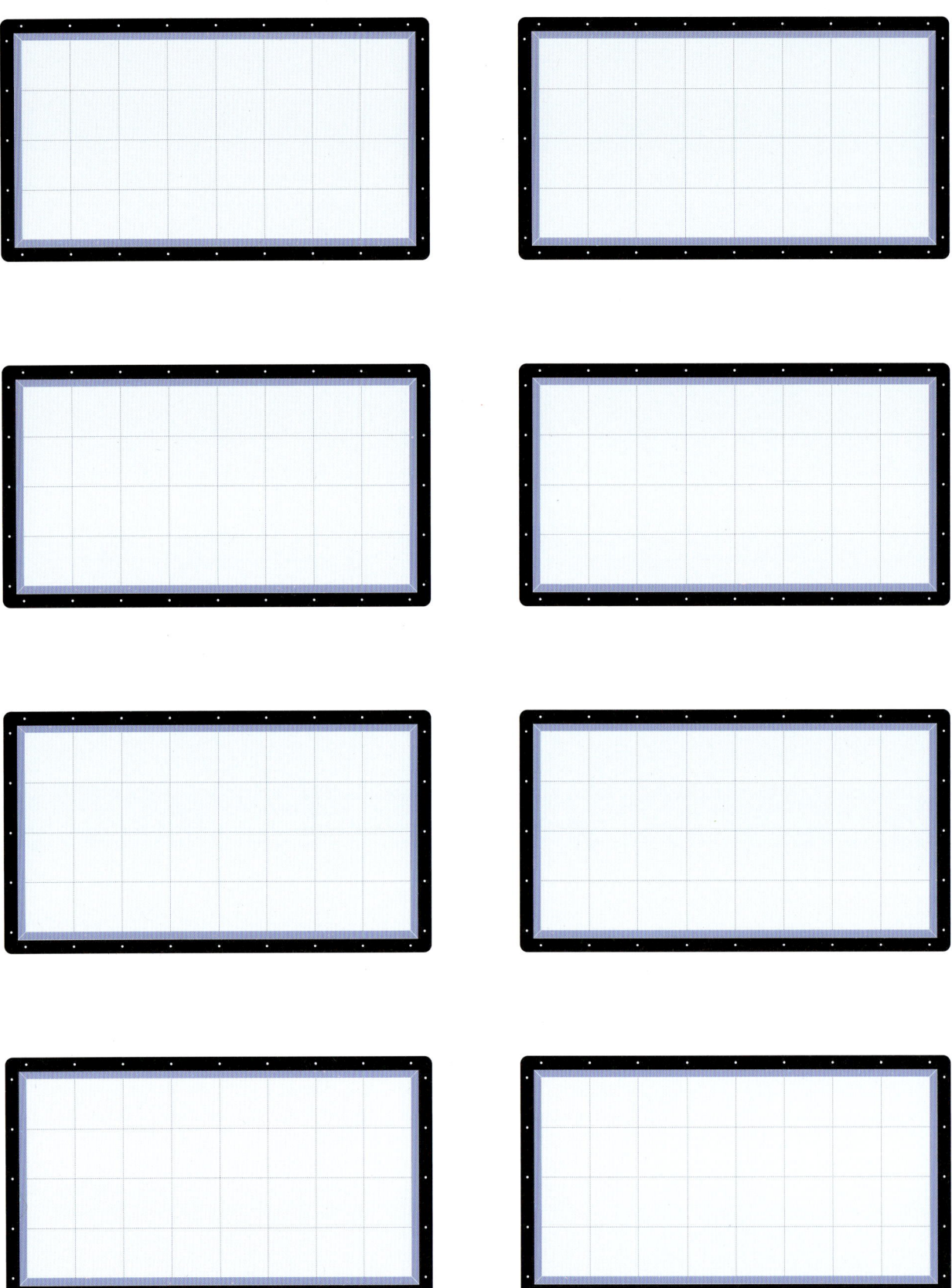

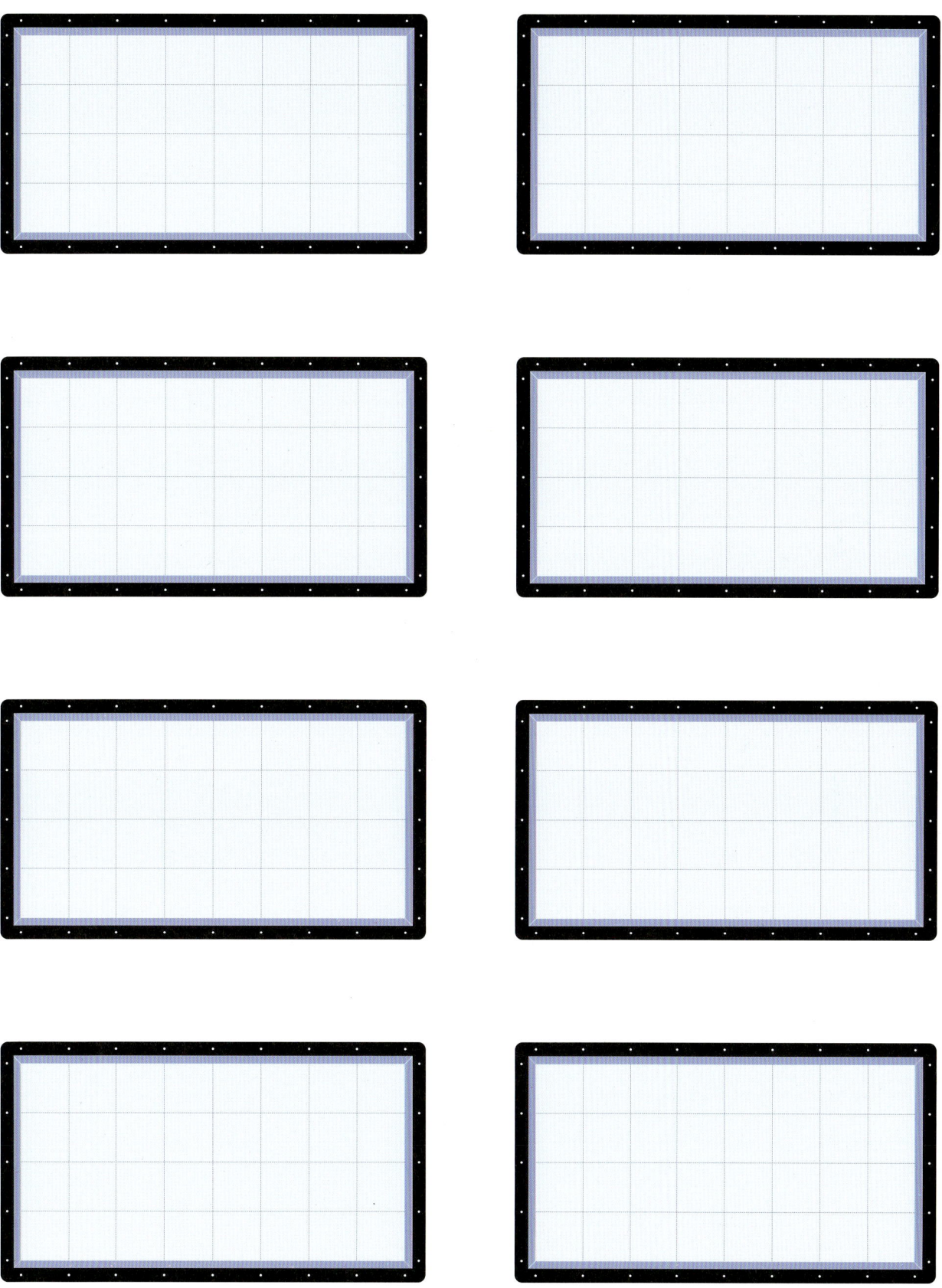

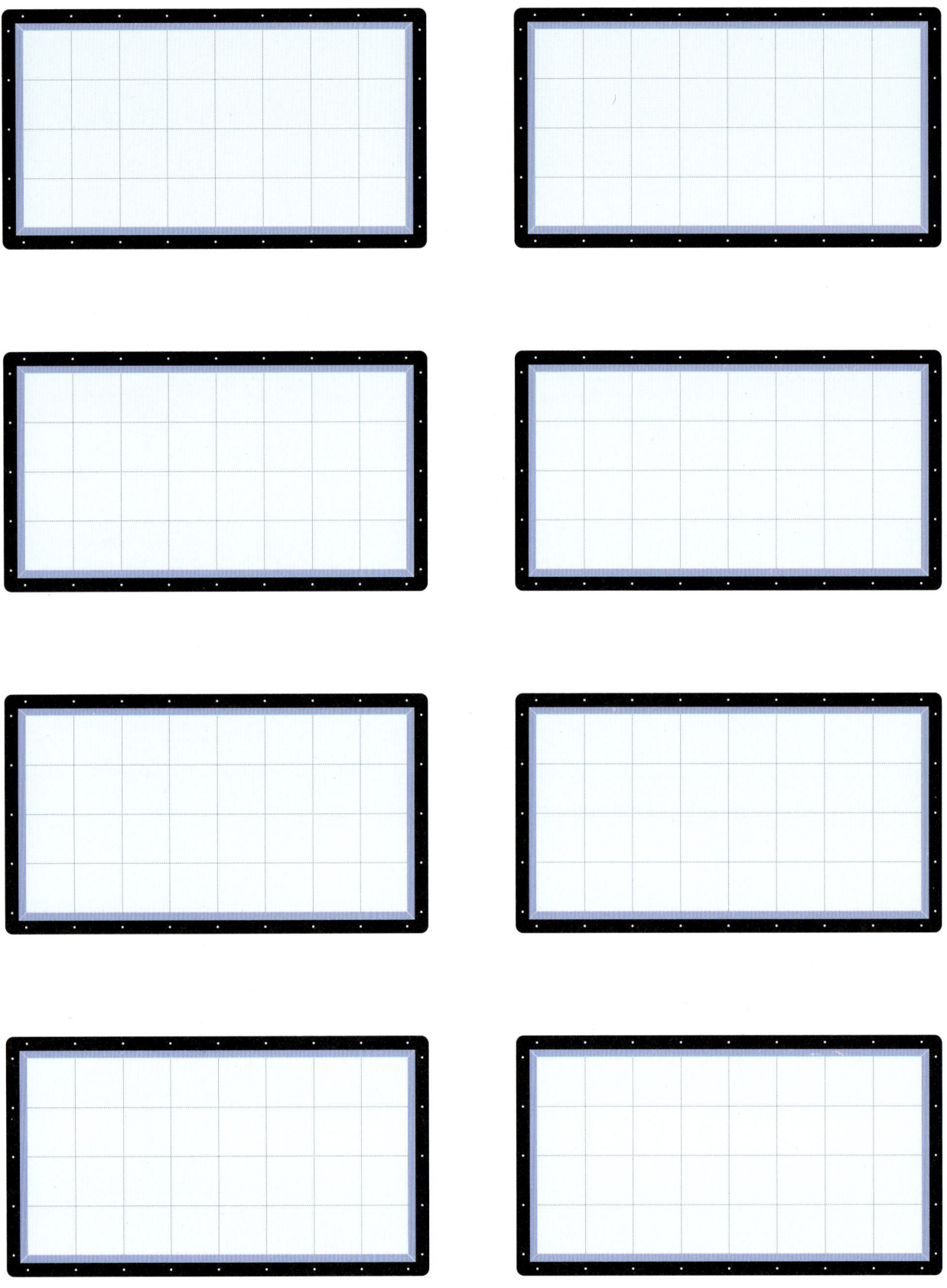

에필로그

오랜 시간을 들여 또 한 권의 책을 만들면서 후련하지만 아쉽기도 하다. 미처 수록하지 못한 도면도 생각이 나고, 추가할 내용도 뒤늦게 생각이 나서 그런 것일 수도 있지만 아마도 필자 말고 다른 당구 선수들이 자신의 지식을 공유하지 않아서일 것이다. 당구 서적은 당구의 전문가들이 써야만 한다. 자신의 생각과 지식을 털어놓고 공유를 해야 좀 더 발전을 하지 않을까 하는 아쉬움이 많이 느껴진다.

많은 사람들이 당구가 스포츠라고 한다. 선수들뿐만 아니라 동호인들도 당구의 올바른 스포츠화를 위해서 각자가 노력을 해주기 바란다.